DISPENSE DI MODELLAZIONE DEL SOFTWARE - Parte 1

Notazioni e metodi: gli approcci strutturali

Dr. Andrea Baruzzo, Ph.D

INDICE DEI CONTENUTI

PARTE 1

Una breve introduzione al contesto in cui nascono queste dispense. Il primo volume che state leggendo è incentrato sulle notazioni strutturali per la specifica del software, e in particolare sui diagrammi DFD e sulla notazione delle classi UML. Tale scelta deriva dall'esame delle notazioni per descrivere la struttura statica di un sistema software più utilizzate nei corsi universitari di ingegneria del software. Queste dispense iniziano dai preliminari per poi colmare ciò che manca spesso nei testi classici: una trattazione precisa delle notazioni unitamente all'introduzione delle tecniche di modellazione ad esse abbinate. I casi di studio inseriti nella seconda parte delle dispense forniscono, infine, quel livello di approfondimento che emerge dalla pratica della modellazione, illustrando tecniche di analisi, errori di modellazione e raffinamenti di una soluzione iniziale.

Il Metodo Strutturato e la notazione dei diagrammi DFD (Data-Flow Diagram) costituiscono il primo tentativo di formalizzare il progetto del software attraverso modelli orientati ai processi e alle trasformazioni di dati. In quest'ambito viene formulato il principio di delega dei compiti e vengono fornite le prime metriche per misurare la complessità di un progetto software: l'accoppiamento e la coesione. Tutto il Metodo Strutturato si fonda sul paradigma procedurale in quanto l'astrazione primaria del design è la procedura.

Procedure e dati sono da sempre aspetti complementari di una specifica software. Grazie all'introduzione dei tipi di dato astratto, tali concetti vengono unificati all'interno di un singolo costrutto: la classe. Da qui si diffonde il paradigma Object-Oriented, nelle sue varie incarnazioni. Un nuovo tipo di processo di sviluppo, evoluzione del modello Waterfall che ha caratterizzato per decenni lo sviluppo del software, si afferma in sintonia con l'approccio OO. Con esso emerge anche una nuova notazione standard: Unified Modeling Language (UML).

PARTE 2

Imparare i principi, le notazioni e le tecniche di modellazione costituisce solo il primo passo, seppur fondamentale, per diventare professionisti del software. Una volta apprese le basi, è necessario affinare le proprie doti applicandole a problemi concreti. I casi di studio, seppure in una forma ridotta all'interno di queste dispense, sono pensati per aiutare il lettore ad apprendere come creare dei modelli in base alla specifica prospettiva di analisi adottata. L'utilizzo di più notazioni nell'ambito di diversi paradigmi permette quella duttilità di pensiero che caratterizza l'esperto dal principiante. I casi di studio sono inoltre importanti perché non si limitano a fornire una soluzione a un problema, ma la discutono nel contesto dei processi di analisi e delle scelte intraprese, evidenziando a volte errori, ripensamenti e conseguenti correzioni. I buoni modelli non nascono mai da un singolo "parto". Essi sono il frutto di approfondimenti, raffinamenti e, a volte, anche ripensamenti.

La bibliografia completa estende la bibliografia ragionata che si trova al termine di ogni capitolo. In questa parte del libro vengono offerti al lettore ulteriori spunti per approfondire sistematicamente gli argomenti trattati, per rintracciare esempi e casi di studio laddove questi fossero ispirati a testi già pubblicati, ed infine per iniziare quel percorso di studio personale che porterà gli interessati a individuare i propri testi di riferimento.

NOTAZIONI E METODI: APPROCCI STRUTTURALI

Progettare significa innanzitutto dare struttura. In base alla specifica prospettiva, la struttura assume di volta in volta connotazioni differenti, a seconda di ciò che viene modellato: la scomposizione di un processo, l'organizzazione di una base di dati e delle sue relazioni, l'identificazione delle classi e delle proprietà, o ancora la definizione dei componenti.

La progettazione non assume quasi mai un percorso lineare, dove la struttura emerge chiaramente fin dall'inizio. Dare forma a un sistema software complesso richiede un approccio incrementale, fatto di raffinamenti successivi. Padroneggiare tecniche e principi di design diventa allora essenziale per riuscire a governare la complessità del problema all'interno di una soluzione caratterizzata da buone proprietà strutturali.

Parte 1

CAPITOLO 1

INTRODUZIONE

L A presente dispensa costituisce un'introduzione agli elementi base della modellazione del software. Il materiale presentato è estratto da un libro di prossima pubblicazione: *Fondamenti di Modellazione del Software: Notazioni, Metodi e Tecniche —Volume 1*, pubblicato da Create Space e disponibile sulla piattaforma Amazon. Mentre il libro è pensato anche in riferimento al contesto industriale di produzione del software, le dispense sono state prodotte selezionando i contenuti di maggiore interesse per lo studente. Alla presentazione di tecniche avanzate di modellazione e/o di progettazione, quindi, sono stati preferiti quegli argomenti di taglio più didattico (metodi e notazioni).

1.1. Approccio

Lo spirito con cui queste pagine sono state redatte è quello di fornire allo studente una guida per la costruzione di modelli (anche complessi), introducendo per ciascuna notazione un insieme minimale di costrutti sintattici. L'enfasi nella costruzione di un modello, infatti, viene posta più sui principi di modellazione che sulle primitive sintattiche. Creare un buon modello di un problema richiede in primo luogo capacità di analisi e sintesi che possono essere ben esercitate partendo da un insieme limitato di costrutti, senza farsi "distrarre" da notazioni più avanzate. Solo dopo aver ben assimilato i fondamenti, concetti più sofisticati potranno essere introdotti gradualmente. Questo approccio è evidente nella discussione del Metodo Orientato agli Oggetti e dei diagrammi delle classi, per i quali viene presentata solo la notazione essenziale. Aspetti di approfondimento vengono introdotti in capitoli separati e solamente nel libro, essendo questi di interesse maggiore per il professionista piuttosto che per lo studente.

Da un punto di vista didattico, questa selezione non costituisce necessariamente una penalizzazione per lo studente in quanto anche mediante l'utilizzo di semplici costrutti è possibile costruire una varietà di modelli di una certa complessità. La semplicità dei costrutti, inoltre, permette di far emergere più facilmente i principi e le tecniche di modellazione che conducono il progettista alla costruzione di una soluzione. L'utilizzo di costrutti sofisticati rischierebbe, in questo contesto, di aggiungere solo complessità sintattica, oscurando i buoni principi.

Un altro aspetto caratterizzante le dispense è la presenza di tanti esempi svolti e commentati, corredati talvolta anche da soluzioni errate e/o cattive pratiche. In tal modo, le capacità di analisi e sintesi dello studente vengono continuamente stimolate. Vedere in particolare degli esempi di *cosa non fare* è altrettanto importante che saper riconoscere una soluzione adeguata per un determinato problema. In tal modo, lo studente inizia a comprendere quali sono i *pattern* tipici utilizzati per costruire un modello sintatticamente corretto e sufficientemente espressivo mediante uno specifico formalismo. Questo "allenamento mentale" risulta utile per vincere la cosiddetta *sindrome da foglio bianco*: lo studente riconosce una soluzione quando la vede, ma incontra grandi difficoltà a sintetizzarne una in autonomia partendo da zero, non sapendo da quale parte iniziare.

Il materiale qui contenuto può essere utilizzato come compendio naturale di un qualsiasi libro di testo adottato in un corso universitario di ingegneria del software. La selezione degli argomenti presenti in queste dispense copre le notazioni strutturali più impiegate in tali corsi, ossia i diagrammi DFD per descrivere la struttura dei processi e i diagrammi delle classi UML per descrivere l'organizzazione dei sistemi software orientati agli oggetti. Le notazioni per rappresentare gli aspetti dinamici di un sistema (casi d'uso, diagrammi di stato, diagrammi di sequenza, reti di Petri, ecc.) saranno oggetto di una seconda dispensa e verranno altresì coperte con maggiore dettaglio nel libro *Fondamenti di Modellazione del Software: Notazioni, Metodi e Tecniche —Volume 2*.

1.2. Motivazioni: perché un compendio ai libri di ingegneria del software

L'ingegneria del software è una disciplina applicativa, pratica, pragmatica. A differenza dell'informatica teorica, non ci sono dimostrazioni formali, ragionamenti astratti, lemmi e teoremi o formule complesse da imparare. L'ingegneria del software è costituita in buona parte da un nucleo di concetti chiave attorno ai quali si "accordano" principi, tecniche, notazioni e metodi. Essa per definizione attinge tanto all'ambito esperienziale quanto a quello nozionistico. Molti standard nascono non tanto da un particolare linguaggio, quando da un corpus di esperienze, di fallimenti, di pratiche applicate sistematicamente con successo.

Se condividiamo questa premessa, è facile verificare come i libri di testo classici svolgano un buon servizio nell'introdurre i concetti chiave, per cui lo studente può poi facilmente assimilare la terminologia specialistica della disciplina. Laddove, molto spesso semplicemente per ragioni ovvie di spazio, oppure per scelta mirata, questi testi falliscono abbastanza presto è nel trasmettere le tecniche, i principi e talvolta anche le stesse notazioni. Seppure l'approccio *"Model-Driven"* stia acquistando una certa popolarità, molti testi di ingegneria del software restano ancora radicati ad un approccio più tradizionale, in cui al più si introduce qualche diagramma UML per far *intuire* allo studente come le notazioni grafiche possono essere utilizzate per creare specifiche di sistemi complessi.

Ovviamente questo approccio non è sufficiente per fornire allo studente quelle basi essenziali per un qualsiasi uso *reale* della modellazione, tanto meno per prepararlo ad affrontare con solide basi la realtà lavorativa industriale. Tutto ciò a discapito di quella caratterizzazione che diamo all'ingegneria del software di praticità, pragmaticità e applicazione.

Sulla base di queste riflessioni, emerse dopo anni di insegnamento in ambito accademico da una parte, e di continue collaborazioni industriali dall'altra, nasce l'idea di creare prima delle dispense, poi un libro sulla modellazione del software e che, spero, risulti essere un utile compendio ai classici testi adottati nei corsi universitari.

Un libro oggi, con la diffusione di Internet, è interessante solo se copre un vuoto e fornisce al contempo un valore credibile. Il vuoto è in parte evidente nelle considerazioni appena fatte. La maggior parte dei libri di testo affronta singoli aspetti della materia (notazioni, metodi, tecniche e principi). Ancor più raro è vedere questi aspetti complementari trattati con approfondimenti che coniugano la didattica con l'esperienza industriale. In queste due considerazioni, l'approccio multi-notazione e il taglio pratico combinato a quello rigoroso-didattico, spero si possa trovare il punto di forza di questo libro e nelle sue dispense. Da professionista che lavora costantemente in ambito industriale, infatti, osservo una realtà che spesso sfugge all'accademia. Nei sistemi IT di medie e grandi dimensioni esiste una complessità inerente ai processi aziendali che gioverebbe di un approccio solido alla modellazione. In questi sistemi, inoltre, la conoscenza del dominio applicativo è un *asset* interno che tocca vari momenti del processo produttivo e che necessità, per essere ben formalizzata, di più notazioni. Diventa quindi importante sapere quale notazione utilizzare per meglio descrivere una cerca informazione.

Un altro aspetto chiave è la scala, la dimensione, la complessità dei modelli software oggi necessaria in questi ambiti industriali. Non serve sviluppare un sistema di controllo del traffico aereo per rendersi conto che una grande parte del lavoro di modellazione sta nel porre le fondamenta al modello, nell'individuare le giuste astrazioni rilevanti in un determinato contesto, nello stabilire il criterio di scomposizione per organizzare più efficacemente il modello, e così via. Per acquisire una minima familiarità con tutti questi aspetti, spesso il corso di ingegneria del software è l'unico momento nell'intera carriera accademica di uno studente in cui è possibile toccare l'argomento. Per contro, oggi almeno in Italia la realtà industriale spesso è totalmente impreparata ad affrontare questo salto di paradigma imposto dalla modellazione del software. Tali realtà sono ancorate ad un approccio documento-centrico, incentrato sul codice sorgente, che apre le porte alla produzione di pseudo-specifiche redatte in svariati linguaggi semi formali e tutti rigorosamente ad-hoc, a discapito della standardizzazione e della comunicazione.

Nasce da queste considerazioni l'opportunità di concepire un testo di approfondimento che affianca la trattazione per certi versi formale della modellazione con la presenza di tantissimi esempi commentati, esercizi e casi di studio approfonditi. Quindi sì ai fondamenti su principi, tecniche e notazioni, ma anche un approccio pratico, rafforzato da rappresentazioni grafiche intuitive per "distillare" la conoscenza rilevante, come mappe mentali e mappe concettuali. Ogni notazione, inoltre, viene descritta all'interno del metodo e del paradigma in cui maggiormente si è affermata, in modo da rafforzare ulteriormente il legame esistente con i concetti chiave descritti nei corsi specialistici di ingegneria del software. Ecco allora che i diagrammi DFD vengono discussi come strumento per descrivere la struttura dei processi secondo il Metodo Strutturato, mentre le classi UML sono la notazione standard nell'ambito del Metodo Orientato agli Oggetti. Notazioni e concetti sono fortemente intrecciati e questo legame con il paradigma di riferimento aiuta lo studente a capire quali aspetti di quale approccio possono essere maggiormente espressivi per creare una determinata rappresentazione in base alla prospettiva di analisi adottata.

1.3.   Audience

Le dispense che state leggendo sono pensate principalmente per gli studenti di corsi universitari che intendono approfondire la modellazione del software mediante l'utilizzo di notazioni grafiche. Il libro *Fondamenti di Modellazione del Software*, da cui le dispense sono tratte, estende l'insieme di notazioni qui trattate. Il materiale presentato nel libro così come, più limitatamente, nelle dispense può anche essere di interesse per un professionista che voglia rivedere gli aspetti più formali delle notazioni o ancora espandere la propria conoscenza di tecniche di modellazione.

1.4.   Presentazione del materiale: l'approccio visuale

Queste dispense sono state create con un forte approccio visuale. Da questo punto di vista, il testo ricalca lo stile dei libri di design grafico in cui la tipografia, il layout e ogni altro elemento sussidiario al testo (annotazioni, riferimenti incrociati, schemi e figure, ecc..) rivestono un ruolo essenziale in quanto, se ben progettati, rafforzano il messaggio veicolato.

La progettazione nell'ingegneria del software svolge un ruolo chiave soprattutto dal punto di vista dell'approccio alla risoluzione dei problemi. Perché allora non riflettere tale attenzione al design anche nella produzione di un libro? Questa è una delle sfide editoriali che ho cercato di raccogliere con questo lavoro.

Di seguito sono descritte le caratteristiche chiave del testo, pensate sia per rafforzare gli aspetti didattici, sia per facilitare la consultazione rapida e la sintesi degli aspetti essenziali.

1.4.1.   Definizioni

La proprietà di linguaggio è un aspetto chiave di ogni disciplina tecnica e l'ingegneria del software non fa eccezione. Un elemento chiave del materiale presentato è costituito quindi dalla presenza di molte definizioni, evidenziate perché riportate all'esterno della gabbia del testo principale, e numerate in modo da facilitarne l'individuazione in una lettura non sequenziale.

DEFINIZIONE 1.1 (PROCESSO)

Un *processo* è un insieme coordinato di unità logiche elementari, dette passi (o azioni), eseguite in una determinata sequenza temporale e volte al raggiungimento di uno scopo (ad esempio, realizzare un prodotto o fornire un servizio).

1.4.2.   Principi

La connotazione esperienziale dell'ingegneria del software emerge in parte dalla formulazione di buone pratiche e principi che fungono da linee guida nell'implementazione di un metodo o di una tecnica. Il box principi evidenzia questi aspetti complementari alle notazioni, spesso essenziali per utilizzare proficuamente i linguaggi di modellazione e di programmazione nella pratica industriale.

È importante osservare che, in quanto elementi che emergono più dall'esperienza che dalla teoria astratta, la formulazione di un principio dipende spesso dal contesto in cui è stata sviluppata. Il principio di delega dei compiti, come linea guida ispiratrice nella scomposizione delle funzionalità in moduli all'interno del Metodo Strutturato, viene in questa dispensa caratterizzato mediante il legame con i concetti di modulo e di connessione funzionale. Se dovessimo introdurre tale principio all'interno dell'Analisi OO (Orientata agli Oggetti), la formulazione sarebbe diversa, probabilmente riferita più ai concetti di tipo di dato astratto e di scambio di messaggi. Si tenga presente questa osservazione nello studio dei principi, la cui chiave di lettura va identificata nelle linee guida sottostanti il principio stesso, piuttosto che negli aspetti prettamente formali o lessicali della definizione.

PRINCIPIO 1.1
DELEGA DEI COMPITI

Il *principio di delega dei compiti* prevede la scomposizione della funzionalità complessa, implementata da un modulo, in sotto-funzionalità la cui esecuzione è demandata ad altri moduli, connessi al modulo principale mediante una connessione di dipendenza funzionale.

1.4.3. Note

Il testo fa largo uso di note. Un primo tipo di note è costituito da puntualizzazioni a margine del discorso principale il cui scopo è di chiarire un aspetto secondario del testo, oppure di effettuare una precisazione che, inserita nel discorso principale, avrebbe l'effetto di appesantirlo oltremodo. Questo tipo di nota è facilmente riconoscibile, sia grazie al riferimento iconico (un blocco note stilizzato che precede il titoletto "Note", sia per la presenza di una sottile barra verticale che fa da cornice laterale al testo. Anche il font e il colore del carattere sono stati modificati per lasciare il testo principale in primo piano rispetto alla nota, rafforzando l'idea di gerarchia visiva che si viene a creare all'interno della pagina.

☐ **Note**

La direzione della connessione non va confusa con la direzione della freccia: la prima indica la subordinazione tra il modulo chiamante e quello chiamato, mentre la seconda specifica se il dato trasportato nella connessione viene considerato dal modulo chiamato come parametro di input (verso concorde a quello della connessione) oppure come risultato da fornire in risposta alla chiamata (verso discorde).

Le note di sintesi evidenziano i passaggi chiave del testo, utili sia per fissare i concetti, sia per scorrere rapidamente il libro in una successiva lettura

Un secondo tipo di note usate nel libro è costituito dalle sintesi dei passaggi chiave contenuti nel testo principale. Si tratta di brevi annotazioni presenti sempre sul margine sinistro della pagina il cui scopo è di distillare un passaggio importante da memorizzare. Queste annotazioni possono essere utilizzate anche come "note di sintesi" in una successiva lettura per scorrere i contenuti del testo senza doverlo per forza rileggere integralmente. Per questa ragione, le note di sintesi sono state impiegate "raccontare la storia essenziale" di un capitolo, specialmente se lette in sequenza.

1.4.4. Approfondimenti

Il materiale è organizzato mediante un criterio generale per cui prima vengono introdotti i concetti fondamentali, poi i metodi, quindi le notazioni e, infine, le tecniche. A "rompere" questa progressione logica sono i riquadri degli approfondimenti. Un approfondimento descrive aspetti avanzati di un metodo o di una notazione che sarebbe troppo "slegato" relegare a parti successive del testo, lontane dal contesto di discussione. Non essendo un elemento a margine, bensì parte integrante del testo, ogni approfondimento è quindi collocato all'interno della gabbia del testo principale ed è riconoscibile dalla presenza iconica di un piccolo quadrato che ne delimita l'inizio e la fine. Anche il font e il colore del testo sono stati modificati, similmente alle note, per ottenere un effetto di gerarchia visiva rispetto al testo principale.

❏ **Approfondimenti: Relazioni e navigabilità**

Spesso imporre un verso tra due elementi (concetti, classi, ecc.) è il risultato di speculazioni di progettazione, piuttosto che dell'espressione di una caratteristica del dominio applicativo. Di conseguenza, i primi modelli costruiti durante l'analisi sono delle versioni molto naïve basate su "scatole e frecce", destinate ad essere raffinate successivamente. Va però osservato che i successivi raffinamenti non alterano la natura del modello, come invece accade passando dall'analisi al design nel Metodo Strutturato. Scatole e frecce continuano a rimanere tali, anche se si arricchiscono di dettaglio, o di nuove frecce, o di nuove scatole, o ancora si opta per un particolare tipo di freccia. Ancor più importante, nell'analisi OO si parte con un modello di tipo reticolare per poi ottenere nel design OO un altro modello, con informazioni di più elevato dettaglio, ma pur sempre di tipo reticolare. ❏

1.4.5. Terminologia evidenziata

Comunicare con precisione un corpo di conoscenze significa anche adottare un linguaggio specialistico in cui la terminologia svolge un ruolo centrale nel veicolare i concetti chiave. Queste dispense ricalcano in parte l'approccio accademico di divulgazione, basato su definizioni.

A margine delle definizioni esistono tutta una serie di concetti che fungono da complemento alle definizioni. Nel testo, questi concetti secondari che contribuiscono a formare il vocabolario della disciplina vengono evidenziati sia mediante un corpo in grassetto, sia mediante dei riferimenti a margine etichettati "Terminologia". Scorrere il testo alla ricerca delle definizioni prima e della terminologia di settore poi diventa quindi più agevole grazie a queste scelte tipografiche.

Una *precondizione* **rappresenta le condizioni sugli argomenti di un servizio (ed, eventualmente, sullo stato interno del TDA) che devono essere soddisfatte affinché l'esecuzione del servizio stesso possa essere conforme alle sue specifiche**.

Il paragrafo precedente costituisce un esempio di terminologia evidenziata in cui viene descritto il concetto di precondizione.

⊙ **TERMINOLOGIA**
Precondizione

1.4.6. Riferimenti incrociati e note bibliografiche

Ogni disciplina scientifica è spesso caratterizzata da richiami, passaggi logici, interconnessioni tra concetti che non sempre è facile esprimere all'interno del discorso principale. I riferimenti incrociati servono allo scopo di fornire questi "collegamenti" che consentono al lettore di effettuare approfondimenti e consolidare le proprie conoscenze. I riferimenti incrociati presenti nel testo sono di due tipi: richiami ad altre parti del libro, oppure riferimenti esterni come le voci di bibliografia. I primi sono espressi dalle annotazioni "Vedi anche", mentre i secondi sono identificabili dalla presenza esplicita della voce di bibliografia e dal titoletto "Riferimenti".

⊙ **VEDI ANCHE**
Un altro esempio di riduzione dell'effetto domino in base alla riduzione del livello di accoppiamento è illustrato nell'Esempio 3.8

⊙ **RIFERIMENTI**
1. P. Coad; E. Yourdon. *Object-Oriented Analysis 2/E*. Prentice Hall, 1991. ISBN 0-136-29981-4

1.4.7. Cattive pratiche

La comprensione profonda di una materia passa anche dall'identificare i tipici errori che caratterizzano tutte le discipline esperienziali. Imparare ciò che non si dovrebbe fare in una specifica circostanza assume un'importanza non trascurabile, non facile da acquisire e certamente rilevante nella pratica industriale quasi pari alle cosiddette buone pratiche. Purtroppo questo aspetto è raramente presente non solo nella letteratura scientifica e didattica, ma anche in quella tecnico divulgativa.

Questo libro si pone l'obiettivo di sintetizzare sia l'esperienza di studio, sia quella industriale dell'autore. A corredo di alcuni passaggi importanti o di alcune pratiche suggerite sono inserite le "cattive pratiche": un'annotazione dall'omonimo titoletto e dalla caratterizzazione iconica di una bombetta :-).

💣 **CATTIVA PRATICA**
Dotare sistematicamente le classi di metodi "Get/Set" indebolisce l'incapsulamento perché espone le scelte implementative relative alla rappresentazione interna dello stato del tipo di dato astratto TDA.

1.4.8. Esempi svolti, esercizi proposti e schede di valutazione

La conoscenza della terminologia è un aspetto sterile se non è affiancato da esempi pratici che illustrano come una disciplina viene applicata. Il testo è quindi corredato da tantissimi esempi svolti e discussi, facilmente riconoscibili da un apposito riquadro e dal riferimento iconico di un monitor.

Un esercizio di modellazione, tuttavia, raramente ha un unico modo di essere risolto. Più spesso, invece, la soluzione proposta è una possibile traccia. Per tale ragione, a corredo di alcuni esempi sono stati inseriti specifici esercizi che incoraggiano il lettore a seguire tracce parallele a quella proposta, oppure a replicare nella propria esperienza i ragionamenti effettuati nell'esempio. Tali esercizi sono facilmente identificabili, nel contesto di un esempio svolto, ricercando il titoletto "Practice Time" collocato sul margine sinistro del riquadro.

ESEMPIO 1.1 PROTOCOLLO DI SERIALIZZAZIONE

Pensiamo alla funzionalità astratta di rendere persistenti dei dati su file. Normalmente questa operazione viene riferita nei corsi di programmazione col nome di serializzazione. Salvare un'immagine, però, può essere molto diverso dal salvare un documento testuale o, ancora, un file audio. Se questi tipi di dati fossero oggetti, per poterli salvare su disco dovremmo, ad esempio, dotarli di un servizio di serializzazione. Ci piacerebbe che tale servizio fosse conforme ad un protocollo uniforme (sfruttando cioè un servizio avente sempre lo stesso nome), in modo che un modulo cliente possa salvare degli oggetti diversi invocando la stessa operazione.

Per fornire un simile protocollo potremmo pensare ad un'interfaccia `SerializableObject` dotata del servizio astratto `Serialize`. Ogni implementazione di `SerializableObject` deve fornire una sua versione di `Serialize`. A questo punto, un codice cliente che manipola un'implementazione di `SerializableObject` sa che essa disporrà del servizio `Serialize`, indipendentemente dal suo specifico tipo.

ESEMPIO 1.2 PROTOCOLLO DI PERSISTENZA

Immaginiamo di dover salvare un oggetto non più sul file system ma su una base di dati (parleremo in tal caso di persistenza anziché di serializzazione). Dobbiamo allora creare un'interfaccia, che chiamiamo `StorableObject`, dotata dei servizi astratti `OpenConnection`, `PrepareQueryStatement`, `ExecuteQuery` e `CloseConnection`. L'insieme di tali servizi è il protocollo dell'interfaccia `StorableObject`. Questi servizi vengono inoltre forniti assieme a una regola che prestabilisce uno specifico ordine di esecuzione affinché la persistenza venga effettuata correttamente:

1. Ottenere (aprire) una connessione al database (`OpenConnection`);
2. Predisporre la query da eseguire (`PrepareQueryStatement`);
3. Eseguire la query (`ExecuteQuery`);
4. Liberare (chiudere) la connessione al database (`CloseConnection`).

L'ordine di esecuzione appena illustrato rappresenta la regola di utilizzo del protocollo. Se essa viene violata, il sistema non garantisce la correttezza dell'operazione di persistenza (potrebbero, ad esempio, venir sollevate delle eccezioni a run-time, per cui altri moduli potrebbero non essere in grado di salvare i loro oggetti).

Alla fine di ogni capitolo sono stati inseriti degli esercizi pensati per permettere allo studente di affinare la propria familiarità con la specifica notazione o con le tecniche di modellazione discusse nel testo.

A margine degli esercizi di chiusura capitolo sono presenti anche delle schede di autovalutazione, denominate "*My Review Plan*". Queste schede non sono i classici quiz a risposta multipla con allegate le risposte corrette. Esse sono piuttosto delle tracce che incoraggiano il lettore, in particolare il professionista che legge il libro, a svolgere un'attività di autoanalisi per identificare e annotare quali tecniche e principi discussi nel testo risultano essere più importanti nella sua pratica quotidiana. Da qui segue poi la stesura di un piano d'azione rivolto a stimolare la crescita professionale.

1.4.9. Mappe concettuali e mappe mentali

Quando un argomento viene esaurito all'interno di un capitolo, i concetti chiave e le loro relazioni sono sintetizzati in una mappa concettuale.

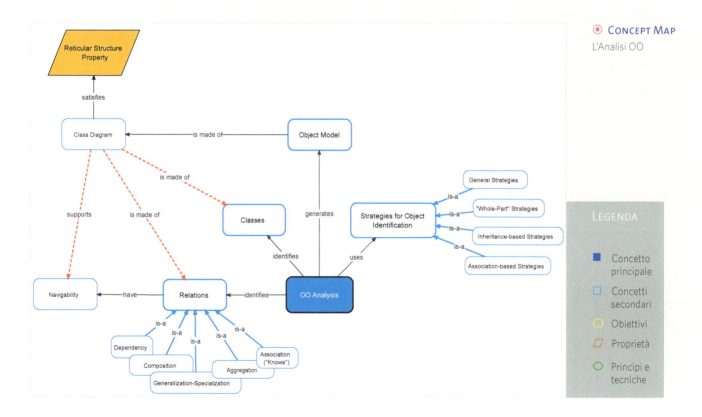

⦿ CONCEPT MAP
L'Analisi OO

LEGENDA

- ◼ Concetto principale
- ◻ Concetti secondari
- ⬭ Obiettivi
- ▱ Proprietà
- ◇ Principi e tecniche

Digerire un corpo di conoscenze articolato richiede una costante applicazione e un approccio sistematico allo studio. Le mappe concettuali sono un ulteriore strumento per "distillare" la *conoscenza essenziale* e riconoscerla "a colpo d'occhio". Esse sono uno degli elementi maggiormente visuali del testo il cui scopo, oltre a rafforzarne la valenza didattica in quanto noto strumento di rappresentazione della conoscenza, è quello di rendere la consultazione più piacevole.

Al termine di ogni capitolo, infine, viene inserita una sezione "A colpo d'occhio" contenente una mappa mentale globale per fornire una visione d'insieme più ampia degli argomenti trattati. Anche qui, secondo il principio di scala discusso nel Capitolo 3 (Principio 3.7 a pagina 94), la conoscenza scorre sempre su più binari distinti, da un livello microscopico (gli aspetti locali di un singolo paragrafo o di una specifica sezione) a uno macroscopico (la visione d'insieme dell'intero capitolo). Questa relazione di scala è rappresentata qui dalla sinergia esistente tra le mappe concettuali nelle singole sezioni e le mappe mentali al termine dei capitoli.

A colpo d'occhio

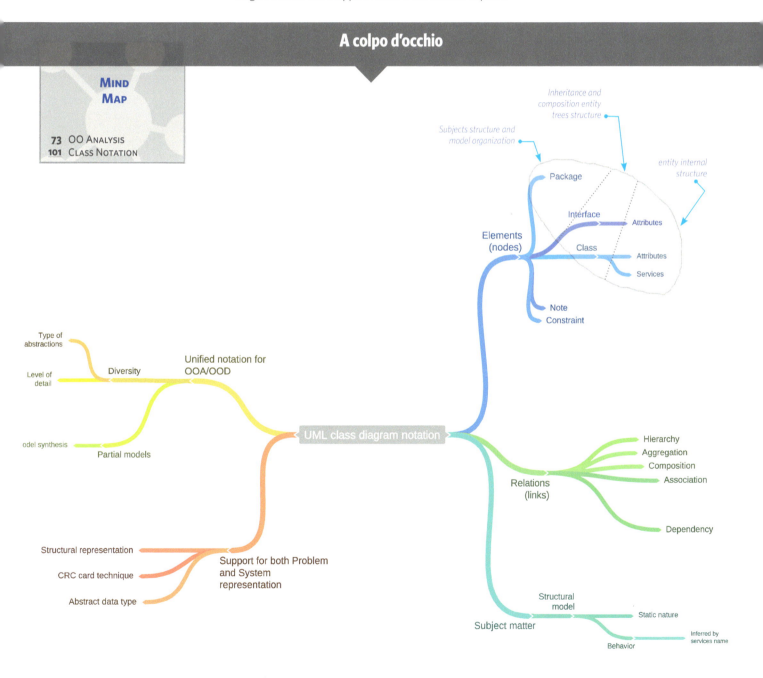

MIND MAP

1.4.10. Casi di studio

Gli esercizi risolti costituiscono piccole "palestre giocattolo" utili per comprendere e applicare nuovi concetti singolarmente. Nella pratica industriale, tuttavia, le soluzioni a problematiche complesse sono spesso la sintesi di compromessi, di molteplici tecniche applicate e anche di qualche regola infranta. Sapere quando e come "rompere le regole" è una delle caratteristiche distintive dell'esperto della materia. I casi di studio discussi nella seconda parte delle dispense (e, in modo più completo e articolato nel libro) svolgono questo ruolo di approfondimento, utili sia allo studente che deve affrontare i suoi primi progetti di "grande" dimensione, sia al professionista desideroso di affinare qualche aspetto specialistico della modellazione del software. Similmente alle soluzioni proposte negli esercizi, anche i casi di studio propongono una traccia soggettiva, non la "soluzione universale" (che non esiste). Ciononostante, vedere molte soluzioni proposte e svolgere un certo numero di esercizi aiuta sia lo studente, sia il professionista ad affinare il proprio spirito critico e a proporre poi soluzioni migliorative il cui schema può quindi essere replicato nella pratica quotidiana. Leggere, studiare, osservare, applicare, raffinare costantemente. Sistematicamente. Ecco il percorso per diventare degli ottimi progettisti di software. Buona modellazione!

1.5. Contenuto della dispensa

La dispensa è organizzata in due parti: la prima contiene questo capitolo introduttivo, seguito dal Capitolo 2 sulla modellazione dei processi con la notazione dei Data-Flow Diagram (DFD) nel Metodo Strutturato. Chiude la parte 1 il Capitolo 3 sull'Analisi Orientata agli Oggetti e la notazione delle classi UML. La parte 2, invece, contiene i casi di studio (Capitolo 4) e la bibliografia. Nei casi di studio sono discusse due applicazioni distinte: il sistema ACME Logistics relativo ad un'azienda di logistica che organizza trasporti internazionali di merci e il sistema ACME Shopping relativo ad un negozio virtuale online.

1.6. Indice dei contenuti del libro

La dispensa è tratta dal libro *Fondamenti di Modellazione del Software: Notazioni, Metodi e Tecniche —Volume 1*, edito da Create Space e disponibile a breve sulla piattaforma Amazon. Il primo volume è dedicato alle notazioni strutturali. Di seguito è riportato l'elenco dei contenuti completo.

Parte 1

- La modellazione dei processi nel Metodo Strutturato
- I diagrammi ER e la modellazione dei dati
- I diagrammi di classe e il Metodo Object-Oriented
- Principi di Design Object-Oriented
- La modellazione con le classi: Approfondimenti
- I diagrammi dei componenti

Parte 2

- Il caso di studio ACME Logistics
- Il caso di studio ACME Shopping

1.7. Crediti e ringraziamenti

Il primo sentito ringraziamento per la realizzazione di queste dispense va al Prof. Carlo Tasso, docente di ingegneria del software nei corsi di laurea in Informatica e in Tecnologie Web e Multimediali (TWM) all'Università degli Studi di Udine. Il suo continuo incoraggiamento nella produzione di questo materiale e i suoi suggerimenti sono risultati sempre preziosi come preziosa è stata la sua pazienza nell'aspettare questo primo atto di un lavoro complesso di ricerca personale, di studio, di sintesi e anche senza ombra di dubbio di sperimentazione (non solo tipografica!).

Un altro grande debito morale che ho è con tutti i revisori del libro che con grande dedizione hanno letto anche le parti estratte in questa dispensa, fornendo suggerimenti, segnalazioni, correzioni. In particolare il ringraziamento va a Giorgio Brajnik e Adriano Pascoletti. Il primo è docente all'Università degli Studi di Udine nel corso di Programmazione Orientata agli Oggetti. Il secondo ha tenuto per anni nella medesima facoltà il corso di Geometria Computazionale. In ambito industriale, invece, sono debitore soprattutto nei confronti di Adriano Comai, noto e apprezzato consulente indipendente e revisore ufficiale dell'ultima specifica della notazione standard UML. Ad essi sono debitore oltre che per gli svariati suggerimenti forniti, soprattutto per il loro costante incoraggiamento.

Nonostante la meticolosa attenzione dei miei revisori, scrivere un testo articolato e complesso come quello che state leggendo è un'operazione ardua e ricca di difficoltà, specialmente se fatta in autoproduzione, dove l'autore cura non solo il contenuto ma anche la tipografia e l'impaginazione. Chiedo scusa, quindi, ai lettori in primis, e a tutti i miei pazienti revisori per ogni refuso rimasto tra le pagine di questo libro: essi sono solo e unicamente responsabilità della mia imperfezione come scrittore e autore.

Un ringraziamento va anche a tutti i miei Maestri che mi hanno aiutato a crescere come professionista e autore. Elencarli tutti è davvero impossibile: alcuni si perdono nella memoria ma di ciascuno è vivo in me l'insegnamento profondo, risultato di animate discussioni tra i corridoi dell'università, di sessioni di lavoro nell'industria, di "feroci" critiche costruttive ricevute nella mia carriera accademica e, soprattutto, di intensi momenti d'ispirazione durante la lettura dei tanti libri tecnici che hanno un posto riservato nella mia personale biblioteca.

Infine un ringraziamento a tutti i miei lettori che con pazienza leggeranno le pagine di queste dispense e del libro, siano essi studenti oppure professionisti.

Per ogni considerazione e feedback, nonché per la segnalazione di errori od omissioni potete contattarmi al seguente indirizzo di posta elettronica: andrea.baruzzo@designcoaching.net

Parte 1

CAPITOLO 2

LA MODELLAZIONE DEI PROCESSI NEL METODO STRUTTURATO

Il capitolo introduce il Metodo Strutturato con particolare riferimento alle tecniche di analisi e design. Dal punto di vista linguistico, vengono definiti i concetti chiave di modulo, black-box, processo, entità, flusso di dati e repository.

Dal punto di vista delle notazioni, vengono introdotti i diagrammi DFD (Data-Flow Diagram) e gli structure chart. I primi sono usati sia per modellare diagrammi di contesto, sia per rappresentare processi e trasformazioni di dati. Gli structure chart mostrano invece come la struttura dei processi può essere trasformata in una struttura dei moduli software. Il capitolo evidenzia, inoltre, l'importanza della stratificazione nel progetto di una specifica articolata per gestire efficacemente un livello crescente di complessità. Il legame tra i vari strati avviene tramite il principio di delega dei compiti.

Il passaggio dall'analisi al design viene visto come transizione da una specifica costruita in termini di diagrammi DFD, opportunamente stratificati in livelli, a una specifica di tipo gerarchico basata su structure chart. La transizione avviene mediante la tecnica della Transform Analysis. A margine delle specifiche di analisi e design, vengono infine introdotte le metriche di coesione, accoppiamento e complessità ciclomatica, utili per misurare la qualità di un design strutturato.

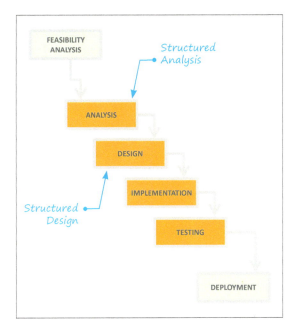

Modello di processo Waterfall (a cascata). *Il Metodo Strutturato incoraggia uno sviluppo che segue un modello a cascata in cui viene definita una sequenza fissa di fasi che dall'analisi conducono alla messa in opera del sistema. Questo modello ha due grossi vantaggi: è semplice da capire e, laddove si riesca a "congelare" i requisiti, consente una buona predicibilità dei costi. Vedi a pag. 25.*

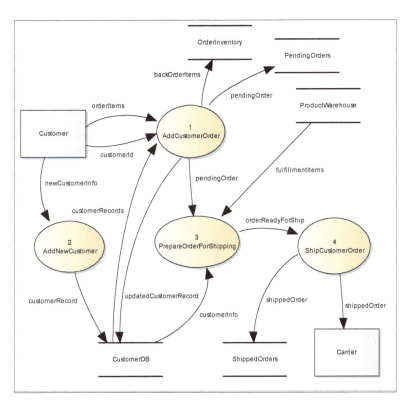

Diagrammi DFD. *Un diagramma DFD (Data-Flow Diagram) modella un sistema in termini di processi essenziali, flussi di dati, repository ed entità esterne. Un DFD è utile sia per costruire un diagramma di contesto per l'intero sistema, sia per scomporre un processo in sottoprocessi e mostrare come i dati vengono trasformati. Vedi da pag. 29.*

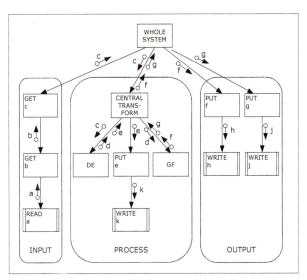

Modello HIPO (Hierarchical-Input-Process-Output). *La tecnica della Transform Analysis per il passaggio dall'analisi al design sfrutta un'euristica di suddivisione dei moduli in base a tre categorie principali: moduli di input, moduli di input/output (Processing) e moduli di output. Vedi a pag. 52.*

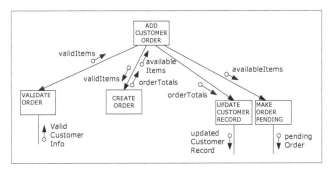

Structure chart. *Il Metodo Strutturato propone il passaggio dall'analisi al design trasformando i diagrammi DFD che modellano il processi essenziali del sistema in uno structure chart che modella invece i moduli software, le loro dipendenze di chiamata e i dati passati. Vedi da pag. 37.*

OBIETTIVI DI APPRENDIMENTO

1. Riconoscere i concetti essenziali dell'approccio Strutturato (ad esempio i concetti di processo, modulo, black-box, flusso di dati, repository ed entità esterne).

2. Impostare l'Analisi Strutturata usando la notazione dei diagrammi DFD.

3. Impostare il Design Strutturato usando la notazione degli structure chart.

4. Rimappare il problema in termini di processi per poi trasformarli in moduli software.

5. Raffinare progressivamente un diagramma DFD partizionandolo in livelli.

6. Applicare la tecnica della Transform Analysis per facilitare il passaggio dai diagrammi DFD (analisi) agli structure chart (design).

7. Valutare la qualità di una specifica strutturata mediante le metriche di accoppiamento, coesione e complessità ciclomatica.

LE specifiche funzionali strutturate costituirono forse il primo tentativo di introdurre linee guida esplicite per disciplinare in modo sistematico la progettazione di sistemi software industriali. Tali specifiche conobbero la loro massima diffusione tra gli anni '70 e gli anni '80, contemporaneamente ad altri approcci che ebbero una fortuna meno duratura[1].

Oggi queste tecniche sono considerate in larga misura superate da altre metodologie che hanno ricalcato l'evoluzione dei linguaggi di programmazione, passati dalla rappresentazione di formule matematiche o di operazioni su basi di dati al supporto di costrutti più sofisticati, come gli oggetti, l'ereditarietà, il polimorfismo.

La popolarità di nuovi paradigmi, tuttavia, non comporta automaticamente la totale inutilità degli stili di specifica che li hanno preceduti. Seppure questi ultimi non vengano più impiegati come "metodo a sé", in alcuni frangenti è ancora utile sfruttarne le rappresentazioni, ad esempio per costruire dei modelli di analisi orientati ai processi (è il caso dei diagrammi DFD esaminati in questo capitolo).

Un altro motivo per guardare con interesse a tali notazioni è la loro capacità di costruire diagrammi di contesto. Un modello in grado di mostrare le interazioni più significative tra il sistema in esame e il "mondo esterno", infatti, rimane uno strumento cruciale per comunicare informazioni valide sia per la comprensione dei requisiti, sia per l'implementazione del sistema software finale. Per queste ragioni, i diagrammi DFD in particolare mantengono la loro attualità ancor oggi, tant'è che molti strumenti (commerciali e open-source) continuano a supportarli[2].

Fatta questa premessa, per comprendere la natura delle rappresentazioni strutturate bisogna acquisire sia i concetti chiave su cui esse si fondano, sia il processo di sviluppo all'interno del quale si sono diffuse. Come vedremo anche nei successivi capitoli, notazioni e metodi vanno studiate di pari passo. Il *Metodo Strutturato* che dà origine alle omonime notazioni è imperniato sul concetto di struttura, con particolare riferimento ai processi automatizzati. La struttura prende una doppia forma, a seconda che si parli di analisi oppure di design. Nel primo caso, si parlerà della *struttura logica* dei processi di un sistema, e la notazione preposta a rappresentarla sono i diagrammi DFD. Nel secondo caso, si parla della *struttura fisica* dell'architettura software utilizzata per implementare i processi descritti durante l'analisi, e la notazione utilizzata è quella degli structure chart. Le sezioni successive definiscono i concetti chiave del Metodo Strutturato e delle corrispondenti notazioni.

>> **Il Metodo Strutturato è imperniato sul concetto di struttura definita su due piani distinti: quello dei processi logici e quello dei moduli fisici. I sistemi software sono organizzati secondo questi due piani, pertinenti rispettivamente all'analisi e al design.**

2.1. Concetti fondamentali

Il risultato principale dell'applicazione del Metodo Strutturato consiste nel definire modelli di processo (detti modelli strutturati), articolati in termini di flussi di dati, di procedure da eseguire, oppure di moduli funzionali da realizzare e assemblare. Questi modelli esprimono in modo esplicito la *composizione interna* di un processo da un punto di vista del design logico. La Definizione 2.1 descrive un processo nella sua incarnazione sequenziale. Nei sistemi in cui il processo avviene in regime di concorrenza, la sequenzialità temporale delle azioni potrebbe non essere così rigidamente prefissata.

Un processo, tuttavia, anche se concorrente, è spesso vincolato da opportune sincronizzazioni che, almeno in determinati punti, impongono una certa sequenzialità temporale, per cui la definizione di processo data in questo capitolo non perde di generalità. Nel seguito del capitolo, quindi, il processo verrà visto prevalentemente in quest'ottica sequenziale, salvo diversa precisazione.

DEFINIZIONE 2.1 (PROCESSO)

Un *processo* è un insieme coordinato di unità logiche elementari, dette passi (o azioni), eseguite in una determinata sequenza temporale e volte al raggiungimento di uno scopo (ad esempio, realizzare un prodotto o fornire un servizio). Ogni processo ha sempre un inizio e una fine, con input e output chiaramente definiti.

---

1   Il lettore interessato ad approfondire questi approcci alternativi può trovare nella bibliografia ragionata (Sezione 2.7) diversi riferimenti relativi ai metodi di Jackson, Warnier-Orr e SADT.
2   Alcuni tra i più popolari strumenti per la modellazione del software che supportano ancora i DFD sono Smartdraw, Lucidchart, Sparx Enterprise Architect e Visual Paradigm.

Come si intuisce dall'Esempio 2.1, un processo può essere molto articolato, con diverse sequenze di azioni vincolate da opportune condizioni. Nel caso descritto, l'inizio del processo coincide con l'accesso al negozio virtuale da parte del cliente, mentre la fine è rappresentata dall'invio della merce o, alternativamente, da un messaggio d'errore (prodotto esaurito? Autorizzazione alla transazione economica negata?). Le informazioni di input sono i dati di accesso del cliente (es. username e password) o, alternativamente, le informazioni di registrazione se si tratta di un nuovo cliente, i codici dei prodotti da acquistare, lo strumento di pagamento scelto e l'eventuale indirizzo di spedizione. L'output è costituito dalla registrazione dell'avvenuto invio della merce oppure da un messaggio di errore. L'esito dei vari controlli costituisce l'insieme di condizioni che vincolano la sequenza logica di passi che viene eseguita per completare il processo e ne determinano il successo o il fallimento.

Il Metodo Strutturato fornisce una metodologia che comprende la descrizione di un processo attraverso la creazione di diversi modelli grafici. Dal punto di vista dell'analisi, viene proposto un modello dei vari passi, della loro sequenza temporale di esecuzione, degli input e degli output necessari, come discusso nella Sezione 2.3 (la notazione dei diagrammi DFD, Data-Flow Diagram).

Poiché spesso i passi di un processo sono molto primitivi e molto numerosi, per migliorare la comprensione e la semplicità del modello complessivo, essi vengono tipicamente riuniti (ad un certo livello di astrazione) in *attività*, seguendo criteri di correlazione funzionale o "vicinanza logica"[3]. La *scomposizione di un processo* in una serie di passi pone in generale un problema ricorrente nella modellazione del software: gestire la complessità dei modelli, specialmente quando contengono un numero elevato di elementi.

La distinzione tra processo, passi e attività è piuttosto "fumosa", nel senso che attività molto estese possono essere considerate a loro volta dei veri e propri processi (qualche autore usa in questo caso il termine di sottoprocesso al posto di attività). Poiché dal punto di vista delle notazioni nel Metodo Strutturato non c'è alcuna distinzione tra il processo e le sue parti, in questo capitolo i termini generali di attività e processo saranno considerati sinonimi, salvo diversa precisazione.

Come è facile intuire, esiste una certa arbitrarietà nel raggruppare passi in attività. Talvolta, infatti, è semplicemente più comodo ignorare i dettagli implementativi e descrivere i processi come insieme di attività più astratte, specialmente durante la fase di analisi. Nell'esempio del processo di acquisto di beni online, se non siamo interessati a capire come esso viene realizzato, parleremo di un'unica attività che coincide con il processo stesso. Se invece vogliamo "entrare dentro al processo", dobbiamo descriverlo

Ogni processo è soggetto a una ripetuta scomposizione in sottoprocessi, fino a identificare passi elementari; la terminologia, tuttavia, è meno importante del criterio di scomposizione in sé

⏺ **TERMINOLOGIA**
Scomposizione dei processi in attività e passi

---

3   Nella Sezione 2.4.1 introdurremo una metrica utile per caratterizzare meglio il concetto di correlazione funzionale: la coesione.

in termini di sottoprocessi, introducendo le attività di ricerca di un prodotto, inserimento del prodotto nel carrello virtuale, scelta dello strumento di pagamento, e così via. Se poi volessimo scomporre ulteriormente una qualsiasi di queste attività, la suddivideremo analogamente.

Quando un'attività ha raggiunto un livello di descrizione che è talmente primitivo da non essere ragionevolmente più scomponibile, significa che siamo arrivati al livello dei singoli passi elementari. **Un** *passo elementare* **corrisponde a un'azione che può essere descritta mediante una singola istruzione in pseudocodice o in un linguaggio di programmazione**. Scendere fino a questo livello di dettaglio non è sempre utile per capire meglio il sistema (analisi), mentre può fornire indicazioni che facilitano la traduzione dei processi in codice (design di dettaglio e programmazione).

⬇ **TERMINOLOGIA**
Passo elementare di un processo

Una trasformazione di dati può definire connessioni tra processi ed esprimere così delle dipendenze funzionali

Al di là di tali aspetti legati alla terminologia, ciò che è davvero importante nei modelli strutturati di analisi non è tanto capire se un processo vada definito in termini di attività o di passi, quanto piuttosto esprimere il risultato finale dell'esecuzione del processo (il prodotto o il servizio fornito) attraverso una *trasformazione dei dati di input nei dati di output*. Questa trasformazione viene espressa mediante una sequenza temporale d'esecuzione di due o più attività (o passi), ed è definita nel modello attraverso legami espliciti (detti connessioni) tra le varie attività che costituiscono il processo stesso. **Una** *connessione* **esprime una forma di dipendenza funzionale tra gli elementi coinvolti** ed è graficamente rappresentata mediante una qualche forma di freccia, come vedremo nella Sezione 2.3.1 (connessioni tra attività) e nella Sezione 2.3.5 (connessioni tra moduli).

⬇ **TERMINOLOGIA**
Connessione tra attività

ESEMPIO 2.2 PROCESSI, CONNESSIONI E DIPENDENZE FUNZIONALI

Consideriamo nuovamente le attività di ricerca di un prodotto e di inserimento del prodotto nel carrello virtuale. Se il cliente decide di procedere con l'acquisto di un prodotto che ha appena ricercato, effettuerà il suo inserimento nel carrello prima di concludere l'ordine. Questo flusso logico di azioni crea una dipendenza funzionale tra l'attività di ricerca, che produce come esito il prodotto ricercato, e l'inserimento del prodotto stesso nel carrello (l'output della ricerca diventa input per l'attività di inserimento nel carrello). Il flusso di dati passa idealmente attraverso la connessione tra le due attività.

Le connessioni possibili tra le varie attività non possono essere arbitrarie o generiche: devono essere chiaramente esplicitate nel modello di processo. Non solo: il modello deve in particolare esprimere *tutte* le *possibili* connessioni tra due attività. Va notato però che la presenza di una dipendenza funzionale non implica sempre il passaggio di un flusso di dati. Tale passaggio potrebbe essere vincolato da un'opportuna condizione (ad es. una decisione dell'utente o una qualche altra proprietà logica interna al sistema) che abilita/disabilita l'esecuzione di un'azione e l'effettivo passaggio di dati, come ad esempio l'addebito sulla carta di credito che può avvenire in maniera asincrona, posteriormente all'invio dell'ordine.

A differenza del processo, che può rappresentare un'astrazione importante per capire il problema (analisi), il modulo ha una connotazione che si addice maggiormente al design, essendo più legato a come viene realizzata la specifica soluzione software. I riferimenti nella definizione di modulo al "sistema software" e alla natura di "componente" tradiscono questa prospettiva tecnica.

Il Metodo Strutturato propone una notazione grafica anche per definire questo tipo di modelli orientati al design, chiamata structure chart (Sezione 2.3.5). Una tecnica sistematica per passare dai modelli di analisi (basati sulla scomposizione dei processi) a quelli di design (basati sull'organizzazione gerarchica di moduli) viene presentata nella Sezione 2.5.6. Grazie a questa tecnica, vedremo come le connessioni tra processi si riflettono anche nei corrispondenti moduli, permettendo di "legare" attraverso una sorta di mappatura i modelli di analisi basati sui DFD con quelli di design basati sugli structure chart.

DEFINIZIONE 2.2 (MODULO)

Un *modulo* è un componente fisico separato e ragionevolmente indipendente di un più vasto sistema software ed è definito attraverso un insieme di funzioni specializzate. Tali funzioni possono realizzare un processo intero, una sua parte, oppure una serie di processi, in base alle scelte effettuate dal progettista del modulo.

Le dipendenze funzionali tra moduli sono alla base dell'effetto domino

Modificare un modulo da cui molti altri moduli dipendono funzionalmente può comportare il cosiddetto "*effetto domino*". In tale situazione, **un cambiamento a un componente causa effetti collaterali lungo la catena di tutti i componenti che da esso dipendono** (anche indirettamente),

⬇ **TERMINOLOGIA**
Effetto domino

creando una forte instabilità: finché tutti i componenti non vengono esaminati ed eventualmente modificati per eliminare gli effetti collaterali, non è possibile rilasciare una nuova versione del sistema senza temere di aver "rotto" qualche parte precedentemente funzionante.

DEFINIZIONE 2.3 (STRUTTURA)

La *struttura* di un programma (sistema) è l'insieme dei moduli e delle loro mutue relazioni che definiscono l'organizzazione generale del programma (sistema) stesso.

In base alla Definizione 2.3, la struttura è quella proprietà di un programma che ne definisce l'architettura globale, ossia la descrizione di come esso sia articolato e organizzato in parti separate e interdipendenti. A seconda del tipo di informazione che ci interessa esprimere, è poi più conveniente esprimere tale struttura nei termini del design fisico attraverso moduli e connessioni (come illustrato in Figura 2.1), oppure in termini del design logico attraverso processi e attività (usando un diagramma DFD) o ancora per mezzo di passi elementari, istruzioni in pseudocodice, librerie e file (come vedremo parlando di specifiche funzionali nella Sezione 2.3.5).

ESEMPIO 2.3 STRUTTURA MODULARE DI UN SISTEMA

Un'ipotetica struttura (di una parte) del programma per l'ordinamento di prodotti online è illustrata in Figura 2.1. Non entriamo ora nel merito della specifica notazione grafica usata per descrivere tale struttura. Ciò che è importante evidenziare qui è l'organizzazione generale di un sistema formato da componenti che descriviamo mediante rettangoli e che identificano ciascuno un modulo funzionale. I componenti possono essere poi collegati tra loro da un insieme di connessioni che rappresentano le mutue dipendenze funzionali. Ad esempio, il modulo `Add Customer Order` dipende funzionalmente dai moduli `Add Products to Shopping Cart`, `Make Order`, `Validate Order`, `Update Inventory` e `Ship Order` in quanto, ad esempio, ne richiama le funzionalità.

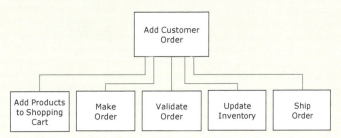

Struttura modulare di un sistema per l'acquisto di prodotti online
FIGURA 2.1

La struttura rende esplicita la rete di dipendenze funzionali tra i moduli di un sistema, fornendo utili indicazioni sulla sua manutenibilità

Un aspetto importante della struttura è dato dalla sua capacità di visualizzare, e quindi di rendere *esplicita*, la rete di dipendenze che lega tra loro i vari moduli. Come abbiamo già accennato parlando dell'effetto domino, essere consci di questa caratteristica fisica ci fa intuire qualitativamente quali possano essere i costi di manutenzione a cui il sistema potrebbe essere soggetto nel tempo. La struttura in questo modo viene legata sia alla proprietà di modularità, sia alla topologia della rete di dipendenze.

Più in generale, la modularità è quella proprietà della struttura che definisce quanto un sistema software possa essere scomposto in componenti separabili e ricombinabili indipendentemente. Un componente è *separabile* dal resto del sistema quando è isolabile come unità indipendente (ad esempio, perché realizzato fisicamente come libreria). Un componente è *ricombinabile* indipendentemente quando può essere spostato e aggregato ad altri componenti (ad esempio, per formare una libreria più grande) senza coinvolgere parti aggiuntive del sistema.

Più un sistema è modulare, più le singole parti sono disaccoppiate tra loro, e minore è l'impatto che una modifica a una di queste parti possa causare effetti collaterali alle altre. Si riduce così il rischio di un aumento incontrollato dei costi di manutenzione. **Modularità e disaccoppiamento riducono quindi il rischio dell'effetto domino**.

DEFINIZIONE 2.4 (MODULARITÀ)

La *modularità* è una proprietà della struttura di un programma (o di un sistema) che misura quanto esso sia composto da moduli separati e ricombinabili indipendentemente.

I concetti di struttura e di modulo non sono peculiarità esclusive del Metodo Strutturato, né della modellazione dei processi. La nozione di modulo, infatti, assume rappresentazioni diverse cambiando la prospettiva di analisi dai processi alle entità, alle classi (Capitolo 3) o ancora ai componenti. Ognuno di questi passaggi viene denotato con un opportuno diagramma strutturale (diagrammi ER per le entità, diagramma delle classi e dei componenti per gli omonimo concetti).

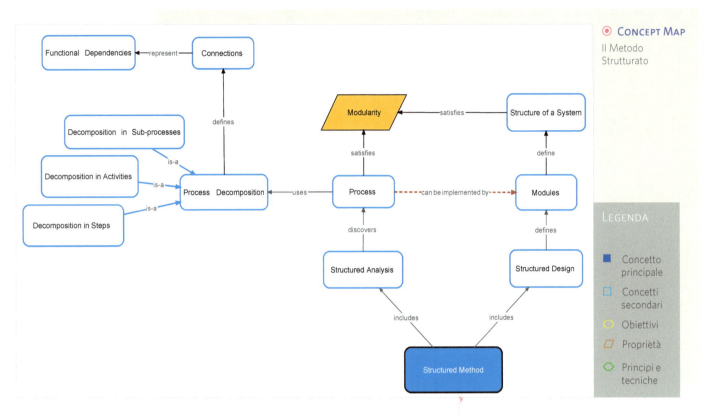

LEGENDA

■ Concetto principale

□ Concetti secondari

○ Obiettivi

▱ Proprietà

◇ Principi e tecniche

2.2. Il processo di sviluppo Waterfall

In questa sezione affrontiamo il modello del processo di sviluppo proposto dal Metodo Strutturato per organizzare un progetto software in fasi oggettive, facilmente identificabili e soprattutto ripetibili. La terminologia di processo di sviluppo non va confusa con il concetto di processo discusso nella sezione precedente. Il *processo di sviluppo* **è un modello che descrive il modo in cui una metodologia di costruzione del software organizza l'attività di realizzazione di un prodotto software in sottoattività fra loro coordinate, il cui risultato finale è il prodotto stesso e tutta la documentazione ad esso associata**.

● TERMINOLOGIA
Processo di sviluppo

2.2.1. Il processo Waterfall

Il Metodo Strutturato riconosce l'importanza di una buona analisi per la riuscita di un progetto software. Il primo suggerimento che viene fornito dai pionieri del metodo, tra cui Tom De Marco, Larry Constantine e Peter Coad, è di costruire fin dalle prime fasi del ciclo di vita del progetto un modello orientato al dominio del problema. Ben presto questa linea guida prende una forma più precisa e diventa una prescrizione all'interno di un modello che diventerà negli anni a seguire il simbolo della Scuola Strutturata: il processo a cascata (*Waterfall*) [65]. Tutte le attività di modellazione in questo processo ricadono all'interno di due fasi distinte: l'Analisi Strutturata e il Design Strutturato.

Il compito dell'*Analisi Strutturata* consiste nel fornire una serie di specifiche formali che descrivono il dominio applicativo esaminato in termini dei concetti essenziali del problema da risolvere e, quindi, completamente indipendenti da una successiva implementazione.

Il *Design Strutturato* invece ha come compito la trasformazione della specifica del problema costruita nella fase di analisi in una specifica più "vicina alla macchina", in modo da poter essere poi facilmente tradotta in codice sorgente, ma senza perdere la struttura dei concetti essenziali (nomi e relazioni di dipendenza funzionale). All'interno del processo di sviluppo, l'Analisi Strutturata segue una fase preliminare dedicata allo

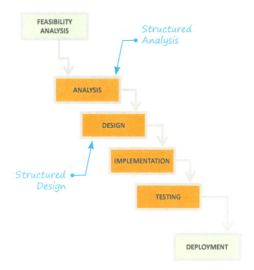

Modello a cascata (Waterfall) alla base del Metodo Strutturato, in particolare nelle fasi di analisi e design

FIGURA 2.2

studio di fattibilità (*Feasibility Analysis*) e precede il Design Strutturato, come illustrato in Figura 2.2. Proprio perché i più importanti contributi apportati dal Metodo Strutturato riguardarono soprattutto le attività di analisi e di design, in questo capitolo ci concentreremo solo su tali fasi, tralasciando sia lo studio di fattibilità, sia la programmazione strutturata, il testing e il *deployment* che formano l'intero modello di processo Waterfall. La bibliografia ragionata riportata in Sezione 2.7 propone alcuni riferimenti per approfondire questi ultimi argomenti.

Durante l'Analisi Strutturata, gli strumenti tipici utilizzati per costruire un modello di dominio sono quelli che all'epoca meglio descrivevano la struttura di un sistema in termini di processi e dati, ossia:

- i diagrammi Data-Flow (Sezione 2.3.2);

- i dizionari dei dati (Sezione 2.3.4);

- le specifiche funzionali di processo (Sezione 2.3.5) ottenute ad esempio mediante pseudocodice.

Nessuno degli strumenti utilizzati dall'Analisi Strutturata fu tuttavia inventato direttamente dal Metodo Strutturato. Essendo stato tale approccio il primo a tentare di formalizzare lo sviluppo del software secondo criteri ingegneristici, esso attinse in larga misura a strumenti già esistenti e di comprovata efficacia, cercando poi di unificarne gli usi attraverso una metodologia disciplinata, fondata sulla scomposizione di problemi complessi in sottoproblemi e sul principio di delega dei compiti. Le Sezioni 2.2.2 e 2.2.3 descrivono questi aspetti, prima di definire la notazione degli artefatti di analisi (diagrammi Data-Flow) e di design (Structure chart) promossi dal Metodo Strutturato.

ESEMPIO 2.4 UN DIAGRAMMA DFD PER IL PROCESSO ONLINE DI GESTIONE DEGLI ORDINI

A differenza di un diagramma dei moduli, utile soprattutto per descrivere la struttura della soluzione software (Figura 2.1), un diagramma di analisi che utilizza la notazione dei DFD nasce con l'intento di descrivere il dominio del problema, caratterizzandolo in termini di processi, flussi di dati e di entità esterne. Si tratta in questo caso di una rappresentazione slegata dagli aspetti fisici che influenzano la struttura modulare del sistema. Ciò che si vuole evidenziare, invece, sono quegli aspetti logici, tipici dell'analisi, che servono a far comprendere meglio gli elementi essenziali del problema da risolvere.

La Figura 2.3 mostra un esempio di diagramma DFD per processo di gestione degli ordini online. In particolare, si può subito capire che il sistema interagisce con due entità esterne: il cliente (`Customer`) e una compagnia di spedizione (`Carrier`), entrambi ben riconoscibili perché rappresentati graficamente da rettangoli. Tutti i processi sono invece rappresentati da cerchi (o ellissi). Nel diagramma proposto, sono modellati i processi di inserimento di un nuovo cliente (`AddNewCustomer`), di inserimento di un ordine da parte del cliente (`AddCustomerOrder`), di preparazione dell'ordine per la spedizione (`PrepareOrderForShipping`) e di spedizione dell'ordine stesso (`ShipCustomerOrder`) attraverso un corriere (`Carrier`). Tali processi sono connessi tra loro mediante dipendenze funzionali che

(continua)

(Esempio 2.4 — continua da pag. 25)

descrivono il flusso dei dati nel sistema, dagli input iniziali del cliente (ad esempio i vari prodotti costituenti l'ordine, modellati dal dato `orderItems`) agli output forniti dal sistema (ad esempio, l'informazione dell'avvenuta spedizione, espressa dal dato `shippedOrder`).

Riprenderemo questo esempio nel seguito per mostrare sia come un processo viene scomposto in sottoprocessi, sia come uno o più processi vengono integrati in un modulo. Intuitivamente, potremmo già trovare delle analogie tra il diagramma DFD di Figura 2.3 e il diagramma dei moduli di Figura 2.1. Il processo `AddCustomerOrder`, infatti, potrebbe essere integrato nel modulo omonimo, mentre invece i processi `PrepareOrderForShipping` e `ShipCustomerOrder` potrebbero essere integrati insieme nel modulo `Ship Order`.

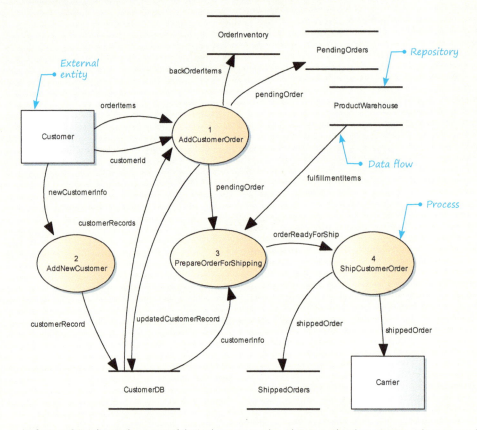

Esempio di diagramma DFD per un sistema di gestione degli ordini online

FIGURA 2.3

La Sezione 2.5.6 discuterà una metodologia che permette di guidare in modo più sistematico tale processo di trasformazione dei diagrammi DFD in diagrammi dei moduli (chiamati, tecnicamente, structure chart). La struttura modulare che otterremo sarà leggermente diversa da quella di Figura 2.1, ma avrà il vantaggio di essere ottenuta attraverso un metodo collaudato e ripetibile, riducendo la soggettività delle decisioni (quali moduli costruire, quali processi integrare all'interno di un singolo modulo, quali connessioni creare tra i vari moduli, e così via.).

A differenza degli strumenti usati nell'analisi, quelli introdotti nel Design Strutturato furono più originali, almeno da un punto di vista della notazione grafica. Lo scopo che essi dovevano soddisfare, infatti, era quello di descrivere la struttura del sistema software progettato per risolvere il problema. Serviva quindi una nuova notazione che aiutasse a capire come i processi descritti nell'analisi potessero essere implementati e integrati all'interno dei moduli, preservando sia la terminologia, sia la struttura del problema.

I due strumenti più importanti utilizzati nel Design Strutturato sono:

- Diagrammi dei moduli, detti Structure Chart (Sezione 2.3.5);

- Descrizioni di dettaglio delle specifiche funzionali espresse con linguaggi ad hoc o pseudocodice, usati per descrivere l'implementazione del modulo e non il processo, a differenza dell'Analisi Strutturata.

Con il Metodo Strutturato inizia a diffondersi una scuola di pensiero che riconosce l'importanza di non confondere problema e soluzione, incoraggiando gli analisti-sviluppatori a organizzare la struttura interna di un sistema software (la soluzione) in termini del problema originario.

L'analisi descrive un modello del problema, il design propone un modello della soluzione; strutturalmente i due modelli dovrebbero essere quanto più simili possibile

Questa vicinanza tra problema e soluzione costituisce sia un ponte naturale tra analisi e progettazione, sia un modo per rendere più trattabile la complessità di un sistema software. Se un problema è inerentemente complesso, la sua soluzione non potrà avere una struttura più semplice. **Strutture troppo semplici non permettono di rappresentare la natura profonda di un problema complesso**. Non soddisfare (parzialmente o del tutto) alcuni requisiti, rimasti impliciti dopo la fase di analisi o magari ritenuti troppo complicati da poter essere realizzati nei tempi e nei costi del progetto, ci porta a costruire un sistema meno utile di quello che servirebbe effettivamente per risolvere il problema.

Gli strumenti astratti che il Metodo Strutturato mette a disposizione per governare tale complessità sono due: un *criterio di partizionamento* e una *scomposizione gerarchica* dei moduli. Tali strumenti incarnano un metodo di gestione della complessità che influenza tutte le specifiche elaborate nelle fasi di analisi e progettazione, come vedremo nelle prossime due sezioni.

2.2.2. Partizionamento in black-box

Il risultato dell'Analisi Strutturata consiste nel partizionamento del problema in sottoproblemi più semplici

Per strutturare una soluzione software in modo da preservare una forte analogia col problema dobbiamo individuare strumenti concettuali che possono essere applicati a entrambi gli ambiti (analisi e implementazione). Il risultato dell'analisi deve perciò produrre una qualche struttura del problema che possa poi essere trasformata nella struttura modulare del sistema implementato. Tale struttura è ottenuta attraverso un *partizionamento in black-box*. Una *partizione* **è una scomposizione in sottoparti più semplici**: partizionare significa scomporre un problema (o un sistema) in sottoproblemi (sottosistemi) più facili da risolvere in modo che la soluzione complessiva possa essere espressa combinando opportunamente le soluzioni delle singole sottoparti.

⬇ **TERMINOLOGIA**
Partizione

Il Metodo Strutturato utilizza per rappresentare ogni sottoparte una black-box (scatola nera). Una *black-box* **caratterizza un modello di un sistema (o di una parte) che, similmente a una scatola nera, è descrivibile essenzialmente nel suo comportamento esterno, ossia solo per come reagisce in uscita (output) ad una determinata sollecitazione in ingresso (input), ma il cui funzionamento interno non è visibile o è ignoto**. Se abbiamo a disposizione una sottoparte, non ci importa sapere come questa sia fatta internamente: ci basta conoscere la sua funzione "calcolata" e come combinarla con le altre sottoparti.

⬇ **TERMINOLOGIA**
Black-box

Le black-box costituiscono il primo passo nel ridurre la frattura tra modelli del problema e modelli della soluzione poiché individuano un concetto comune, trasversale ad analisi e design

Suddividere il sistema in black-box semplifica le attività di comprensione del problema e del corrispondente sistema. Dal punto di vista dello sviluppo, inoltre, l'introduzione di un metodo di analisi e progettazione basato sulle black-box porta benefici anche al processo di ingegnerizzazione, sia in termini operativi (progettare, implementare e manutenere il sistema richiede meno tempo), sia in termini economici (estendere o correggere il sistema è più economico rispetto a un analogo sistema sviluppato senza basarsi sulle black-box).

Una black-box viene usata per rappresentare sia i processi durante l'analisi, sia i moduli durante il design

Nel contesto più specifico dell'architettura modulare della soluzione software finale, tuttavia, la scomposizione in black-box è davvero efficace solo se ciascuna black-box è rivestita di un ruolo ben definito e di relazioni sufficientemente intuitive con le altre black-box. Per raggiungere questi obiettivi, la struttura globale dell'architettura deve svilupparsi secondo un'*organizzazione gerarchica dei moduli* (Figura 2.4a). In una disposizione gerarchica è possibile attribuire a ogni modulo un determinato livello, in base al numero di dipendenze funzionali che lo separano dai cosiddetti "moduli foglia". **Un *modulo foglia* in questa struttura è un modulo che non presenta dipendenze rispetto ad altri moduli del sistema.**

⬇ **TERMINOLOGIA**
Modulo foglia

Una *dipendenza funzionale* **connette due moduli in relazione "client-server" quando il *modulo client* è quello che invoca la funzione in oggetto mentre il *modulo server* è quello che fornisce la medesima funzione**. Tale relazione funzionale client-server è sostanzialmente una relazione "di chiamata" ed è descritta in Figura 2.4 da una freccia orientata uscente da

⬇ **TERMINOLOGIA**
Dipendenza funzionale client-server, modulo client e modulo server

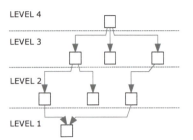

LEVEL 4

LEVEL 3

LEVEL 2

LEVEL 1

(a) Organizzazione gerarchica dei moduli

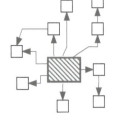

(b) Organizzazione centralizzata dei moduli

un modulo "client" (o modulo cliente) ed entrante nel modulo "server". Un modulo client svolge tale ruolo proprio perché necessita di una funzionalità che non è in grado di implementare e quindi ha bisogno (cioè dipende) del modulo server. Analizzato dalla prospettiva della relazione client-server, **un modulo foglia implementa tutte le funzioni necessarie a completare i suoi compiti**.

Scomporre un'architettura modulare in black-box organizzate secondo una disposizione gerarchica costituisce, tuttavia, solamente un prima, generale regola di gestione della complessità, focalizzata su un criterio di larga scala. Esiste poi un livello di complessità più interno, legato a come è pensato, progettato e realizzato ciascun modulo. Per controllare la complessità di un sistema software al livello di scala più fine, ogni black-box dovrebbe essere caratterizzata da quattro proprietà fondamentali.

Proprietà 1: Contributo al problema Una black-box deve risolvere una parte ben definita del problema generale.

Proprietà 2: Criterio di partizionamento Ogni black-box deve essere scomponibile in sottoattività (o sotto-compiti) aderenti a un criterio di partizionamento che rende più facile individuare il contributo alla risoluzione del problema.

Proprietà 3: Dipendenze tra black-box Una connessione tra moduli nell'architettura software è giustificata solo se anche i corrispondenti sottoproblemi risultano collegati nel modello dei processi.

Proprietà 4: Connessioni semplici Ogni connessione tra black-box dovrebbe essere la più semplice possibile, in modo da fornire a ogni modulo il maggior grado di autonomia e indipendenza (ricordiamo i criteri di separabilità e di ricombinabilità), limitando il livello di accoppiamento (numero e complessità dei parametri passati).

2.2.3. Il Principio di delega dei compiti

Quando suddividiamo un modulo in sottoparti, sembra naturale porre queste ultime in un livello inferiore. Il legame di dipendenza funzionale che ne deriva è tale per cui il modulo scomposto conosce i suoi moduli sottoparti e ne comanda le attività, ma non accade il viceversa. Ogni modulo sottoparte risulta essere, in un certo senso, funzionalmente subordinato rispetto al modulo scomposto. Questa organizzazione stratificata per livelli è anche il risultato dell'applicazione di un principio di gestione della complessità che supporta la relazione di subordinazione tra moduli appena descritta: il *principio di delega dei compiti*.

Attraverso l'adozione del principio di delega dei compiti si impone un flusso di controllo implicito tra back-box che rispetta una *scomposizione top-down dei moduli* (e dei corrispondenti compiti). **Il modulo di "alto livello" scompone il proprio compito in sottocompiti più specifici per la cui risoluzione vengono delegati i moduli di "basso livello"** da cui il primo modulo dipende. Ciascuno di questi sottocompiti definisce implicitamente la funzione delle corrispondenti black-box. La scomposizione top-down appena discussa, se applicata sistematicamente a tutte le black-box di un certo livello, livello dopo livello, determina l'organizzazione gerarchica dell'intera architettura modulare descritta in Figura 2.4a.

2.3. La Notazione dei diagrammi DFD

I diagrammi DFD (Data-Flow Diagram) sono un tipo di diagrammi la cui origine risale intorno al 1920 circa, nell'ambito di un processo di riorganizzazione aziendale. Meilir Page-Jones, nel testo *The Practical Guide to Structured System Design* [51], riporta il caso di un consulente incaricato di ridefinire l'organizzazione del lavoro all'interno di un ufficio burocratico. Tale consulente disegnò un cerchio per ogni impiegato e una freccia per ogni documento che veniva scambiato tra due impiegati. Usando un simile diagramma, il consulente fu in grado di definire uno schema attraverso il quale, per ottimizzare l'esecuzione di un lavoro, due impiegati che dovevano utilizzare gli stessi documenti dovevano essere sistemati in scrivanie vicine. Viceversa, impiegati che si scambiavano pochi documenti e che quindi avevano scarse interazioni tra loro dovevano essere collocati in scrivanie distanti. In questo modo nacque il primo diagramma di flusso dei documenti che possiamo considerare come precursore dei diagrammi di flusso dei dati, o DFD.

Di seguito definiamo i concetti essenziali che caratterizzano i DFD, mostrando alcuni esempi concreti. Vedremo inoltre come attraverso l'utilizzo di questi diagrammi si possono realizzare raffinamenti successivi, aumentando il livello di dettaglio e la granularità dei vari processi descritti. Gli elementi essenziali della notazione DFD sono quattro: i processi, le entità esterne (dette anche agenti esterni), i repository (o archivi di dati), e infine i flussi di dati.

2.3.1. Processi, entità, repository e flussi

DEFINIZIONE 2.5 (PROCESSO, VERSIONE NEI DIAGRAMMI DFD)

Un *processo* in un diagramma DFD è la rappresentazione di una o più attività in grado di trasformare dati in input in dati in output.

L'analisi di un sistema software mediante la "scuola" del Metodo Strutturato inizia con l'individuazione delle funzionalità principali fornite da un sistema ai suoi utenti. Tali funzionalità vengono caratterizzate in termini di processi. Riprendiamo in questa sezione la definizione di processo fornita nella Sezione 2.1, raffinandola nella Definizione 2.5 relativa alla notazione dei diagrammi DFD mediante la prospettiva dell'Analisi Strutturata.

Un processo può essere un elemento atomico, oppure un elemento composto (ossia un insieme di sottoprocessi che possono essere dettagliati in un secondo momento, ad esempio mediante altri diagrammi DFD). Nei diagrammi DFD lo scopo di descrivere un processo consiste nel mostrare come un dato in input viene trasformato in un dato in output in base al risultato della computazione del processo stesso.

I processi rappresentano trasformazioni di dati

⊙ TERMINOLOGIA

Dati in input e dati in output

L'accezione con cui utilizziamo il concetto di "*dato in input*" è la stessa che utilizziamo nel design per i moduli. In particolare, con questo termine intendiamo un qualsiasi dato che viene fornito al processo, indipendentemente da dove tale dato origini e da quando esso venga effettivamente reso disponibile. Il dato può provenire quindi da un utente oppure da una base di dati, e ancora può essere fornito all'inizio dell'esecuzione del processo oppure in una qualunque attività interna che precede la terminazione del processo stesso. In tutti questi casi parleremo sempre di dati in input. Un analogo discorso può essere fatto per i dati di output.

I diagrammi DFD definiscono una scomposizione funzionale dei processi di un sistema software

Un processo, almeno a livello grafico, non fornisce altre indicazioni sul suo funzionamento interno diverse dalla mappatura tra dati in input e dati in output. Lo stile descrittivo dei diagrammi DFD consiste quindi nel fornire una *scomposizione funzionale* dei processi di un sistema orientata alla trasformazione di dati e adatta a realizzare un partizionamento gerarchico delle funzionalità fornite all'esterno.

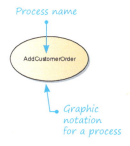

Dal punto di vista notazionale, un processo viene rappresentato mediante un'ellisse adornata da un *nome* che caratterizza (almeno intuitivamente) il processo stesso. In alcune notazioni strutturate, l'ellisse viene sostituita da un cerchio o da un rettangolo con i bordi arrotondati (si veda ad esempio la notazione di De Marco, oppure quelle di Yourdon e di Ward-Mellor). La Figura 2.5 mostra l'esempio di un processo (**AddNewCustomer**) per la

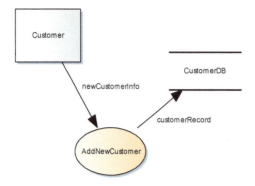

Un semplice diagramma DFD per illustrare le primitive grafiche

FIGURA 2.5

Il nome del processo deve "evocare" il suo compito

registrazione di un nuovo cliente in un negozio virtuale online. La scelta del nome è essenziale perché deve sintetizzare efficacemente il significato delle attività svolte, altrimenti il diagramma nel suo complesso non fornirà quella visione globale utile a capire cosa fa un sistema senza dover conoscerne tutti i dettagli interni.

La caratterizzazione di un dato come input o output di un processo può essere utile per definire l'astrazione inerente al processo stesso (capire meglio cioè cosa esso fa). Se vogliamo però aumentare il livello di espressività del diagramma DFD è spesso necessario definire bene da dove arrivano gli input oppure da chi vengono ricevuti gli output, oltre il confine del sistema stesso. A tale proposito, possiamo utilizzare il concetto di *entità*.

La caratteristica chiave di un'entità è quella di ricadere al di fuori del sistema. Grazie a questo elemento, i diagrammi DFD ben si prestano a fungere da diagrammi di contesto in cui si evidenziano gli scambi di dati tra l'ambiente operativo e il sistema oggetto dell'analisi.

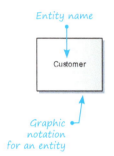

La notazione grafica utilizzata nei DFD per descrivere le entità è un rettangolo, adornato dal suo nome come nel caso dei processi. Nella Figura 2.5, `Customer` rappresenta un'entità (il cliente del negozio). La scelta del nome di un'entità rimane importante per questioni di leggibilità, seppure è chiaramente meno rilevante rispetto a quella del nome di un processo (l'entità non è parte integrante del sistema per cui interviene solo marginalmente nella comprensione delle sue funzionalità). Per questo motivo, l'entità non viene ulteriormente indagata, rimanendo sostanzialmente una "scatola nera" della quale sono interessanti solo i flussi di dati che la mettono in relazione con i processi del sistema in esame.

I dati utilizzati da un processo "vivono" (nella caratterizzazione dei DFD) in memoria poiché sono "agganciati" al processo durante la sua esecuzione. Ovviamente non tutte le informazioni originano direttamente a tempo di esecuzione, ad esempio mediante un input diretto da parte dell'utente. In molti casi esse sono persistenti in opportuni archivi, detti *repository*.

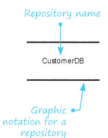

Un repository è una sorta di deposito per i dati: la sua natura è statica, a differenza della natura dinamica del flusso di dati. Lo scopo di un repository consiste nel memorizzare le informazioni che possono essere manipolate dai processi in esecuzione. I dati salvati in un repository corrispondono solitamente a una o più entità di un modello Entità-Relazione.

La notazione grafica utilizzata per descrivere un repository consiste in due barre parallele, adornate dal nome dell'archivio. Ancora con riferimento alla Figura 2.5, `CustomerDB` è un esempio di repository (il database dei clienti del negozio virtuale).

Dopo aver caratterizzato processi e repository, ci manca solo di definire come questi elementi comunichino tra loro. Nell'Analisi Strutturata ciò che è rilevante è lo scambio di dati, quindi ci serve una nozione di "canale" all'interno del quale i dati possono fluire. Tale nozione è il flusso di dati. Un flusso di dati, per definizione, ha una *direzione* (o verso) e rappresenta una connessione tra due punti del sistema detti, rispettivamente, *origine* e *destinazione* del flusso.

DEFINIZIONE 2.6 (ENTITÀ)

Un'*entità* è una persona, organizzazione o agente esterno (hardware o software) con il quale il sistema scambia informazioni (dati). Un'entità risiede sempre al di fuori dei confini fisici e logici del sistema da sviluppare e si qualifica come origine e/o destinazione di un flusso di dati.

DEFINIZIONE 2.7 (REPOSITORY)

Un *repository* è un archivio a cui accedono i processi all'interno di un sistema per ottenere oppure per salvare un dato persistente.

Un *flusso di dati* è un canale di trasporto, detto anche pipeline, attraverso il quale "pacchetti" di informazioni descritte in termini di dati fluiscono da e verso uno o più processi.

Un flusso di dati può connettere tra loro due processi, oppure un processo con un repository o un'entità. A uno dei due capi del flusso ci deve essere necessariamente un processo. Non sono ammissibili flussi di dati tra repository, né tra entità (senza passare prima per un processo come tramite). Il flusso di dati può trasportare sia informazioni strutturate (aggregato di valori), sia dati primitivi (singoli valori).

La notazione per descrivere nei diagrammi DFD un flusso di dati consiste in una freccia che connette origine e destinazione del flusso, etichettata col nome del dato. Ad esempio, in Figura 2.5 viene mostrato un flusso di dati chiamato **newCustomerInfo** che origina nell'entità **Customer** e termina nel processo **AddNewCustomer**. Tale flusso rappresenta le informazioni che il cliente inserisce durante la registrazione effettuata nel negozio virtuale, affinché egli possa essere riconosciuto dal sistema.

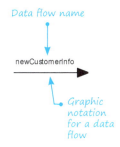

Il nome del flusso è in generale da considerarsi come un vettore che codifica le informazioni (dati) che vengono trasportate. Il nome definisce l'interfaccia tra i due punti connessi dal relativo flusso. Tale vettore viene definito solitamente a margine del diagramma DFD, in un documento di specifica chiamato *data dictionary* (dizionario dei dati).

ESEMPIO 2.5 DATI AGGREGATI NEI DFD

Consideriamo il processo **CreateOrderInvoice** che crea la fattura per un ordine di un cliente. Immaginiamo che uno dei possibili input sia un insieme di informazioni che identificano il cliente, l'ordine e il suo ammontare. Per rendere un DFD semplice, possiamo decidere di non rappresentare esplicitamente ognuno di questi dati, ma di codificarli globalmente mediante un unico dato aggregato, chiamato ad esempio **orderInfo**, come illustrato in Figura 2.6.

Flusso di dati aggregati
FIGURA 2.6

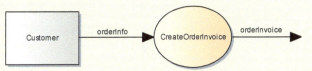

Non c'è nulla nella notazione grafica dei DFD che permetta di distinguere un dato "semplice" da uno aggregato. Entrambi rappresentano in pacchetto di informazioni. La descrizione dei dati, infatti, non risiede nei diagrammi DFD, ma in un dizionario. Ad esempio, il dato **orderInfo** andrebbe definito per esteso (nel dizionario) in modo simile:

```
orderInfo= customerName +
           customerAddress +
           invoiceNumber +
           amountOfPayment
```

Ogni qualvolta in un DFD troviamo il nome **orderInfo**, intendiamo sia sempre presente l'informazione aggregata "**customerName**, **customerAddress**, **invoiceNumber**, e **amountOfPayment**". Nessun altro tipo di flusso di dati può qualificarsi come **orderInfo** includendo un tipo di informazione diversa. Quando usiamo un dato aggregato, tutti i singoli valori vanno intesi sempre come presenti nel flusso.

Per comprendere adeguatamente lo stile descrittivo dei DFD, è importante fare alcune precisazioni sui flussi di dati. Un flusso di dati non rappresenta in nessun modo la logica di controllo di un processo. Un errore frequente commesso da chi non ha ben compreso la natura dei DFD, è illustrato in Figura 2.7a, dove viene descritta la logica di invocazione della procedura **getNextCard** (evidenziata mediante un tratto più spesso), con il conseguente risultato ottenuto al termine della computazione (il dato card). Questa rappresentazione è chiaramente errata nel contesto dei DFD poiché tenta di mostrare qualcosa di più del semplice dato trasportato da un flusso. Il progettista confonde qui un reale flusso di dati (che potrebbe essere il risultato di una qualche computazione, nascosta all'interno del processo **EditCard**) con un meccanismo tipico del cosiddetto "*flowchart thinking*", ossia la logica di invocazione dell'operazione **getNextCard** per ottenere il dato **card**". La notazione corretta in questo caso, come illustrato in Figura 2.7b, è un flusso di dati chiamato **cardInfo**, trasformato poi nel flusso di output **card** (anch'esso evidenziato con un tratto più spesso) che fluisce dal processo **EditCard**.

🍒 **CATTIVA PRATICA**

Mostrare la logica di controllo in un DFD è un errore poiché viola l'assunzione che il processo sia descritto solo attraverso la trasformazione di dati. Far trapelare, invece, possibili dettagli implementativi legati alla gestione del controllo è un chiaro sintomo che non stiamo sfruttando il meccanismo della black-box con cui si descrivono i processi nei DFD.

Un flusso di dati nei DFD non descrive la logica di controllo

FIGURA 2.7

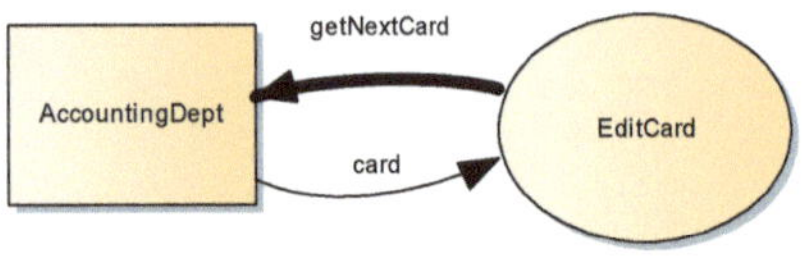

(a) La logica di controllo erroneamente mostrata al posto di un flusso   (b) Il diagramma corretto per mostrare un flusso di dati

2.3.2. I diagrammi DFD

Un modello DFD è composto da tanti diagrammi che, all'interno di un progetto, vengono organizzati gerarchicamente in livelli

Una specifica basata sui DFD non è mai composta da un unico diagramma, bensì è organizzata in livelli gerarchici, ognuno dei quali costituisce una partizione ad un certo livello di astrazione e dettaglio del sistema completo o di una sua parte. Se infatti mettessimo tutti i cerchi rappresentanti i processi di un sistema mediamente complesso in un unico diagramma, occuperemmo ben presto uno spazio talmente grande da non essere più umanamente gestibile. Ciascun processo non "racconterebbe" una storia significativa, esattamente come un singolo pezzo di un puzzle non permetterebbe di capire, se preso in isolamento, né la sua precisa collocazione, né il suo significato nell'ambito dell'intero disegno. Serve qualcosa che da un lato scomponga e dall'altro unifichi. La suddivisione del modello viene quindi fatta in *livelli gerarchici*, dove ogni livello inferiore contiene dei diagrammi che sono un raffinamento di quelli contenuti nel livello immediatamente superiore. Il partizionamento deve aderire a un *criterio di stratificazione*. Vediamo alcuni esempi, partendo da una situazione semplice, in cui abbiamo quattro processi generici (**A**, **B**, **C** e **D**)[4], illustrati nel diagramma di Figura 2.8.

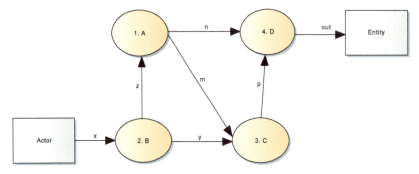

Diagramma di primo livello in un modello DFD

FIGURA 2.8

L'espansione di un processo di livello 1 in un diagramma di livello 2 avviene mediante scomposizione funzionale

Immaginiamo che questo diagramma costituisca il *livello 1*. Per costruire un raffinamento a un livello successivo, dobbiamo prendere (potenzialmente) ciascun processo contenuto al livello 1 ed espanderlo (attraverso una scomposizione in sottoprocessi) in uno o più diagrammi separati. Costruiremo così una serie di diagrammi che formeranno il *livello 2*.

Ciascun processo "padre" (livello 1) viene rappresentato, con maggiore dettaglio e solitamente più bassa astrazione, attraverso una serie di processi "figli" (livello 2) i quali, a loro volta, possono essere considerati processi padre in un'ulteriore suddivisione (livello 3). Procederemo in questo modo finché la scomposizione non porterà a identificare processi "atomici", per i quali sarà poi più semplice passare alla codifica che individuare un'ulteriore scomposizione. In Figura 2.9, ad esempio, viene mostrato il diagramma di livello 2 relativo al processo **B** e la sua relazione gerarchica con il diagramma di livello 1. Da questa figura si può osservare come il processo **B** sia stato scomposto nei sottoprocessi **B1**, **B2** e **B3**.

Quando effettuiamo una scomposizione, non possiamo costruire arbitrariamente i diagrammi di livello successivo, ma dobbiamo rispettare la seguente regola di coerenza.

Corrispondenza dei flussi Ogniqualvolta scomponiamo un processo attraverso un altro diagramma DFD, tutti i flussi in input e in output

📋 **NOTE**

Ogni scomposizione di processi produce sempre un nuovo diagramma che viene collocato al livello immediatamente successivo rispetto al diagramma che contiene il processo padre.

🔻 **TERMINOLOGIA**

Regola di corrispondenza dei flussi

4   Nella figura i nomi dei processi sono preceduti da un numero, in aderenza a una convenzione discussa più avanti.

collegati al processo padre devono essere collegati anche ai processi figli nel corrispondente diagramma. (In altre parole, i padri e i corrispondenti figli cumulativamente devono avere gli stessi input e output "netti".)

Al fine di facilitare la comprensione della corrispondenza tra processi padre e processi figli, adottiamo la seguente convenzione di nomenclatura:

Convenzione di nomenclatura dei processi Tutti i processi padre vengono associati a un numero che viene poi "ereditato" dai processi figli.

Sia la regola di corrispondenza dei flussi, sia la convenzione di nomenclatura dei processi sono ben rappresentate nella scomposizione di Figura 2.9. Prendiamo il processo **B** e analizziamone i flussi. **B** prende in input il flusso **x** ed è in grado di produrre come output i flussi **y** e **z**.

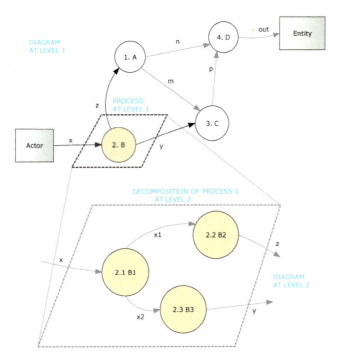

Diagramma di secondo livello in un modello DFD ottenuto per scomposizione di un processo al livello 1

FIGURA 2.9

Al livello 2, i sottoprocessi di **B** cumulativamente sono in grado di ricevere in input il flusso **x** e di produrre in output i flussi **y** e **z**. Il flusso **x**, infatti, viene ricevuto in input dal processo **B1**, mentre i flussi **y** e **z** sono prodotti in output dai processi **B3** e **B2**, rispettivamente.

Per quanto concerne la nomenclatura, la convenzione prevede di partire dal diagramma "top-level" e assegnare a ogni processo un numero. Nel nostro caso, il diagramma di livello 1 contiene i processi **A**, **B**, **C** e **D**, per cui assegniamo loro un numero crescente, partendo da 1. Il processo **B** sarà quindi etichettato come "**2.B**", anche se poi continueremo a chiamarlo **B** poiché lo schema numerico[5] serve solo a identificare il livello gerarchico di scomposizione per facilitare la corrispondenza tra processi e sottoprocessi. Nel diagramma di livello 2, il processo **B** viene scomposto in 3 sottoprocessi (**B1**, **B2** e **B3**) i cui numeri saranno **2.1**, **2.2**, **2.3**, rispettivamente.

La scomposizione funzionale dei processi in sottoprocessi è reversibile mediante un criterio di aggregazione di tipo bottom-up

Il criterio di partizionamento gerarchico mediante scomposizione dei processi appena illustrato è tipicamente di tipo top-down: partiamo da un processo a un livello e lo scomponiamo in più sottoprocessi al livello successivo. Nonostante questo sia l'approccio naturale di scomposizione di un problema in sottoproblemi perpetuato dall'Analisi Strutturata, è importante sottolineare che tale scomposizione è reversibile. Possiamo, infatti, adottare un criterio di tipo bottom-up, partendo da una serie di processi

---

5   Nello schema numerico adottato il numero di livello viene identificato dal livello di indentazione dell'etichetta: un'etichetta k identifica il livello 1, un'etichetta k.m il livello 2, k.m.n il livello 3 e così via.

a un livello e aggregarli poi in un unico processo al livello precedente. Consideriamo ora un esempio più concreto che ci sarà utile non solo per comprendere meglio la suddivisione in livelli, ma anche per capire alcune decisioni che si possono prendere nel disegno dei diagrammi DFD. Immaginiamo di dover analizzare un sistema di gestione degli ordini on-line per una linea di prodotti e di aver identificato inizialmente quattro attività:

1. Registrazione di un ordine (`AddCustomerOrder`);

2. Creazione di un nuovo cliente, da effettuare solo se l'utente che ha effettuato l'ordine non è già stato precedentemente registrato (`Add-NewCustomer`);

3. Preparazione di un ordine per la spedizione (`PrepareOrderForShipping`);

4. Spedizione dei prodotti inseriti nell'ordine (`ShipCustomerOrder`).

Dopo questa prima analisi, siamo in grado di disegnare il diagramma di primo livello (Figura 2.10). Dal diagramma è evidente che il processo descritto interagisce con due entità esterne, il cliente (`Customer`) e una compagnia di spedizione (`Carrier`). La prima entità fornisce le informazioni di riconoscimento (`clientId` e `newCustomerInfo`) e i vari prodotti ordinati (`orderItems`), mentre la seconda riceve l'ordine (`shippedOrder`) da consegnare al cliente.

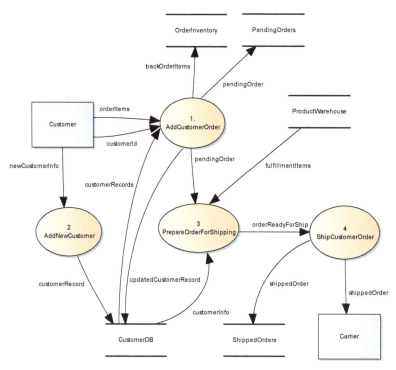

Diagramma di primo livello per un sistema di gestione degli ordini online

FIGURA 2.10

Il processo di ordinazione ha altri effetti visibili sull'ambiente esterno: la modifica di vari archivi relativi agli ordini (`OrderInventory`, `PendingOrders`, `ShippedOrders`), l'acquisizione di informazioni dal magazzino dei prodotti (`ProductWarehouse`) e infine l'aggiornamento dell'archivio dei clienti (`CustomerDB`).

Supponiamo ora di aver raccolto maggiori informazioni sull'attività di registrazione degli ordini, `AddCustomerOrder`. Creiamo quindi un diagramma di secondo livello per il processo `AddCustomerOrder`, visibile in Figura 2.11. In tale diagramma abbiamo evidenziato (in blu) lo scambio di dati che rende il diagramma di secondo livello coerente con la regola di corrispondenza dei flussi. Nel diagramma di primo livello, infatti, il processo `AddCustomerOrder` prende in input i dati `orderItems`, `customerId` e `customerRecords`, mentre è in grado di produrre in output i dati `backOrderItems`, `pendingOrder` e `updatedCustomerRecord`.

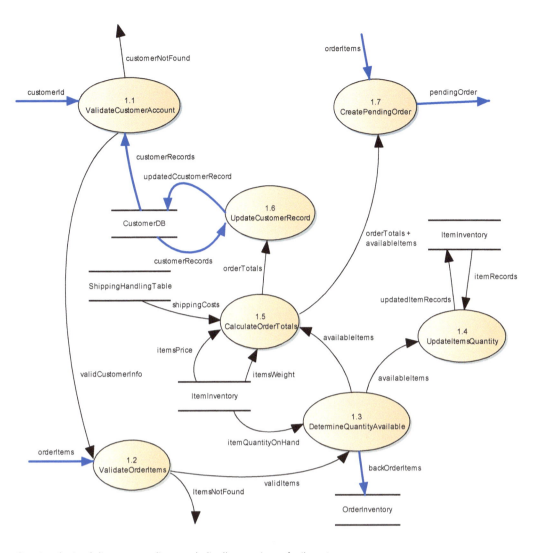

Diagramma di secondo livello per il processo di registrazione di un nuovo ordine

FIGURA 2.11

Spostandoci nel diagramma di secondo livello, possiamo facilmente verificare come la corrispondenza dei flussi di dati relativi all'attività `AddCustomerOrder` venga rispettata nel Figura 2.11. Il contributo sui dati di input, infatti, viene fornito dalle attività `ValidateCustomerAccount`, `ValidateOrderItems`, `UpdateCustomerRecord` e `CreatePendingOrder`, mentre quello sugli output è fornito da `UpdateCustomerRecord`, `Create-PendingOrder` e da `DetermineQuantityAvailable`.

Osservando ancora il diagramma di livello 2 in Figura 2.11 possiamo notare come siano presenti altri effetti non "catturati" dalla descrizione succinta del processo illustrata nel livello 1. Ad esempio, la validazione delle parti di un ordine (`ValidateOrderItems` può generare un errore (`itemsNotFound`) oppure può indicare che per calcolare l'importo totale (`CalculateOrderTotals`) sono necessari ulteriori dati (`shippingCo-sts`, `itemsPrice` e `itemsWeight`) provenienti da due "nuovi" repository (rispettivamente, `ShippingHandlingTable` e `ItemInventory`).

Una scomposizione funzionale può introdurre ai livelli successivi nuovi dettagli che sono conseguenza del processo di raffinamento

Questo tipo di informazioni presenti al livello 2 e non menzionate a livello 1 non va intesa come una violazione della regola di corrispondenza dei flussi, ma come una normale conseguenza del maggior dettaglio che tipicamente emerge scomponendo un processo in più sottoprocessi. Ovviamente c'è sempre da chiedersi se le informazioni che stiamo introducendo ad un certo livello abbiano davvero senso solo a partire da quel grado di dettaglio, o se non svolgano un ruolo importante per la comprensione del sistema anche ai livelli precedenti.

La *violazione della regola di corrispondenza dei flussi*, invece, avviene quando scopriamo che l'insieme contenente tutti i dati in input e in output (I/O) a un particolare livello è più restrittivo rispetto al medesimo insieme

⬥ **CATTIVA PRATICA**
Quando si raffina un processo di livello 1 in un diagramma di livello 2, non bisogna "perdere pezzi" violando le regole di corrispondenza dei flussi. Incorrere in questo errore produce uno scollamento di specifiche e introduce ambiguità: il livello 2 è solo in parte descritto, ossia è stata omessa dell'informazione? In tal caso, perché è stata omessa? In caso contrario, è forse il livello 1 a contenere più informazione del necessario? Ad esempio informazione divenuta obsoleta? Questo tipo di ambiguità risulta estremamente dannosa nella gestione del progetto.

costruito per il livello precedente. In altre parole, passando da un livello a quello successivo (cioè uno più dettagliato) perdiamo informazione. Ad esempio, se avessimo omesso il flusso `pendingOrders` dal diagramma di Figura 2.11, non capiremmo quale sottoprocesso di `AddCustomerOrder` produca tale dato.

La violazione della regola di corrispondenza dei flussi appena illustrata si basa sul concetto di *restrizione dell'insieme di dati di I/O* da un livello al successivo. Tale restrizione è riferita in particolare all'insieme di parametri di input/output forniti nell'interfaccia di un processo: quando in una scomposizione `P1`, `P2`, ..., `Pn` di un processo `P` almeno un dato in input o in output presente in `P` non è presente in nessuno dei processi `P1`, `P2`,..., `Pn`, si verifica una restrizione dei dati di I/O.

● **TERMINOLOGIA**
Restrizione dell'insieme
di dati di I/O

Chiudiamo questa sezione con una considerazione di layout. Scomponendo un processo in sottoprocessi, inevitabilmente finiamo per aggiungere più dettagli che tendono a rendere il diagramma maggiormente complesso. Può accadere quindi che, cercando di connettere repository e/o entità con i processi attraverso flussi di dati, non riusciamo a mantenere un layout planare (ossia creiamo degli incroci tra i vari flussi di dati). Poiché gli incroci compromettono la leggibilità e la facilità di comprensione di un diagramma, può essere utile duplicare dei repository o delle entità, come abbiamo fatto per `ItemInventory`, connesso sia al processo `CalculateOrderTotals`, sia al processo `UpdateItemQuantity`. Tale duplicazione non va però intesa come ridefinizione, ma solo come artificio grafico. (Una definizione formale potrebbe richiedere che tutte le ulteriori occorrenze di uno stesso elemento presenti in un diagramma vengano disegnate con un bordo tratteggiato, anziché mediante linea continua.)

2.3.3. I diagrammi di contesto

Evidenziando gli scambi di informazione tra le attività di un processo e le entità esterne, i DFD possono essere utilizzati per rappresentare un diagramma di contesto per il sistema in esame. **Un** *diagramma di contesto* **fornisce una visione di sintesi che evidenzia il "confine dell'automazione", nella fattispecie i flussi di dati più interessanti (manipolati dai processi interni del sistema) e le entità esterne coinvolte, visti dalla prospettiva di un osservatore esterno**. Parleremo in questo caso di *diagramma di livello 0*. Spesso un diagramma di contesto si limita a mostrare il sistema e lo scambio di informazioni che esso ha con il mondo esterno, senza visualizzare alcuna scomposizione funzionale, né i processi interni (che invece saranno descritti a partire dal livello 1). Ad esempio, per il nostro sistema di gestione degli ordini online descritto in Figura 2.10, un diagramma di contesto può essere rappresentato come in Figura 2.12.

● **TERMINOLOGIA**
Diagramma di contesto

Per costruire il diagramma di contesto abbiamo posizionato al centro il sistema di gestione degli ordini (`Order Processing System`) e lo abbiamo collegato attraverso i corrispondenti flussi di dati con tutte le entità presenti al livello 1. Anche in questo caso, abbiamo soddisfatto la regola di corrispondenza dei flussi. Tutti i dettagli relativi a repository, processi, e relativi flussi di dati sono stati soppressi al livello 0. Dal punto di vista esterno, il sistema è visto (a un alto livello di astrazione) come un processo virtuale che prende in input le informazioni di identificazione del cliente (`customerId` per i clienti già registrati e `newCustomerInfo` per i nuovi) e le informazioni relative all'ordine (`orderItems`) e produce come output l'ordine che viene inviato alla compagnia di spedizione (`shippedOrder`).

Diagramma di contesto per il sistema di gestione degli ordini online

FIGURA 2.12

2.3.4. Il dizionario dei dati

Il dizionario dei dati è parte integrante di una specifica aderente al Metodo Strutturato. Come abbiamo visto nell'esempio del dato `orderInfo` (Sezione 2.3.1), ogni voce del dizionario definisce in modo preciso la struttura dei dati. Dal punto di vista dell'Analisi Strutturata, tuttavia, il ruolo del dizionario è ancora più importante. Esso concentra in un singolo posto *tutte* le definizioni dei termini essenziali per comprendere il dominio del problema.

Il dizionario dei dati costituisce un glossario di progetto

Le definizioni raccolte in un dizionario rappresentano sia i flussi di dati, sia i nomi di processi, file e quant'altro venga menzionato in un qualunque modello o documento di specifica prodotto nell'intero ciclo di vita del sistema software. In tal senso, il dizionario può essere paragonato a un glossario di progetto.

Oltre alle definizioni, a ogni termine del dizionario possono essere associate ulteriori informazioni. Ad esempio, man mano che durante l'analisi emergono informazioni a proposito di uno specifico flusso di dati, è possibile che nel corrispondente termine del vocabolario vengano aggiunte la frequenza con cui tale flusso viene attivato, la sua dimensione, gli utenti o le entità coinvolte, aspetti inerenti la sicurezza dei dati trasportati, eventuali priorità, eccetera.

2.3.5. Gli structure chart e le specifiche funzionali

Nel Design Strutturato le black-box non rappresentano più processi, bensì moduli dell'architettura software

Le notazioni dei DFD sono tipici esempi di diagrammi orientati all'analisi. I concetti di black-box e di connessioni introdotti nella Sezione 2.1 e poi utilizzati per costruire i diagrammi DFD possono venir sfruttati anche per costruire rappresentazioni della struttura modulare di un'architettura. In tal caso, una black-box non descrive più un processo connesso ad altri processi mediante flussi di dati, bensì un modulo software, le cui connessioni descrivono il livello di accoppiamento con gli altri moduli del sistema.

Nella Definizione 2.2 abbiamo utilizzato una caratterizzazione piuttosto generica per descrivere i moduli e le sue relazioni all'interno di un programma. Una definizione più orientata al design di dettaglio, con chiari riferimenti all'implementazione, è la Definizione 2.9.

La funzione di un modulo, attraverso la definizione dei dati di input/output e della logica interna, costituisce una sorta di specifica della procedura implementata dal modulo stesso.

Uno structure chart evidenzia la scomposizione top-down dei moduli di un sistema, unitamente alle loro connessioni

Per descrivere graficamente sia un singolo modulo dal punto di vista procedurale, sia l'organizzazione dei moduli come rete di dipendenze (topologia), viene utilizzato uno structure chart. Uno *structure chart* **è un diagramma che sintetizza la scomposizione top-down dei moduli in un sistema complesso mostrando sia i moduli, sia le loro mutue connessioni**. Ogni connessione in questi diagrammi rappresenta una dipendenza funzionale (sostanzialmente una dipendenza di chiamata procedurale).

⊙ TERMINOLOGIA
Structure chart

In uno structure chart possono venir mostrati due tipi di moduli diversi: i moduli definiti dal programmatore e i moduli di libreria[6]. Il primo tipo di modulo viene rappresentato mediante un semplice rettangolo mentre il secondo è caratterizzato da un rettangolo con due linee parallele in corrispondenza di ciascuno dei due lati verticali. Ogni modulo deve avere un nome univoco che viene riportato all'interno del rettangolo. In Figura 2.13, ad esempio, il modulo `GetCustomerDetail` è un modulo definito dal programmatore mentre il modulo `FindCustomerName` è un modulo di libreria.

DEFINIZIONE 2.9 (MODULO - VERSIONE ORIENTATA AL DESIGN DETTAGLIATO)

*Un **modulo** è una collezione di istruzioni dotata di quattro attributi: i dati di input e output, la sua funzione (o compito), la logica procedurale interna, e i dati privati (locali) manipolati dal modulo stesso.*

I moduli comunicano tramite connessioni attraverso le quali fluiscono i dati. Sempre con riferimento alla Figura 2.13, i moduli `GetCustomerDetail` e `FindCustomerName` sono tra loro connessi. Lo scambio dei dati avviene mediante l'invocazione della procedura implementata dal modulo chiamato da parte del modulo chiamante.

---

6   Per modulo di libreria qui viene inteso un qualsiasi modulo che faccia parte dell'ambiente di sviluppo (e.g. librerie standard di un particolare linguaggio di programmazione) oppure un modulo fornito da terze parti il cui codice non è disponibile o comunque non è soggetto a manutenzione nel progetto corrente.

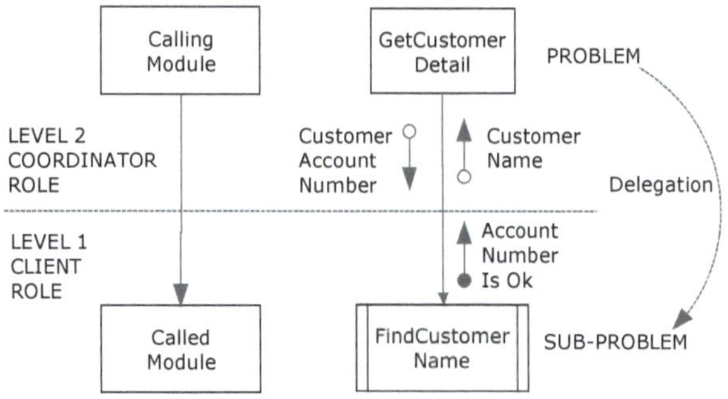

Da un punto di vista grafico, una connessione in uno structure chart viene rappresentata da una freccia che ne indica la direzione; una seconda freccia, più piccola e disegnata a fianco della connessione, se presente, indica sia il nome del dato, sia la direzione verso cui quest'ultimo fluisce.

Connessioni tra moduli negli structure chart (Design Strutturato)
FIGURA 2.13

📋 NOTE

La direzione della connessione non va confusa con la direzione della freccia: la prima indica la subordinazione tra il modulo chiamante e quello chiamato, mentre la seconda specifica se il dato trasportato nella connessione viene considerato dal modulo chiamato come parametro di input (verso concorde a quello della connessione) oppure come risultato da fornire in risposta alla chiamata (verso discorde).

Poiché stiamo osservando un'organizzazione di tipo top-down, appare naturale disporre i moduli nei diagrammi structure chart in livelli orizzontali. Un modulo posto in un determinato livello *coordina* i moduli ad esso connessi posti nei livelli sottostanti. In tal caso, diremo che il primo modulo assume il ruolo di *coordinatore* (o "controllore"), mentre i moduli subordinati svolgono il ruolo di "*cliente*". Questa terminologia riflette la relazione di tipo "chiamante-chiamato" nella quale i moduli posti sui livelli "alti" sanno risolvere solo una parte dei loro compiti, e sfruttano il principio di delega dei compiti (Principio 2.1) per demandare ai moduli sottostanti i rimanenti sottocompiti.

⚙ **TERMINOLOGIA**

Modulo coordinatore e modulo cliente

La notazione degli structure chart, oltre ai dati di input/output, prevede un terzo tipo di dato: le variabili flag. **Un** *flag* **è una variabile (tipicamente booleana) che codifica l'informazione relativa al verificarsi di un determinato evento, alla modifica di uno stato, oppure all'esito di un'operazione**. Si tratta quindi di una *variabile di controllo*, più che di un vero e proprio dato nella prospettiva del dominio del problema.

⚙ **TERMINOLOGIA**

Variabile flag

ESEMPIO 2.6 DATI E VARIABILI DI CONTROLLO NELLA PROCEDURA DI CALCOLO DELLE BUSTE PAGA

Immaginiamo di dover scrivere una procedura per il calcolo dello stipendio per i dipendenti di un'azienda. La paga oraria, la tipologia di dipendenti oppure l'anzianità di servizio riflettono aspetti essenziali del dominio del problema, e quindi vanno rappresentati mediante dati. Viceversa, una variabile di controllo che definisce l'ultimo dei record presenti in una lista di dipendenti esprime un'informazione implementativa (i concetti di lista e record) relativa a come abbiamo scritto la specifica procedura di calcolo. Una variabile di controllo esprime quindi un chiaro esempio di variabile flag.

Rispetto ai modelli di analisi basati sui DFD, appare qui evidente come gli structure chart, in quanto modelli di design, inizino a introdurre informazione più vicina all'implementazione.

Per distinguere le variabili flag dai dati, le frecce negli structure chart vengono adornate da un pallino posto in corrispondenza dell'origine. Nel caso dei dati di input/output, il pallino è bianco, mentre nel caso dei flag esso è nero. Nella Figura 2.13 `CustomerAccountNumber` è un dato di input, `CustomerName` è un dato di output, e `AccountNumberIsOk` è un flag booleano.

Vediamo ora un esempio di structure chart utilizzato per descrivere la procedura `IssuePayChecksForAllEmployees` che effettua il pagamento degli stipendi per gli impiegati di un'azienda (Figura 2.14). Supponiamo che in tale azienda il personale si divida in due categorie: i dipendenti con uno stipendio fisso mensile e quelli che vengono invece pagati su una base oraria. Immaginiamo inoltre che tale procedura sfrutti due routine di libreria, per recuperare le informazioni relative alle buste paghe di ciascun impiegato (`GetEmployeePayRecord`) e per stampare la busta paga (`PrintPayCheck`).

Nel primo caso, il modulo `IssuePayChecksForAllEmployees` ottiene le informazioni relative all'impiegato (dato `EmployeePayRecord`) e l'indi-

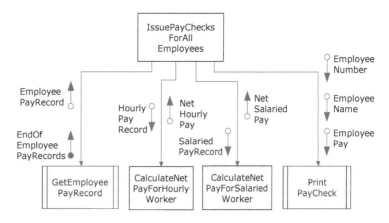

cazione che tutti gli impiegati sono stati esaminati (flag `EndOfEmploye-ePayRecords`). Nel secondo caso, invece, esso fornisce le informazioni necessarie per stampare una busta paga: il codice identificatore di ciascun impiegato (`EmployeeNumber`), il suo nome (`EmployeeName`) e l'importo da pagare (`EmployeePay`). I dettagli del calcolo per le due tipologie di dipendenti vengono effettuati da `CalculateNetPayForHourlyWorker` e `CalculateNetPayForSalariedWorker`, rispettivamente.

Il flag `EndOfEmployeePayRecords` fa *intuire* la *logica di controllo* implementata dalla procedura interna a `IssuePayChecksForAllEmployees` senza per questo renderla esplicita nel diagramma, la cui natura è invece di mostrare solo lo scambio di dati. Questo tipo di informazione, convogliata non propriamente a basso carico cognitivo (dobbiamo leggere ed interpretare attentamente i nomi dei dati per intuire la dinamica del programma), dipende unicamente dalla qualità delle astrazioni, ossia da quanto evocativi risultano essere i nomi attribuiti ai dati e ai moduli.

L'esempio di Figura 2.14 mostra come, attraverso un'attenta scelta dei nomi e una scomposizione in moduli che riducono un problema in sottoproblemi più semplici, il diagramma structure chart permetta di:

- fornire una visione sintetica e di alto livello d'astrazione del sistema;

- fornire indizi sulla sottostante dinamica senza per questo dover esplicitare tutti i dettagli relativi alla logica di controllo.

Un altro aspetto implicito ma importante, sempre legato alla logica di controllo, consiste nel comprendere che l'ordine con cui compaiono i moduli in uno structure chart non identifica l'ordine con cui essi vengono effettivamente eseguiti nell'implementazione finale. Seppure siamo abituati a leggere un qualsiasi documento attraverso un insieme di convenzioni culturali, ciò non significa che l'esecuzione avvenga "mimando" lo stesso ordine suggerito da tali convenzioni. Da uno structure chart, più in particolare, non possiamo dedurre questi aspetti che invece devono essere confinati ad altro tipo di documentazione (ad esempio, attraverso specifiche formali testuali, pseudocodice o ancora frammenti di codice sorgente).

Gli structure chart evidenziano la struttura generale di un sistema scomposto in moduli funzionali. Il nome che attribuiamo a ciascuna funzione, per quanto intuitivo possa essere, spesso non fornisce sufficienti informazioni per comprendere totalmente la semantica del modulo, così da poterla poi tradurre in codice.

Poiché gli structure chart sono stati pensati per essere sfruttati dai programmatori durante la fase d'implementazione, è importante capire come li si può descrivere, attraverso opportune specifiche testuali aggiuntive, per guidare la stesura del codice. Una *specifica funzionale* assolve a questo compito, descrivendo il cosiddetto *contratto di interfaccia* (o più semplicemente *contratto*) di un modulo. Tale concetto per come è definito (Definizione 2.10) ben si presta a descrivere la specifica di I/O di una black-box.

ESEMPIO 2.7 USO DELLO PSEUDOCODICE PER DEFINIRE UN CONTRATTO DI INTERFACCIA

Consideriamo una procedura per il calcolo della radice quadrata che chiamiamo `Sqrt`. Tale funzione prende in input due parametri: un numero reale `x` e una soglia di tolleranza, anch'essa di tipo reale, `e`. Il risultato del calcolo (la radice quadrata di `x`) viene salvato nella variabile `root` fornita in output.

La specifica del contratto d'interfaccia per tale funzione può essere definita mediante la descrizione testuale riportata nel Listato 2.1:

LISTATO 2.1 SPECIFICA DEL CONTRATTO D'INTERFACCIA DI UN MODULO

```
1   module sqrt
2   /* calculate the squared root of its argument */
3   input
4   x Real  /* the input value */
5   e Real  /* the allowed output tolerance */
6   output
7   root Real /* the output value */
8   /* properties for input parameters */
9   requires
10  x >= 0.0 and e >= 0.0
11  /* properties for output parameters */
12  ensures
13  root >= 0.0 and ( x - e <= root * root <= x + e )
14  endmodule
```

Negli structure chart solamente la componente di I/O emerge, poiché non v'è nulla nella sintassi grafica che permetta di esprimere le proprietà sullo stato (ad esempio il dominio di validità dei valori assunti da una variabile). Questo tipo di informazione, tuttavia, può essere documentato a livello di *pseudocodice* come in questo esempio.

Lo pseudocodice è solo un modo per fornire una specifica funzionale di un processo implementato da un modulo. Più in generale, tale specifica può comprendere descrizioni testuali informali abbinate a istruzioni in linguaggio PDL (Program Design Language[7]), equazioni, tabelle e altri grafici.

Il vantaggio di utilizzare questo stile di descrizione consiste nel creare delle **specifiche sufficientemente formali da poter essere utilizzate dai programmatori per la scrittura dei programmi, e sufficientemente informali da poter essere comprese intuitivamente dal personale non tecnico**. Tali documenti vengono spesso chiamati col termine di *minispec* e, secondo la scuola del Metodo Strutturato, quando vengono utilizzati per descrivere i moduli negli structure chart rappresentano il primo passo per una specifica formale necessaria per passare in modo uniforme dal design alla codifica[8].

TERMINOLOGIA

Minispec

Il livello di astrazione dei moduli negli structure chart e nelle relative minispec è piuttosto basso, proprio perché queste descrizioni sono il risultato di un'attività di design di dettaglio.

2.4. Metriche

In generale non c'è un accordo assoluto su cosa significhi produrre un "buon" design. Ciò che viene considerato tale da una metodologia (ad es. il Metodo Strutturato), non sempre viene universalmente riconosciuto anche da altri approcci (ad es. il Metodo Object-Oriented). Molto spesso, inoltre, le caratteristiche di qualità ritenute essenziali e le loro priorità variano da progetto a progetto, e da progettista a progettista, senza menzionare il fatto che alcuni aspetti di qualità possono entrare in conflitto con altri (ad esempio, la leggibilità e l'ottimizzazione del codice).

---

7   Il linguaggio PDL è un linguaggio di specifica semi-formale perché consente di mescolare istruzioni che rispettano la sintassi di un linguaggio di programmazione con del testo narrativo.
8   Va comunque ricordato che in realtà le minispec sono state inizialmente proposte e usate principalmente per descrivere la logica dei processi elementari dei diagrammi DFD, più che per i moduli degli structure chart.

➤➤ **La coesione è una caratteristica di qualità desiderabile in un progetto perché misura concretamente quanto una singola parte della soluzione corrisponde a una singola parte del problema.**

Al di là dell'ovvio criterio di correttezza (misurato in termini di aderenza di un programma rispetto alle sue specifiche), un buon design potrebbe manifestarsi nella produzione di codice efficiente, nella minimizzazione dello spazio di memoria occupato, oppure ancora nella facilità di manutenzione. Data questa variabilità, è necessario avere qualche strumento di misura oggettivo che ci permette di asserire se e quanto un design sia da ritenersi buono, in base ad una particolare prospettiva. Il Metodo Strutturato propone due metriche di qualità formulate da Constantine e Yourdon [14] per assolvere questo compito: la coesione e l'accoppiamento. Un'altra metrica, utile soprattutto per misurare la complessità interna di ciascun modulo, è la complessità ciclomatica di McCabe [43].

2.4.1. Coesione

La *coesione* è una misura del livello di correlazione tra diverse funzionalità presenti all'interno di un modulo, ossia del suo livello di "omogeneità funzionale". **Ogni modulo ad alta coesione dovrebbe implementare una sola funzione logica e tutte le sue parti dovrebbero contribuire a realizzare quella funzione.** Se viceversa, un modulo include parti che non sono direttamente correlate alla sua funzione logica, oppure se include diverse funzioni indipendenti che non hanno attinenza le une con le altre, esso ha una bassa coesione.

La coesione misura quanto problema e soluzione tendono ad essere descritti mediante modelli strutturalmente isomorfi

La coesione è una caratteristica di qualità desiderabile in un design perché misura concretamente quanto una singola parte della soluzione corrisponde a una singola parte del problema. Se, ad un certo momento, quella parte del problema dovesse cambiare (ad esempio per la modifica di un requisito), una soluzione che preserva nel design un'alta coesione dei moduli ha una maggiore possibilità di *localizzare in un unico punto* i cambiamenti da effettuare.

Constantine e Yourdon identificarono sette livelli distinti, in ordine strettamente crescente, di coesione:

DEFINIZIONE 2.11 (COESIONE)

La *coesione* è una misura di quanto strettamente correlate dal punto di vista logico sono le varie funzionalità messe a disposizione da un singolo modulo.

Coesione incidentale, in cui le parti di un modulo non sono correlate direttamente, ma sono semplicemente aggregate al suo interno.

Coesione logica, in cui le funzionalità che svolgono operazioni simili (ad esempio, la gestione degli input e delle eccezioni ad essi associate) vengono incapsulate in un unico modulo.

Coesione temporale, in cui tutti i moduli che vengono attivati in uno stesso momento (ad esempio, tutti quelli attivati all'inizializzazione o allo shut-down di un sistema) sono raggruppati assieme.

Coesione procedurale, in cui gli elementi in un modulo vengono raggruppati insieme perché aderiscono tutti sempre alla stessa sequenza di esecuzione necessaria per svolgere un compito (ad esempio, le operazioni che verificano i permessi di scrittura di un file su disco e quelle che poi realizzano la scrittura stessa).

Coesione comunicazionale, in cui tutti gli elementi di un modulo operano sugli stessi dati di input oppure sullo stesso output (qui l'attenzione è posta sulla presenza di *dati condivisi* piuttosto che sul compito da svolgere).

Coesione sequenziale, in cui l'output di una funzione inglobata in un modulo viene utilizzato come input per una qualche altra funzione contenuta nello stesso modulo.

Coesione funzionale, in cui *tutte* le parti di un modulo sono necessarie per eseguire una singola funzione.

Coesione funzionale, sequenziale e comunicazionale sono le uniche forme accettabili

Il Metodo Strutturato si basa sulla scomposizione funzionale, quindi è naturale che la forma più coesa di un modulo sia quella funzionale. Anche le forme leggermente più deboli di coesione sequenziale e comunicazionale sono da ritenersi delle forme accettabili correlate spesso a un design più manutenibile. Tutte le altre forme sono invece da evitarsi, se possibile.

PRACTICE TIME

Esaminate le ultime funzioni che avete scritto di recente. Quali forme di coesione riconoscete nelle vostre implementazioni? Come potreste modificarle per ottenere una maggiore coesione?

Consideriamo la funzione `CalculateEmployeeAge(EmployeeBirthDate)`, che calcola l'età di un impiegato a partire dalla sua data di nascita. Tale routine è un chiaro esempio di coesione funzionale in quanto al suo interno viene svolto un solo compito.

Che cosa possiamo, invece, dire di una funzione la cui segnatura corrisponde al prototipo `CalculateEmployee-Retirement(EmployeeBirthDate)` e che calcola prima l'età dell'impiegato (invocando la precedente routine) e subito dopo, sfruttando tale calcolo, determina l'anno di pensionamento? Ecco un esempio di coesione sequenziale.

Per descrivere, invece, un esempio di coesione comunicazionale, possiamo considerare la funzione `PrintEm-ployeeReport(SummaryEmployeeData)` che stampa un resoconto delle informazioni relative a un impiegato. Tale tipo di coesione non emerge dal nome o dai parametri passati, bensì dalla sua implementazione che, dopo aver stampato il resoconto, provvede a reinizializzare la struttura `SummaryEmployeeData`. La stampa e la reinizializzazione sono due compiti che hanno in comune solamente l'utilizzo di una struttura dati condivisa. Questo livello di coesione, seppure ancora accettabile, può essere migliorato, spostando la reinizializzazione al di fuori di `PrintEm-ployeeReport` (ad esempio nella routine che ha creato la struttura dati).

I moduli che implementano una funzione avente coesione funzionale, sequenziale o comunicazionale possono essere considerati dei moduli ben progettati (limitatamente a questo punto di vista). Tutte le altre forme di coesione sono molto discutibili, soprattutto dal punto di vista della manutenibilità. Ad esempio, consideriamo un modulo caratterizzato da una coesione logica in quanto la sua funzione è implementata da una procedura che prende in input un flag sulla base del quale viene stampato un resoconto settimanale, mensile o annuale relativo alle attività di un particolare impiegato, anch'esso input della procedura. Come dovremmo chiamare questo tipo di routine? È chiaro che stiamo mescolando delle funzionalità ben definite (la stampa delle attività svolte in un determinato periodo) con la logica di controllo che identifica quale tipo di resoconto stampare. Faremo meglio a spostare il codice per ogni tipo specifico di stampa in tre routine separate, e creare una routine "di controllo" che si limita a implementare il solo controllo (potremmo chiamare quest'ultima `ControlEmployeeReportPrinting`).

Il tipo peggiore di coesione che può caratterizzare un modulo è quella incidentale. Supponiamo di integrare nel modulo `PrintEmployeeReport` una funzione che prende in input anche i dati relativi alla produttività di un impiegato, un widget grafico (ad esempio un istogramma), un controllo dell'interfaccia utente (una casella di testo), un colore di default e un valore di soglia. Il compito della funzione è quello di visualizzare i dati dell'impiegato sia in formato grafico, sia in forma tabellare. La funzione in esame non si limita però a svolgere questi compiti. Se la produttività dell'impiegato è inferiore al valore di soglia fornito in input, la funzione cambia il colore di default con cui vengono scritti i dati nella tabella (ad esempio, evidenziando in rosso i dati della produttività).

Un simile modulo non è facilmente manutenibile poiché mescola al suo interno logica di controllo, colori, widget grafici, controlli dell'interfaccia utente, la logica necessaria per formattare nel controllo di testo una tabella oppure quella per cambiare il colore di default. Tutte queste logiche andrebbero separate in routine distinte poiché non sono direttamente correlate al compito principale del modulo (la stampa del report dell'impiegato).

2.4.2. Accoppiamento

La seconda metrica importante per valutare la qualità di un design secondo il Metodo Strutturato è l'*accoppiamento* (*coupling*). Come per la coesione, anche in questo caso esistono diverse classi di accoppiamento, di seguito illustrate.

Accoppiamento di contenuto o **accoppiamento patologico**, in cui un modulo fa affidamento sul funzionamento interno di un altro modulo per svolgere il proprio compito. Se l'implementazione interna del secondo modulo dovesse cambiare, tale cambiamento potrebbe generare effetti collaterali sul modulo dipendente che diventerebbe quindi *fragile* rispetto a tali cambiamenti.

Accoppiamento sui dati comuni o **accoppiamento globale**, in cui due moduli condividono gli stessi dati (globali).

Accoppiamento esterno, in cui due moduli dipendono da una decisione comune presa esternamente ad essi, come ad esempio la definizione di un protocollo di comunicazione o il formato di un dato.

Accoppiamento sul controllo, in cui un modulo determina il flusso di controllo di un altro (passando ad esempio dei flag usati poi nella logica interna del modulo invocato).

Stamp coupling o **accoppiamento sulla struttura dei dati**, in cui due moduli condividono una stessa struttura dati composita, utilizzandone però ciascuno una parte aggregata diversa (ad esempio, entrambi i moduli ricevono come parametro lo stesso record, ma internamente

DEFINIZIONE 2.12
(ACCOPPIAMENTO)

L'*accoppiamento* esprime una misura del grado di conoscenza (interdipendenza) che un modulo ha nei confronti dei moduli da cui esso dipende.

dipendono da campi diversi). Queste dipendenze nei confronti di parti della struttura dati che non vengono poi utilizzate costituiscono comunque dei punti di fragilità del design che non è quindi resiliente alle modifiche.

Accoppiamento sui dati, in cui due moduli dipendono dagli stessi dati elementari, tipicamente nella forma di un parametro.

🖱 **PRACTICE TIME**

Esaminate il progetto a cui state lavorando. Riconoscete sintomi dello stile di programmazione per effetti collaterali? Quali modifiche apportereste per ridurre il livello di accoppiamento?

ESEMPIO 2.9 VARI ESEMPI DI ACCOPPIAMENTO

Consideriamo ancora un'altra ridefinizione della routine `PrintEmployeeReport` che prende in input non il singolo parametro `SummaryEmployeeData` bensì cinque parametri separati: il nome dell'impiegato, il suo indirizzo, il suo numero di telefono, la data di nascita e il codice fiscale. Poiché tutta l'informazione necessaria per svolgere il proprio compito viene fornita con i parametri di input, `PrintEmployeeReport` è una routine caratterizzata da un basso livello di accoppiamento sui dati. Il fatto che tali dati non siano costituiti da strutture complesse, né che siano condivisi con altre routine, rende questa forma di accoppiamento preferibile.

Per contro, se una routine prendesse in input la struttura `SummaryEmployeeData` composta da 20 campi interni e di questi 20 ne utilizzasse solo 7, avremmo un caso di accoppiamento piuttosto discutibile (stamp-coupling). Creeremmo, infatti, una connessione tra le due routine "più grande" del necessario, aumentando il livello di accoppiamento. Se per qualsiasi ragione in qualche altra parte del sistema cambiassimo uno dei campi non utilizzati dalla routine, registreremmo una modifica alla struttura dati per cui dovremmo poi rieseguire per sicurezza i test di tutti i moduli che la usano, compresa la nostra routine che invece non dovrebbe essere influenzata dalla modifica. Dal punto di vista dello stile di programmazione, inoltre, aggregare in un unico grande "contenitore" molti campi eterogenei utilizzati solo in parte dalle varie routine tende a promuovere la creazione di strutture dati "artificiali" (bassa coesione), pensate più per facilitare il passaggio dei parametri che per ridurre l'accoppiamento e il conseguente impatto delle modifiche.

Immaginiamo ora che la routine `PrintEmployeeReport` riceva come parametro un flag sulla base del quale viene deciso il tipo di report da stampare (report annuale, trimestrale o mensile). Saremmo di fronte a una chiara situazione di accoppiamento sul controllo. Se poi, oltre al flag venisse passato come parametro anche l'ID dell'impiegato (`EmployeeID`) e quest'ultimo facesse riferimento a una tabella (`EmplyeeTable`) dichiarata come variabile globale, allora anche il tipo di accoppiamento diventerebbe globale. Questi ultimi due casi di accoppiamento sono problematici perché incoraggiano uno *stile di programmazione "per effetti collaterali"* che conduce ben presto all'insorgere di effetti domino in punti del sistema logicamente non correlati. Pensiamo, ad esempio, a una seconda procedura che modifica la tabella globale `EmpoyeeTable`. Pur non cambiando l'indice `EmpoyeeID`, viene potenzialmente alterato il suo contenuto e le conseguenti decisioni prese all'interno della routine `PrintEmployeeReport`.

Un esempio, infine, di accoppiamento patologico che andrebbe sempre evitato può essere quello di una funzione che esegue una parte di codice di un'altra funzione, ad esempio sfruttando l'istruzione `GOSUB` del linguaggio di programmazione Basic, oppure una qualsiasi altra forma di `GOTO`. Questo tipo di accoppiamento è oggi meno diffuso sui nuovi progetti, poiché la gran parte dei linguaggi di programmazione moderni vieta tali costrutti. Esiste tuttavia un'importante base di codice legacy appartenente a vecchi sistemi scritti in assembly, in Basic, in C e in altri linguaggi di basso livello che potrebbero essere affetti da tale accoppiamento. Sui linguaggi più moderni, comunque, va tenuto presente che esistono istruzioni dal comportamento simile a un "`GOTO` controllato", come le istruzioni `break` e `continue` del C++ o la gestione non sempre lineare delle eccezioni. Un uso non disciplinato di tali istruzioni comporta facilmente l'insorgere di casi di accoppiamento patologico che rendono poi il codice difficile da comprendere, modificare e collaudare.

Creare moduli con un'elevata integrità concettuale interna e un debole livello di dipendenza verso l'esterno

L'accoppiamento è complementare alla coesione. La coesione, infatti, descrive quanto fortemente le parti interne di un modulo (funzione) sono correlate tra loro, mentre l'accoppiamento descrive quanto intimamente un modulo (funzione) è correlato con altri moduli (funzioni). L'obiettivo del progettista è quello di **creare strutture** (siano esse moduli, funzioni, o altri tipi di componente) **con un'elevata integrità concettuale interna (forte coesione) e un debole livello di dipendenza verso l'esterno (basso accoppiamento)**.

Un buon design promuove basso accoppiamento e alta coesione, in modo da scrivere classi che realizzano un solo compito e che non dipendono dall'implementazione di altri moduli

Un basso grado di accoppiamento, nel "buon design", corrisponde spesso a un alto grado di coesione e viceversa. Un grado di accoppiamento alto può essere in generale ridotto intervenendo sulla causa principale, ossia le dipendenze, eliminando quelle non necessarie, oppure riducendo o rilassando quelle necessarie. Alcune tecniche per ridurre il livello di accoppiamento interno alle routine sono ben documentate da Steve McConnell in un libro [44] che è considerato oggi (2015) uno dei riferimenti principali sullo stato dell'arte nella scrittura di programmi facilmente comprensibili e manutenibili.

La Tabella 2.1 evidenzia l'effetto che la coesione ha sull'accoppiamento e su altre caratteristiche di qualità che concorrono nel definire un buon design: la manutenibilità generale del progetto, la facilità di comprensione, la modificabilità, la semplicità e la coerenza di implementazione (qui espresse nel termine di "pulizia" implementativa). In particolare vediamo che la manutenibilità è la caratteristica di design più esigente (solo le prime tre forme di coesione sono accettabili), mentre l'accoppiamento raggiunge livelli critici con le ultime tre forme. La coesione logica e quella incidentale hanno ripercussioni negative su tutte le caratteristiche di qualità e pertanto andrebbero sempre evitate.

Cohesion level		Software quality characteristics				
		Coupling	Clean implementation	Modifiability	Understandability	Overall maintainability
1. Functional	✓	Good	Good	Good	Good	Good
2. Sequential	✓	Good	Good	Good	Good	Fairly Good
Good vs. bad cohesion forms						
3. Communicational	😐	Medium	Medium	Medium	Medium	Medium
4. Procedural	😟	Variable	Poor	Variable	Variable	Bad
5. Temporal	😟	Poor	Medium	Medium	Medium	Bad
6. Logical	😟	Bad	Bad	Bad	Poor	Bad
7. Coincidental	😟	Bad	Poor	Bad	Bad	Bad

Impatto della coesione su alcune caratteristiche di qualità del software

TABELLA 2.1

2.4.3. Complessità ciclomatica

La *complessità ciclomatica* (detta anche complessità condizionale) è una metrica software sviluppata da Thomas J. McCabe nel 1976 e utilizzata ancor oggi per misurare la complessità strutturale di un programma. Tale metrica misura direttamente il numero di *cammini linearmente indipendenti* che caratterizzano il grafo del flusso di controllo di un programma. Ogni ramo del grafo, intuitivamente, costituisce una decisione nella logica di controllo.

Per comprendere il funzionamento del programma, è necessario analizzare l'insieme delle decisioni (rami) presenti nel grafo di flusso. Per questa ragione, il significato che si dà a questa metrica è legato alla complessità della struttura (di controllo) di un programma. Collaudare il programma può significare, tra l'altro, eseguire dei test almeno per ogni cammino indipendente, così da coprire tutti i casi principali di decisioni. Per queste ragioni, oggi la complessità ciclomatica è considerata un indicatore della manutenibilità e testabilità del software.

Partendo dalla struttura di un grafo (del flusso di controllo), la complessità ciclomatica è esprimibile mediante la seguente formula:

$$CC = L - N + 2P$$

dove P è il numero di parti (o componenti) disconnesse nel grafo — ad esempio un modulo chiamante e la routine chiamata — L è il numero di archi (trasferimenti di controllo tra nodi) e N è il numero di nodi (ogni nodo rappresenta una sequenza di istruzioni prive di trasferimento di controllo).

Il calcolo della metrica CC è piuttosto semplice una volta costruito il grafo del flusso di controllo di un programma. Seppure oggi di fatto si utilizzano software che analizzano direttamente il codice sorgente per calcolarne la complessità ciclomatica, qui mostreremo un esempio a scopo prettamente didattico. Consideriamo una semplice (e non particolarmente efficiente) routine di raccolta dati per un sistema di riscaldamento dell'acqua. Tale routine è composta dalle seguenti cinque sottoattività:

DEFINIZIONE 2.13 (COMPLESSITÀ CICLOMATICA)

La *complessità ciclomatica* è una metrica di complessità del software che calcola il numero di cammini linearmente indipendenti presenti nel grafo di flusso di un programma.

La Modellazione dei Processi nel Metodo Strutturato

> **L'accoppiamento è la principale sorgente di fragilità di un sistema software.
> La coesione esprime il grado di testabilità della logica di controllo di una procedura**

(i) l'inizializzazione, (ii) la lettura dei dati provenienti dai sensori ambientali, (iii) la validazione dei dati letti, (iv) il monitoraggio del sistema durante il suo funzionamento, e (v) la memorizzazione dei dati relativi a un nuovo stato interno del sistema. La logica del processo è descritta dal diagramma di flusso di Figura 2.15.

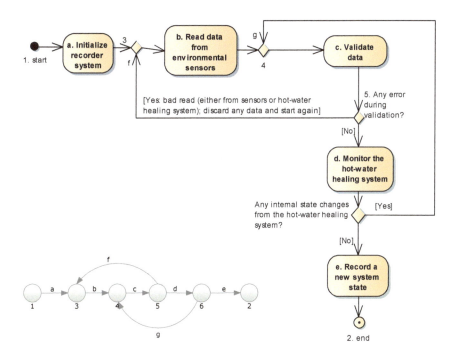

Un esempio di diagramma di flusso (flow chart) dal quale calcolare la metrica CC

FIGURA 2.15

Applicando la formula di McCabe, abbiamo che il numero di archi **L** è **7**, il numero di nodi **N** è **6** e il numero delle parti **P** è **1**. CC= 7−6+2= 3.

Come per tutte le metriche, serve una soglia di riferimento che permette di separare le situazioni "buone" dai casi problematici. L'esperienza pratica suggerisce che i programmi (ma, su scala più piccola, anche i moduli interni a un programma e le procedure interne a un modulo) con valori di CC superiori a 10 sono considerati difficili da comprendere e da collaudare. Più nello specifico, nell'ottica della manutenibilità e testabilità si tende ad adottare la seguente scala di rischio:

CC 1–10: modulo semplice con un rischio basso.

CC 11–20: modulo relativamente complesso con un rischio moderato.

CC 21–50: modulo complesso con un rischio elevato.

CC oltre 50: modulo talmente complesso da non essere ragionevolmente testabile: meglio semplificare prima la logica di controllo.

2.5. Tecniche di Modellazione

In questa sezione vengono discusse alcune tecniche di modellazione utili per rappresentare i "pattern" d'uso più comuni nell'utilizzo dei diagrammi DFD. Chiude la sezione una discussione della tecnica *Transform Analysis*, utilizzata nel passaggio dall'analisi al design per trasformare modelli di processo orientati al problema in strutture modulari gerarchiche (structure chart) orientate alla soluzione.

2.5.1. Linee guida di base

Molte delle linee guida sulla costruzione di diagrammi DFD si basano sulla scelta mirata dei nomi attribuiti a flussi e processi. Un nome deve essere sufficientemente espressivo da definire efficacemente un'astrazione, sia essa un processo, un flusso di dati, un'entità o un repository. Per quanto concerne i flussi di dati, possiamo stilare le seguenti linee guida:

Linee guida sui flussi di dati

1. Attribuire un nome univoco per tutti i flussi di dati presenti in ogni diagramma DFD (due occorrenze dello stesso nome di flusso rappresentano lo stesso dato).

2. Evitare di raggruppare dati non correlati tra loro in un unico flusso, poiché quest'ultimo avrebbe un nome poco preciso (e quindi non sufficientemente evocativo).

3. Attribuire il nome al flusso tenendo in considerazione l'intero diagramma: la scelta dei nomi deve mettere in luce non solo la singola trasformazione realizzata dal processo che riceve in input il flusso, ma anche quelle successive in modo da esprimere l'effetto globale dell'intero DFD.

4. Nel caso in cui un processo sia caratterizzato da possibili esiti alternativi, attribuire attentamente il nome ai flussi di dati di output in modo da mettere in evidenza tale alternanza. Ciò è importante poiché in generale, senza ricorrere a specifiche testuali, non è possibile capire dal diagramma DFD se, in corrispondenza di output multipli, tutti questi vengano prodotti in uscita al flusso oppure se ciò avvenga solo per alcuni e, in tal caso, per quali. I nomi dei flussi nei diagrammi sono l'unico indizio per trasmettere almeno intuitivamente questa informazione.

5. Omettere di descrivere flussi che rappresentano condizioni d'errore triviali, poiché la gestione degli errori in generale non ha un effetto determinante sull'organizzazione delle attività essenziali del sistema.

6. Adottare dei nomi che rappresentino dei flussi di dati e non il flusso di controllo: aspetti inerenti la logica di controllo, seppure indirettamente, trovano la loro collocazione migliore negli structure chart o in altre forme di modelli, come ad esempio i flowchart (diagrammi di flusso).

Linee guida sui processi

Altrettanto importante è attribuire un buon nome ai processi. Anche qui, di seguito sono riportate alcune linee guida:

1. Come per i flussi di dati, è essenziale attribuire ai processi nomi precisi ed espressivi, altrimenti la semantica intuitiva attribuita dal nome di un processo risulta vaga, ambigua o semplicemente oscura.

2. Fornire nomi che esprimono l'effetto di un unico compito; scomporre ulteriormente tutti i processi a cui non si riesce a dare un nome in grado di esprimere un insieme di operazioni strettamente legate tra loro. Otterremo così una partizione di processi caratterizzati da un più alto livello di coesione.

3. Per effetto della precedente linea guida, ogni nome di processo dovrebbe essere caratterizzato da un verbo che esprima chiaramente una singola azione, seguito da un sostantivo che dovrebbe descrivere l'oggetto a cui viene applicata l'azione. Se nel nome del processo ci sono due verbi, abbiamo un chiaro sintomo di bassa coesione, e probabilmente il processo andrebbe ulteriormente scomposto.

4. Attribuire il nome di un processo tenendo in considerazione sia gli input, sia i suoi output, così da evidenziare l'effetto della trasformazione di dati insita nel processo.

2.5.2. Processi sincroni e asincroni

I processi sincroni comunicano attraverso una connessione diretta che descrive un flusso di dati

Quando due processi comunicano direttamente attraverso un flusso di dati, essi rappresentano dei *processi sincroni*. La sincronizzazione è facilmente intuibile se pensiamo che, per poter essere eseguito, il secondo processo deve ricevere in input il risultato dell'elaborazione del primo processo. Ciò significa che solo quando quest'ultimo termina, inizia l'elabora-

⊙ TERMINOLOGIA
Processo sincrono

zione del secondo[9]. I processi `AddCustomerOrder` e `PrepareOrderFor-Shipping` di Figura 2.10 a pagina 34 sono esempi di processi sincroni.

I processi asincroni comunicano tramite una connessione indiretta espressa da un repository

TERMINOLOGIA
Processo asincrono

Tutte le volte in cui, invece, la connessione tra due processi avviene tramite un repository, i processi sono detti *processi asincroni*. Il processo che accede ai dati memorizzati nel repository può iniziare la propria attività in un momento successivo al termine delle attività del processo che li memorizza. Con riferimento alla Figura 2.10, i processi `AddNewCustomer` e `AddCustomerOrder` sono esempi di processi asincroni. La natura asincrona dei due processi non implica necessariamente un ordine di esecuzione arbitrario. Nell'esempio, infatti, non è possibile portare a termine l'inserimento di un ordine (`AddCustomerOrder`) se il cliente che ha effettuato l'ordine non è già stato precedentemente registrato (`AddNewCustomer`). Nel formalismo dei DFD, tuttavia, non c'è nulla che impedisca al processo AddCustomerOrder di *iniziare* per primo.

I processi asincroni sono attivati da *trigger*, ossia da eventi espressi attraverso flussi di dati che possono originare dall'esterno (entità esterne) oppure da altri processi

Un errore talvolta subdolo che si commette disegnando un modello contenente processi asincroni è quello di non specificare altri input per il secondo processo diversi dal flusso di dati proveniente da un repository. Se pensiamo alla logica di controllo che fa funzionare la comunicazione (e che non viene mostrata, lo ribadiamo, nel diagramma DFD), il flusso di dati che va dal repository verso il processo è tipicamente il risultato di una specifica interrogazione eseguita da quest'ultimo sul repository stesso. Ma per poter eseguire la query, il processo deve essere in esecuzione. Chi gli cede il controllo se non ci sono altri flussi di dati in input[10] al processo che fungono da trigger?

Per questa ragione, il diagramma di Figura 2.16 è da considerarsi errato relativamente alla rappresentazione del processo `AddCustomerOrder`. Nel modello (corretto) di Figura 2.10, invece, `AddCustomerOrder` riceve altri input — i dati `orderItems` e `customerId` dall'utente (entità esterna **Customer**) — per cui l'attivazione del controllo non è erroneamente attribuita al repository. Anche qui come avvenga questa attivazione del controllo non è esplicitato nel modello dei DFD. Possiamo supporre, ad esempio, che l'utente, attraverso un'opportuna interfaccia grafica, azioni un qualche pulsante che funge da trigger e fa partire il processo, passandogli le informazioni relative all'identificazione del cliente e all'elenco dei prodotti da inserire nell'ordine. Ma questa è solo una possibile implementazione.

CATTIVA PRATICA
I processi non possono mai essere attivati da un repository. Se gli unici flussi entranti in un processo provengono da soli repository, significa che nel diagramma manca un'astrazione importante oppure un altro flusso in input proveniente da altri processi o dall'esterno. Questa, più che una cattiva pratica, va considerato come un errore tecnico.

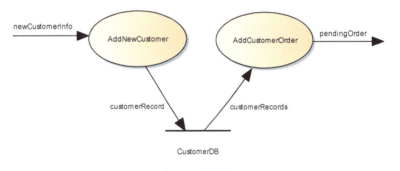

Esempio errato di rappresentazione di processi asincroni
FIGURA 2.16

2.5.3. Trasformazioni di dati

I processi "consumano" e trasformano dati. Alcuni tipi di trasformazioni costituiscono esempi ricorrenti tipici nella modellazione del software col Metodo Strutturato. Di seguito ne evidenziamo alcuni:

Produzione di output diversi dagli input Si tratta di un caso piuttosto generale, i cui dati di input non sono strettamente correlati tra loro ma sono necessari affinché il processo sia in grado di produrre il suo output previsto. Ad esempio, un processo di emissione della fattura (`MakeInvoice`) ha bisogno sia dell'ordine corrente (`shippingOrder`),

---

9   L'effettiva chiamata procedurale e il conseguente passaggio dei parametri contenenti i dati di input risultato dell'elaborazione del primo processo sono "nascosti" nella notazione dei DFD, come tutti gli altri aspetti inerenti la logica di controllo.
10 La presenza di un canale di comunicazione (flusso di dati) che connette direttamente due processi nasconde implicitamente un passaggio di controllo dal primo al secondo processo.

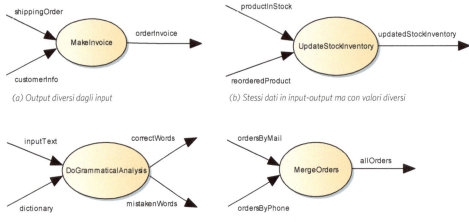

(a) Output diversi dagli input

(b) Stessi dati in input-output ma con valori diversi

Esempi di processi e di trasformazioni di dato tipiche

FIGURA 2.17

(c) Partizionamento dei flussi in input

(d) Unione di più flussi in input

sia delle informazioni relative al cliente come l'indirizzo, la ragione sociale, l'eventuale partita Iva (che immaginiamo aggregate nel dato `customerInfo`) per produrre la fattura (Figura 2.17a). In questo tipo di trasformazione i dati in input, specialmente se aggregati, possono venire prima scorporati, poi rielaborati e infine riaggregati (eventualmente anche con formati/formattazioni diverse) nel dato di output.

Produzione in output degli stessi dati, ma con valori diversi In alcuni casi un dato di input può essere modificato da un processo per poi essere fornito come output. Si pensi, ad esempio, all'aggiornamento della giacenza di un magazzino prodotti (`UpdateStockInventory`) per effetto del riordino di una certa quantità di prodotto (`reorderedProduct`) che modifica quindi la giacenza corrente (`productInStock`), come illustrato in Figura 2.17b.

Partizionamento dei flussi di input In questo caso un flusso di dati in input viene analizzato da un processo per poi produrre un output che è una partizione dell'input stesso. Ad esempio, si consideri un processo di controllo grammaticale (`DoGrammaticalAnalysis`) che riceve in input un testo da verificare (`inputText`) e un dizionario (`dictionary`) per produrre in output una partizione del testo originario comprendente le parole riconosciute correttamente (`correctWords`) e quelle considerate grammaticamente errate (`mistakenWords`), come mostrato in Figura 2.17c.

Unione di più flussi di input L'ultimo caso che consideriamo è dato da un processo che prende in input flussi diversi e li fonde in un unico flusso di output. Si pensi ad esempio a un processo di fusione degli ordini (`MergeOrders`) che integra sia gli ordini telefonici (`ordersByPhone`), sia gli ordini postali (`ordersByMail`) in un unico flusso d'uscita contenente tutti gli ordini ricevuti (`allOrders`), come mostrato in Figura 2.17d. In questo esempio, a differenza di quello di Figura 2.17a, non c'è alcuna rielaborazione dei dati in input.

È importante sottolineare che per alcuni dei precedenti "pattern" non si nota alcuna differenza topologica, ossia hanno tutti la "stessa forma", la stessa "struttura portante". Ciò che permette di distinguerli è esclusivamente un'attenta attribuzione dei nomi. Ancora una volta si può comprendere come il nome sia forse la caratteristica essenziale più importante di un'astrazione.

2.5.4. Esiti di un processo

Un altro "pattern" ricorrente nel disegno dei diagrammi DFD consiste nella rappresentazione di un processo che è in grado di produrre differenti esiti. Con esito non si intende qui la produzione di più dati in senso generale, quanto la capacità di fornire, attraverso i dati di output, informazione sulla corretta conclusione delle attività intraprese, oppure sulla presenza di particolari errori. La gestione delle eccezioni è un tipico caso di tale situazione. L'attività **1.2** (**ValidateOrderItems**) descritta nel diagramma di Figura 2.11 a pagina 35 costituisce un buon esempio di possibili esiti prodotti da un processo. Se tutte le parti dell'ordine corrente sono valide, il processo fornisce in output il dato **validItems**, altrimenti (eccezione) viene fornito il dato **itemsNotFound**. Come già osservato in precedenza, non c'è nulla nel diagramma che escluda la concomitante presenza di entrambi i dati di output: solo l'interpretazione dei nomi ci fornisce quell'intuizione che rende ragionevole escludere tale situazione.

2.5.5. Processi compositi

Il meccanismo di partizionamento dei diagrammi DFD funziona proprio perché è possibile esprimere dei processi compositi. **Un** *processo composito* **è un qualsiasi processo a un particolare livello che viene partizionato attraverso un nuovo diagramma DFD al livello successivo**. Il diagramma DFD di Figura 2.11, ad esempio, costituisce la scomposizione al livello 2 del processo **AddCustomerOrder** di livello 1 (Figura 2.10). **AddCustomerOrder** è quindi un processo composito.

2.5.6. Dall'analisi al design con la Transform Analysis

Un approccio di tipo model-based produce vari deliverable oltre al codice, creando inevitabilmente i presupposti per potenziali problemi di manutenzione e tracciabilità. Per essere economicamente sostenibile, un simile approccio deve garantire che la costruzione di questi deliverable sia in qualche modo coordinata. Un modo per ottenere questo coordinamento consiste nel far sì che ciascuno modello possa essere sfruttato come "punto di partenza" per la costruzione di modelli successivi così da aumentare il valore intrinseco di ogni deliverable prodotto, giustificando in parte lo sforzo fatto per costruirli.

Si dovrebbe partire (durante l'analisi) con una descrizione astratta del sistema, da cui proseguire (nel design) attraverso raffinamenti successivi fino al raggiungimento di un livello di dettaglio prossimo alla codifica. Nell'approccio strutturato, il modello più astratto è costituito da diagrammi di contesto, mentre quello più vicino alla codifica è rappresentato dagli structure chart e dalle specifiche funzionali in pseudocodice. In mezzo ci sono tutti i diagrammi DFD ai diversi livelli di dettaglio (Figura 2.18).

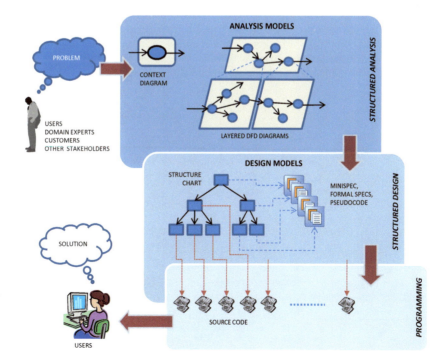

I diversi modelli creati nel Metodo Strutturato passando dall'analisi alla codifica

FIGURA 2.18

I diagrammi DFD svolgono un ruolo centrale nel processo di trasformazione dei modelli, dall'analisi più astratta al design di dettaglio. Da essi, infatti, vengono estratte molte delle informazioni che poi influenzano la costruzione dei modelli successivi, fino al codice.

Un passo fondamentale in questa trasformazione è il passaggio dai DFD agli structure chart. Tale trasformazione è stata per così dire "codificata" in una tecnica che prende il nome di *Transform Analysis* [51]. Si tratta di una strategia di trasformazione, non di un vero e proprio algoritmo (un algoritmo, se seguito meticolosamente, garantirebbe sempre l'ottenimento di un determinato risultato). Come tutte le strategie, nella Transform Analysis serve una certa dose di esperienza poiché, da un lato molte decisioni sono soggettive, dall'altro si tratta di un procedimento costruito per tentativi e raffinamenti successivi. Non c'è alcuna garanzia di ottenere il risultato "perfetto", né di ottenere un esito soddisfacente al primo tentativo.

La Transform Analysis è un'euristica che si basa su cinque passi:

Passo 1 Disegnare uno o più diagrammi DFD rappresentando (al livello di dettaglio e di astrazione desiderati) i processi[11] essenziali del sistema.

Passo 2 Identificare le trasformazioni centrali presenti in ogni diagramma DFD disegnato al passo precedente e oggetto della conversione in structure chart.

Passo 3 Convertire ognuno di questi diagrammi DFD in una prima bozza di structure chart.

Passo 4 Effettuare dei raffinamenti successivi sugli structure chart così ottenuti, applicando su ciascun modulo i criteri di design suggeriti dal Design Strutturato (ad esempio, aumentare la coesione interna e ridurre l'accoppiamento verso l'esterno).

Passo 5 Verificare che la struttura finale di ciascun structure chart soddisfi buoni criteri di qualità (oltre a definire moduli caratterizzati da alta coesione e basso accoppiamento, è importante che la gerarchia di moduli mantenga una corrispondenza con i processi essenziali nel dominio del problema rappresentati nei DFD).

Attorno al passo 2 ruota tutta la tecnica della Transform Analysis. In linea di principio, l'identificazione della *trasformazione centrale* inizia con la costruzione di una partizione dei processi di un diagramma DFD in tre gruppi. I primi due gruppi sono costituiti da processi che realizzano *attività di input* (attività che producono dei flussi di input per la trasformazione centrale) e da processi che realizzano *attività di output* (analogamente, si tratta di attività che ricevono i flussi di output della trasformazione centrale). Il terzo gruppo contiene i processi rimanenti che sono i candidati a formare la trasformazione centrale (Figura 2.19).

⬇ **TERMINOLOGIA**
Trasformazione centrale

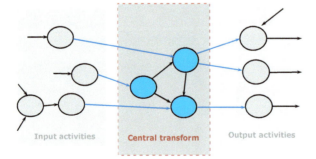

Input activities   **Central transform**   Output activities

Partizionamento dei processi in un DFD per identificare la trasformazione centrale

FIGURA 2.19

La giustificazione pragmatica di questo passo è che il processo di creazione di uno structure chart viene semplificato di molto se mettiamo in secondo piano i dettagli meno importanti del particolare processo ana-

---

11   Nella formulazione originaria, la Transform Analysis si riferisce ad una caratterizzazione particolare dei processi chiamata *transazione*. Una transazione rappresenta un processo in termini di cinque componenti distinte: *event, stimulus, activity, response, effect*. Tale caratterizzazione, tuttavia, può ancora essere assimilata alla definizione di processo che abbiamo fornito, senza perdita di generalità.

>> **Nell'approccio Model-Based ogni modello non assume valore solo per le informazioni che contiene, ma influenza anche la costruzione degli altri modelli, contribuendo ad uno sforzo coordinato di analisi e progettazione.**

>> La trasformazione centrale identifica le funzioni essenziali di un sistema attorno a cui si svolge la logica principale di un intero processo. Essa costituisce anche un modo per individuare i processi chiave di un DFD.

lizzato e ci concentriamo invece solo su quelle attività attorno alle quali si snoda la logica e le trasformazioni di dati più rilevanti. La trasformazione centrale così definita, infatti, identifica di norma quella porzione di DFD che contiene le funzioni essenziali di un sistema.

Il procedimento appena descritto sembra di semplice applicazione, ma non sempre caratterizzare un processo come sorgente di input (o di output) per una trasformazione centrale è un'operazione ovvia. Non va poi dimenticato che i processi di analisi e design sono tipicamente delle attività umane, automatizzabili solo in parte, per cui una certa dose di soggettività rimane intrinsecamente legata alla scelta dei nomi, al significato che ad essi si dà, oppure al livello di dettaglio e di astrazione presenti in ciascun diagramma. Nella definizione della Transform Analysis, ad esempio, rimangono volutamente aperti alcuni problemi: quanti structure chart costruire, quali diagrammi DFD convertire, come identificare le trasformazioni centrali.

■ **ESEMPIO 2.10 TRASFORMAZIONE DI UN DFD IN UNO STRUCTURE CHART**

Consideriamo il sistema per la gestione degli ordini on-line descritto nella Sezione 2.3.2 e immaginando che il passo 1 della Transform Analysis abbia prodotto come risultato il diagramma DFD relativo all'attività di registrazione di un nuovo ordine, che riportiamo in Figura 2.20. Il passo successivo prevede l'identificazione della trasformazione centrale (evidenziata in blu) espressa dal DFD in questione. Un metodo efficace per farlo consiste nel selezionare i flussi che connettono le varie attività (anch'essi disegnati in blu). A partire da tali flussi, andiamo alla ricerca di quegli input che sono stati raffinati ma che non sono stati ancora impiegati nelle più importanti attività di elaborazione. Nel nostro caso, il DFD inizia con il raffinamento del dato **customerId** nel dato **validCustomerInfo** per effetto dell'attività 1.1 (**ValidateCustomerAccount**).

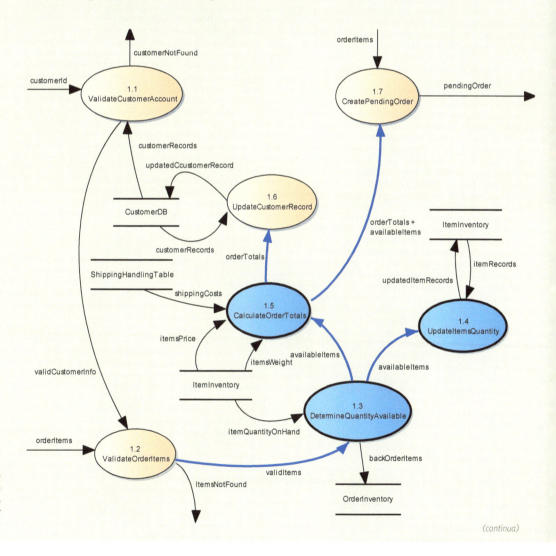

Diagramma DFD per la registrazione di un ordine in un negozio virtuale online

FIGURA 2.20

(continua)

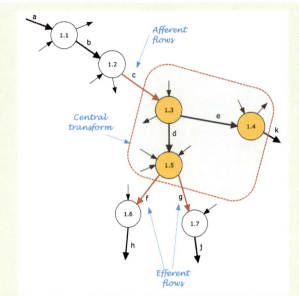

(Esempio 2.10 — continua da pag. 51)

Trasformazione centrale del diagramma di Figura 2.20 creata con la Transform Analysis

FIGURA 2.21

"Boss" role

SYSTEM

INPUT   OUTPUT

PROCESS

Questo processo non elabora in modo sostanziale i dati di input: da una funzione di validazione è ragionevole attendersi lo svolgimento di operazioni di formattazione, raffinamento e preparazione per le attività successive, quindi non può essere considerata parte della trasformazione centrale. Analogamente, arriviamo alle stesse conclusioni per l'attività 1.2 (`ValidateOrderItems`), anch'essa dedicata a una validazione (questa volta si tratta dei prodotti inseriti nell'ordine).

Apparentemente potremmo utilizzare lo stesso ragionamento anche per l'attività 1.3 (`DetermineQuantityAvailable`) il cui compito principale è di trasformare il dato `validItems` nell'output `availableItems`. In questo caso, tuttavia, possiamo aspettarci che la verifica della giacenza di un prodotto in magazzino non sia una semplice operazione di validazione e riformattazione dei dati poiché a essa potrebbero essere associate importanti politiche aziendali. Nel caso in cui la disponibilità del prodotto scendesse al di sotto di una certa soglia, indipendentemente dall'ordine corrente, potrebbe infatti partire un secondo ordine, rivolto al fornitore, con l'obiettivo di aumentare la giacenza complessiva. Sulla base di questa considerazione (soggettiva!), decidiamo di far corrispondere al processo 1.3 l'inizio della trasformazione centrale.

Procedendo con simili ragionamenti, accorpiamo alla trasformazione centrale anche le attività 1.4 (`UpdateItemQuantity`) e 1.5 (`CalculateOrderTotals`) che riteniamo essere essenziali nella creazione di un ordine. Per quanto concerne l'attività 1.6 (`UpdateCustomerRecord`) di aggiornamento del database clienti, notiamo come il focus principale si sposti qui dall'ordine al cliente. Nel contesto di una procedura per la gestione di un ordine, possiamo ritenere secondarie le informazioni relative al cliente, quindi non includiamo tale attività nella trasformazione centrale (altra valutazione soggettiva). L'attività 1.7 (`CreatePendingOrder`), infine, crea un ordine "pendente" in quanto quest'ultimo dovrà poi essere preparato per la spedizione. Un ordine pendente consiste nell'aggregazione di una serie di dati prodotti dall'attività 1.5; anche in questo caso non consideriamo il suo contributo come una funzione centrale del diagramma.

In conclusione, la trasformazione centrale identificata è composta dalle attività 1.3, 1.4 e 1.5 evidenziate in giallo nella Figura 2.21. Per mettere in evidenza sia i flussi che connettono tra loro le varie attività, sia la trasformazione centrale, il diagramma di Figura 2.21 riporta solo i numeri di attività e non il loro nome. Anche i nomi reali dei dati in input/output sono stati sostituiti con delle lettere (ad esempio, `customerId` viene rappresentato dalla lettera **a**, `validCustomerInfo` dalla lettera **b**, e così via). Sono stati soppressi del tutto, invece, i nomi di tutti i dati non facenti parte dei flussi che collegano le attività (ad esempio, flussi da e verso i repository).

In Figura 2.21 abbiamo infine evidenziato i flussi entranti (**c**) e quelli uscenti (**f**, **k** e **g**) rispetto alla trasformazione centrale. Tali flussi vengono detti rispettivamente *flussi afferenti* (forniscono dati di input alla trasformazione centrale) e *flussi efferenti* (producono dati di output dalla trasformazione centrale). Sfrutteremo queste informazioni come "pivot" attorno al quale costruire nel passo successivo la prima bozza di structure chart. Il diagramma dei processi ottenuto nel passo 2 della Transform Analysis, grazie alla nozione della trasformazione essenziale, fornisce una rappresentazione succinta del DFD di Figura 2.11 nella sua forma più primitiva ma non triviale.

Nel passo 3 della Transform Analysis si definisce il primo structure chart derivato dal DFD. Uno structure chart, rispetto a un DFD, è una rappresentazione gerarchica dei processi, descritta mediante moduli, in cui si rappresentano (indirettamente) aspetti inerenti la logica di controllo. Ricordando la relazione "Chiamante-Chiamato" (Figura 2.13), ogni modulo "padre" funge da "capo" (boss) per i moduli "figli" da lui invocati. Una strategia per definire lo structure chart prevede la creazione di un nuovo modulo che coordina le attività della trasformazione centrale. Questo modulo "controllore" rappresenta tutte le funzionalità dell'intero DFD e quindi sarà la radice dello structure chart. Per come abbiamo scelto le attività della trasformazione centrale, lo structure chart derivato sarà conforme al *modello HIPO* (*Hierarchical-Input-Process-Output*) [15][72], in cui i rami della gerarchia più periferici rappresentano processi che svolgono prevalentemente operazioni di acquisizione degli input (posti a sinistra della radice) e di produzione degli output (posti a destra della medesima radice). I moduli che discendono centralmente dalla radice rappresentano invece processi che svolgono compiti di elaborazione essenziali nel contesto della trasformazione centrale.

(continua)

(Esempio 2.10 — continua da pag. 52)

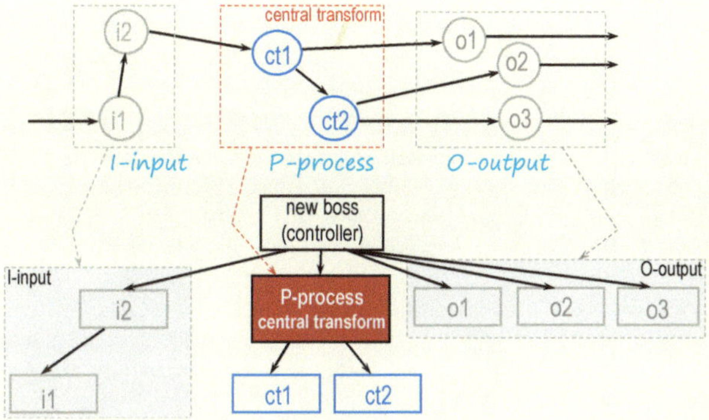

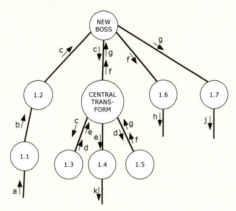

Euristica di mappatura processi - moduli aderente al modello HIPO

FIGURA 2.22

Sulla base di questo modello, possiamo definire un'euristica per rimappare la struttura dei processi di un DFD in una rappresentazione gerarchica a tre componenti: un "ramo" periferico I-input, uno centrale P-process, e un altro ramo periferico O-output, come illustrato in Figura 2.22. Tutte le attività che producono (anche indirettamente) i flussi afferenti della trasformazione centrale andranno nel ramo I-input, mentre quelle che ricevono (anche indirettamente) i flussi efferenti verranno collocate nel ramo O-output. La trasformazione centrale discenderà immediatamente dalla radice dello structure chart. Disponiamo in questo modo i nodi delle singole attività di Figura 2.21 secondo la struttura suggerita dalla scomposizione HIPO. Su ciascuna connessione mostriamo il flusso dei dati in input e in ouput. Otteniamo così il diagramma di Figura 2.23, nel quale ad esempio, il nodo 1.1 riceve in input il dato **a** e fornisce in output il dato **b** (che a sua volta sarà input per il nodo 1.2, e così via).

Coordinamento delle attività della trasformazione centrale nel passaggio da DFD a structure chart

FIGURA 2.23

L'ultimo passo per costruire la prima bozza di structure chart consiste nel sostituire i cerchi rappresentativi le attività (processi) con i rettangoli che definiscono i moduli, adottando opportune convenzioni sui nomi. Possiamo ad esempio etichettare provvisoriamente i moduli che forniscono dei dati in input come moduli "**GET**" e quelli che elaborano dei dati in output (sempre rispetto alla trasformazione centrale) come moduli "**PUT**". I moduli di elaborazione, invece, possono essere per ora etichettati mediante le lettere che contraddistinguono i dati prodotti (un modulo che produce in output i dati **d** ed **e** viene chiamato quindi **DE**). I moduli che interagiscono direttamente con una sorgente di dati vengono infine etichettati come "**READ**" se leggono da essa, oppure "**WRITE**" se invece scrivono su di essa. Lo structure chart risultante è illustrato in Figura 2.24.

Processo di costruzione dello structure chart ottenuto con la tecnica della Transform Analysis

FIGURA 2.24

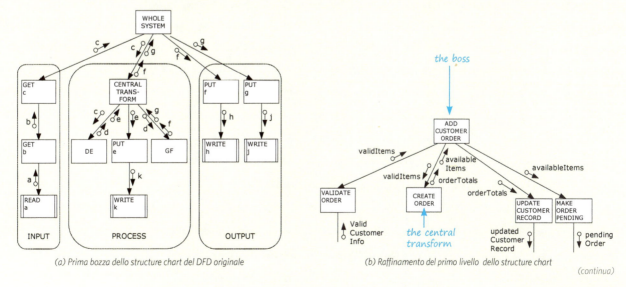

(a) *Prima bozza dello structure chart del DFD originale*

(b) *Raffinamento del primo livello dello structure chart*

(continua)

(Esempio 2.10 — continua da pag. 53)

Il passo 3 della Transform Analysis prevede che lo structure chart abbozzato sin qui venga ulteriormente raffinato, aggiungendo dettagli (ad esempio, sostituendo le etichette provvisorie di attività e dati mediante i corrispondenti nomi reali, oppure introducendo ulteriori dati di input/output e/o flag) e prendendo alcune decisioni di design (ad esempio, scomporre un modulo in più parti per aumentarne la coesione interna).

Due ulteriori decisioni vengono prese in questo momento: il nome da attribuire al modulo radice e quello che identifica la trasformazione centrale. In entrambi i casi non c'è una corrispondente astrazione nel DFD originale. Nel primo caso, possiamo però riutilizzare il nome dell'attività che ha originato il DFD oggetto della Transform Analysis, ossia `AddCustomerOrder`. In questo modo riusciamo a ripristinare la corrispondenza cercata con i modelli di analisi. Per la trasformazione centrale, dobbiamo trovare un nome che ne sintetizzi l'effetto globale, partendo dalle attività `DetermineQuantityAvailable`, `UpdateItemsQuantity` e `CalculateOrderTotals`. Optiamo per il nome **CREATE ORDER**. Procediamo attuando queste decisioni, livello per livello, nello structure chart di Figura 2.24a. Lo structure chart finale, limitatamente al primo livello al di sotto della radice, è illustrato in Figura 2.24b.

L'ultimo passo della Transform Analysis è sostanzialmente un passo di validazione del risultato finale. Creare nuove astrazioni, dividere moduli, aggiungere dati sono tutte decisioni speculative di design che però non dovrebbero precludere la possibilità di raggiungere una chiara corrispondenza tra la struttura del problema e quella della soluzione.

Il Design Strutturato promuove sistemi con basso accoppiamento tra i moduli e alta coesione interna a ciascun modulo

Oltre a fornire una soluzione a un problema, un altro aspetto importante nell'ambito del Design Strutturato consiste nel garantire un buon livello di manutenibilità del sistema finale. Ogni structure chart ottenuto per mezzo della Transform Analysis viene quindi validato anche in base a determinate linee guida volte ad assicurare l'applicazione di "buone regole" di design. Ciò significa che dobbiamo essere in grado di "misurare" quanto un design sia facilmente manutenibile, comprensibile, modulare, eccetera. I due più importanti criteri in questo contesto sono la minimizzazione del grado di accoppiamento (dipendenza) tra moduli e la massimizzazione della coesione interna di ciascun modulo.

La Transform Analysis mette in evidenza un aspetto chiave: il passaggio dall'analisi alla soluzione. Il Metodo Strutturato è nato e si è sviluppato a partire dal "basso", ossia dalla programmazione, per abbracciare in un secondo momento prima il design e poi l'analisi. La sua diffusione è stata principalmente una risposta ai metodi di sviluppo ad hoc, i cui sistemi software venivano progettati a partire da "strutture predeterminate" focalizzate sugli aspetti implementativi, anziché sul problema da risolvere. Piuttosto che preoccuparsi di mantenere una corrispondenza tra l'analisi e l'implementazione, gli sviluppatori concentravano i loro sforzi principalmente a livello della macchina fisica di calcolo, risolvendo compiti come accedere alla memoria, condividere risorse tra processi diversi, progettare una struttura dati "super-efficiente", eccetera. L'analisi del problema era quantomeno superficiale e il design praticamente assente. I "trucchi di programmazione" erano considerati all'epoca i "veri problemi" da risolvere, la parte difficile del mestiere di sviluppatori.

Il Metodo Strutturato si proponeva di ribaltare questo insieme di prospettive e convinzioni. Con l'aumento della complessità dei problemi da risolvere e della dimensione dei sistemi software da costruire, il trend di (in)successo delle metodologie ad hoc iniziò ben presto a essere evidente. Sempre più progetti venivano abbandonati prima del loro completamento, oppure venivano immessi sul mercato con funzionalità parziali, superando il budget previsto e sforando regolarmente anche i tempi di consegna. La concentrazione di quasi tutte le energie sul fronte della soluzione rese drammatico l'impatto di un fenomeno già emergente all'epoca: la *modifica frequente dei requisiti* e la conseguente necessità di *manutenzione* della soluzione. Un cambiamento dei requisiti comportava la necessità di ritornare all'analisi, alterando un corpo di conoscenze che si riteneva ormai congelato e stabile, una volta approdati al design. Ancor più complicato era poi correlare le modifiche del problema con la struttura del software.

La forte correlazione tra problema e soluzione incoraggiata nel Metodo Strutturato nasce quindi dalla lucida comprensione che una perdita di contatto con l'analisi e il dominio applicativo produce conseguenze

>> La Transform Analysis incarna un tentativo sistematico di riduzione della frattura che si veniva a creare tra modelli orientati al problema e modelli orientati alla soluzione informatica.

disastrose sia a livello architetturale, sia a livello di comunicazione (basti pensare ai nomi utilizzati per dar forma al software, identificando strutture dati, procedure, e algoritmi, anziché concetti del problema). Poiché queste scelte rappresentano un elemento di stacco tra il "mondo strutturato" e tutto ciò che c'era prima, di seguito le analizziamo nel dettaglio, per capire come una soluzione strutturata dovrebbe essere costruita. L'Esempio 2.11 esplicita più chiaramente la tensione esistente tra le architetture centralizzate, figlie degli approcci ad hoc antecedenti la scuola strutturata, e quelle gerarchiche da quest'ultima incoraggiate.

Da un punto di vista architetturale, tutti i sistemi nelle metodologie ad hoc venivano organizzati secondo un criterio comune, indipendentemente dal problema che risolvevano. Ad esempio, molte delle procedure interne di un programma venivano sistematicamente suddivise in tre sottoprocedure: una per gestire i dati di input, una per gestire la logica di elaborazione, e una per produrre i dati di output. Questa organizzazione ricalcava il modello HIPO con cui venivano organizzati i moduli. Essa, tuttavia, veniva applicata anche all'analisi e a livelli di granularità molto più fini (quelli delle singole procedure).

Manifestando ulteriormente lo sbilanciamento verso decisioni di carattere implementativo, l'organizzazione HIPO veniva spesso combinata con un altro "schema fisso": la necessità di definire una procedura principale come punto di ingresso e, al contempo, radice della scomposizione modulare dell'architettura. Questa sorta di procedura "main", (nota anche come modulo "manager" o "controller"), era responsabile di invocare tutte le altre procedure contenute nei rimanenti moduli[12].

Questi esempi ci fanno capire come le architetture dell'epoca fossero influenzate fortemente dalla *logica di controllo* ("chi" chiama "chi"), più che dalla natura dei compiti del problema da risolvere. Poiché le decisioni più importanti, come l'ordine con cui vengono chiamate le procedure interne di un sistema, venivano prese nella procedura principale, tale schema venne ben presto associato allo *stile centralizzato* di distribuzione del controllo. Le architetture basate su di esso vennero quindi chiamate *architetture centralizzate*.

◉ VEDI ANCHE
Le strutture centralizzate contrapposte a quelle gerarchiche sono state introdotte in Figura 2.4 a pagina 28.

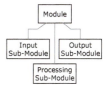

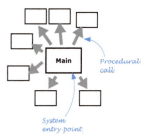

ESEMPIO 2.11 LA STRUTTURA GERARCHICA DEL DESIGN NEL METODO STRUTTURATO

Consideriamo ancora una volta l'esempio del sistema per l'acquisto di prodotti online. Immaginiamo di non aver eseguito né l'Analisi Strutturata, né la Transform Analysis. Supponiamo invece di aver costruito una struttura modulare applicando le euristiche di design ad hoc. In particolare, partiamo dalla struttura di Figura 2.1 a pagina 23 per riorganizzare il modulo `Add Customer Order` in modo da suddividerlo in tre moduli, per gestire rispettivamente l'input, l'output e le azioni di elaborazione dell'ordine (attività miste di input e output).

Dopo una breve analisi, supponiamo di aver deciso di mantenere inalterati i moduli `Add Products to Shopping Cart` e `Update Inventory`, poiché ben riflettono le attività di input (il primo) e di output (il secondo) nel processo di acquisto prodotti. Il problema nasce con i due moduli di creazione (`Make Order`) e di validazione (`Validate Order`) dell'ordine d'acquisto, dato che lo schema prevede un'unica procedura di elaborazione. Decidiamo quindi di fondere i moduli `Make Order` e `Validate Order` in un unico modulo di processing, chiamato `Make and Validate Order`.

Il modulo `ShipOrder` mal si presta ad essere inserito nello schema Input-Process-Output costruito attorno al modulo `AddCustomerOrder`. La spedizione di un ordine, infatti, descrive un'attività indipendente dalla sua creazione. Per questa ragione, appare sensato spostare `ShipOrder` al di fuori di `AddCustomerOrder`.

La struttura così ottenuta può ora essere combinata con la presenza di un modulo principale, che chiameremo `Main`, il quale "orchestrerà" l'esecuzione di tutto il sistema di acquisto online. Il compito del modulo `Main` è di creare la logica di controllo che lega tutti i sottoprocessi di `AddCustomerOrder`, così come quelli degli altri moduli, in modo da costruire l'intero processo di gestione di un ordine, dall'inserimento dei prodotti nel carrello virtuale fino alla chiusura dell'ordine stesso (ad avvenuta consegna). La Figura 2.25 illustra una possibile struttura per il sistema di acquisto prodotti, organizzata secondo lo stile centralizzato appena descritto.

Per implementare l'intero processo di acquisto, il modulo `Main` dovrà chiamare in sequenza, prima i sottomoduli di `Add Customer Order`, poi tutti gli altri moduli responsabili rispettivamente della spedizione dei prodotti (`Ship Order`), della tracciabilità della spedizione (`Track Order`) ed, infine, della chiusura dell'ordine (`Close Order`).

(continua)

---

12 Tale vincolo era un chiaro retaggio dei linguaggi di programmazione procedurale come il C, dove non è possibile scrivere un programma senza introdurre la procedura `main`.

(Esempio 2.11 — continua da pag. 55)

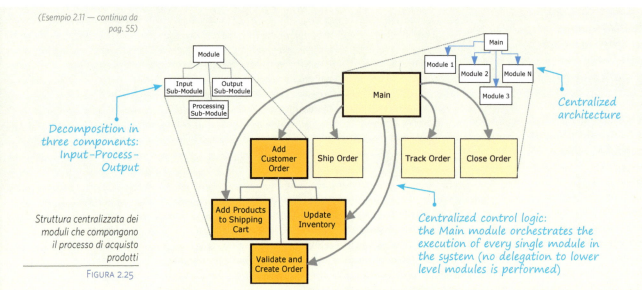

Decomposition in three components: Input–Process–Output

Struttura centralizzata dei moduli che compongono il processo di acquisto prodotti

FIGURA 2.25

Ognuno di questi moduli dovrebbe venire a sua volta scomposto in modo simile a quanto già fatto per `Add Customer Order`, con un ulteriore aumento dell'accoppiamento generale del modulo `Main` con il resto del sistema. Appare ovvio che tutti i ragionamenti impiegati per ottenere questa architettura, pur in qualche modo legati con la natura essenziale del problema, riflettono quasi esclusivamente strutture preconcepite ispirate da specifici meccanismi di implementazione.

Per contro, se avessimo applicato il Metodo Strutturato, avremmo costruito per prima cosa una serie di diagrammi DFD, identificando i processi essenziali `Add Customer Order`, `Ship Order`, `Track Order` e `Close Order`. Avremmo proseguito scomponendo `Add Customer Order` in `Add Products to Shipping Cart`, `Create Order`, `Validate Order` e `Update Inventory` (nessun obbligo qui a soddisfare un criterio di decomposizione limitato a tre sottoattività a livello di processi). A partire da questa scomposizione, avremmo applicato la Transform Analysis per ottenere uno structure chart la cui organizzazione gerarchica rispecchierebbe il diagramma di Figura 2.26.

La topologia di questa nuova architettura produce un sistema di dipendenze in cui il modulo radice (`Main`) dipende solo dai moduli del livello immediatamente inferiore. Attraverso il principio di delega dei compiti, ciascun modulo coordina i propri sottomoduli diretti, delegando a questi il coordinamento dei sotto-sottomoduli, e così via. In tal modo, si costruisce l'intero sistema per raffinamenti successivi, livello dopo livello. Strutture del genere sono sicuramente più manutenibili di quelle centralizzate, poiché l'accoppiamento di ciascun modulo è inferiore (ogni modulo conosce solo un numero limitato di moduli rispetto al totale facente parte del sistema).

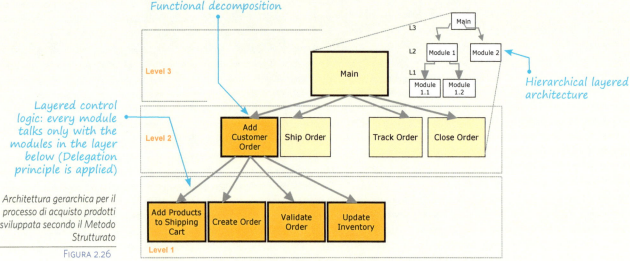

Functional decomposition

Layered control logic: every module talks only with the modules in the layer below (Delegation principle is applied)

Architettura gerarchica per il processo di acquisto prodotti sviluppata secondo il Metodo Strutturato

FIGURA 2.26

Un'altra conseguenza dello "scivolamento" precoce verso aspetti implementativi tipica degli approcci precedenti la diffusione del Metodo Strutturato si manifestava nella decisione di utilizzare un gergo informatico per esprimere (nei termini della "macchina") i concetti del problema da risolvere. Qualsiasi problema reale tendeva a essere modellato mediante un vocabolario relativo al mondo dei computer. Utilizzare un gergo informatico per parlare del problema non è generalmente una buona idea, soprattutto nell'analisi. Il rischio maggiore, oltre al non coinvolgere ade-

L'allineamento tra analisi e design e la conseguente necessità di creare dei modelli basati su rappresentazioni analogiche del mondo reale riflettono tutt'oggi un problema antico: rispondere rapidamente a un cambiamento dei requisiti. Una delle circostanze affatto infrequenti nella pratica è che una piccola modifica alla struttura del problema (causata da un requisito ambiguo o emergente) produce effetti collaterali in molte parti del sistema software, al punto da non consentire previsioni realistiche dell'impatto reale in termini di tempo e sforzo. La metodologia OO e le tecniche discusse nei capitoli successivi, con modalità differenti, tentano di mitigare questa problematica.

Una prospettiva dominante orientata all'implementazione comporta solitamente un aumento dei costi di gestione del progetto evidenti soprattutto nella manutenzione

Un sintomo della prospettiva implementativa è dato da una struttura della soluzione molto diversa da quella del problema

guatamente gli esperti di dominio, consiste nel costruire delle specifiche dei requisiti spesso ambigue, incomplete, o incomprensibili, con l'effetto di confondere gli analisti. Che significato potranno avere i termini "Main", "Order Manager" e "Order Controller" per un esperto di gestione del magazzino prodotti? E per un esperto di logistica dei trasporti? Quali sono le responsabilità di un "Order Manager"? Come impedire che esso diventi l'astrazione centrale del design, dove si prendono *tutte* le decisioni poiché risulta difficile dire di cosa esso *non* è responsabile?

Questa prospettiva informatica non aiutava a chiarire termini apparentemente ovvi, che diventavano facili fonti di ambiguità. Si pensi allo stesso concetto di "ordine", che per il responsabile delle scorte di magazzino ha un significato diverso (ordine al fornitore del prodotto) rispetto a quello che gli dà il responsabile delle vendite (ordine del cliente). Non riconoscere la diversa natura del termine "ordine" in questi due contesti comporta un'evidente fonte di problemi, indipendentemente dal tipo di modello che si va a costruire. Il risultato più evidente di questa prospettiva implementativa fu un aumento dei costi di gestione del progetto. **I programmatori, usando schemi fissi orientati alla macchina, dovevano continuamente "pervertire" la natura del problema per adattarlo alla struttura preconfezionata dei programmi, forzando il problema stesso ad adattarsi alla soluzione**. Ogni volta che cambiava un requisito, bisognava rimappare i concetti influenzati dal cambiamento, nonché le loro mutue relazioni, nei corrispondenti concetti (e relazioni) della soluzione.

Quando la struttura del problema e quella della soluzione tendono a essere molto diverse tra loro, non è affatto chiaro come effettuare questa mappatura, e quindi come intervenire nel sistema informatico per adattarlo al cambiamento in modo *economicamente conveniente*. Un'altra fonte di aumento dei costi poi era causata dalla sempre più evidente frattura di linguaggio tra gli attori coinvolti, con il risultato di avere esperti di dominio e programmatori non allineati sia a livello di modelli mentali, sia rispetto ai termini usati per comunicare gli aspetti chiave del problema su cui lavorare. Ciò che serviva era una struttura portante comune tra problema e soluzione, imperniata su concetti chiave e proprietà essenziali del problema.

Il Metodo Strutturato descrive tale struttura portante mediante la costruzione di modelli di analisi basati sui DFD. Purtroppo, come risulta evidente dall'adozione di schemi che ricalcano il modello HIPO nella progettazione architetturale costruita attorno agli structure chart, questa struttura portante nella corrispondenza tra problema e soluzione viene decisamente indebolita, se non del tutto compromessa, passando al Design Strutturato. La diversa natura dei modelli di analisi rispetto a quelli di design (da un grafo nei DFD si passa poi a un albero negli structure chart) favorirà lo sviluppo di altre metodologie apparse nel tempo come alternativa più adatta a creare rappresentazioni analogiche del mondo reale. I due più importanti metodi in tal senso furono l'Analisi dei Dati e il Metodo Orientato agli Oggetti (esaminato nel prossimo capitolo).

2.6. Sintesi dei Concetti Principali

I diagrammi DFD sono il principale strumento di analisi proposto dal Metodo Strutturato, mentre gli structure chart rappresentano il naturale strumento utilizzato nel design. I DFD sono una notazione grafica che permette la costruzione di modelli partizionabili e caratterizzati dallo scambio di dati tra processi, nascondendo invece la logica di controllo.

Una delle idee chiave del Metodo Strutturato consiste nel definire una partizione "interessante" del dominio applicativo espressa per mezzo di black-box. La partizione, organizzata in modo gerarchico, suddivide un processo complesso in un insieme di processi più semplici, per mezzo di un criterio di scomposizione funzionale. I vari sottoproblemi vengono rappresentati mediante la tecnica delle black-box, che nei DFD assume la forma di processi mentre negli structure chart prende l'incarnazione dei moduli software. Il meccanismo di scomposizione dei processi permette di rappresentare il sistema a diversi livelli di dettaglio: dal diagramma sintetico di livello 0 (diagramma di contesto), attraverso una serie di diagrammi intermedi, si passa a uno o più diagrammi che evidenziano i processi elementari, non ulteriormente scomponibili.

L'utilizzo dei DFD fornisce delle rappresentazioni di un sistema mediante la prospettiva dei flussi di dati e dei processi che li trasformano, piuttosto che dalla prospettiva dell'utente. Seppure l'analisi di un sistema software viene spesso guidata dalle interazioni dell'utente, considerare le funzionalità solo da questo punto di vista non riesce a mostrare come vengano trasformati i dati, a partire dal loro inserimento nel sistema fino alla produzione degli output desiderati. Questo è invece il punto di forza dei DFD. **Seguendo idealmente i flussi di dati, si possono apprezzare tutti i processi coinvolti in una trasformazione, evidenziando meglio ogni workflow[13] interno al sistema**. Non solo: il raffinamento dei processi nei DFD di secondo livello produce un raffinamento parallelo dei dati, colti nel loro movimento attraverso i processi che animano l'applicazione [60]. Per questa caratteristica di "seguire dall'interno" il movimento dei dati, l'approccio incoraggiato dai DFD viene anche descritto come un approccio "sistemico". Questa "inversione della prospettiva" va vista come una tecnica complementare rispetto all'approccio più orientato alle azioni dell'utente. **È proprio grazie all'integrazione di diverse notazioni e prospettive che siamo in grado di costruire modelli più profondi, ossia modelli che "catturano" sfaccettature diverse di un dominio applicativo**. Si tratta, prima ancora di un aspetto notazionale, di un'attitudine ad analizzare il contesto del problema secondo prospettive ortogonali, in modo da fornire, in un momento successivo e con le notazioni più espressive, una comprensione profonda e solida del funzionamento di un sistema software.

2.7.   Bibliografia Ragionata e Riferimenti

Il Metodo Strutturato viene descritto da Constantine e Yourdon nel testo capostipite della scuola strutturata [81]. In questo libro viene fornita una descrizione dettagliata della Transform Analysis. Un'analisi sintetica ma lucida di tutto l'approccio con una ricorrente enfasi rivolta al riuso delle specifiche viene invece presentata in [17]. La notazione dei DFD viene introdotta assieme a linee guida e osservazioni derivanti dall'esperienza pratica dell'autore che sicuramente costituiscono uno dei punti di forza del testo. L'apprendimento del metodo viene rafforzato da molti esempi, alcuni dei quali discutono errori ricorrenti nella modellazione dei flussi di dati e dei processi, similmente a quanto illustrato in questo capitolo.

Page-Jones [51] e Yourdon [80] presentano l'approccio "moderno" alla Analisi Strutturata. Questa evoluzione della scuola strutturata fu introdotta negli anni '80 per superare i problemi di gestione della complessità che gli analisti incontravano applicando la scomposizione funzionale, in particolare nell'identificazione del "giusto" numero di processi. La nuova strategia si basa sulla nozione di evento. Ciascun evento che accade nel mondo esterno per il quale il sistema dedicato deve fornire una risposta viene fatto corrispondere a un processo e tutta la scomposizione ruota attorno a tale caratterizzazione. Questa tecnica ha alleviato alcuni punti deboli del metodo, ma non ha risolto i problemi fondamentali che verranno invece affrontati solo con l'introduzione dei tipi di dato astratto e la diffusione del Metodo Orientato agli Oggetti. Ciononostante, i lavori di Page-Jones e Yourdon hanno una grande valenza didattica. Alcuni esempi discussi in questo libro sono stati tratti (e in parte rielaborati) proprio dal testo di Page-Jones (ad esempio il sistema di pagamento degli stipendi discusso nella Sezione 2.3.5).

Oltre ai già citati testi "storici" sui DFD e sul Metodo Strutturato, due interessanti lavori sono il libro sull'analisi dei sistemi di Kenneth e Julie Kendall [35], annoverato tra i testi classici, e quello sulla metodologia FOOM

---

13   Un workflow, letteralmente "flusso di lavoro", è un modello per descrivere la gestione informatica dei compiti inerenti la realizzazione di un processo lavorativo, unitamente ai diversi attori coinvolti.

(*Functional-Object-Oriented Methodology*) di Peretz Shoval [70]. Seppure non espressamente dedicato ai DFD, il primo libro contiene diversi casi di studio e un paio di capitoli dedicati all'argomento, evidenziando tecniche e linee guida sulla costruzione dei diagrammi DFD (di contesto e di processi) mediante l'approccio strutturato. Esso fornisce una delle sintesi più efficaci apparse ultimamente nei testi di ingegneria del software, con una forte connotazione diagrammatica per spiegare gli usi "buoni" e quelli errati della notazione. L'esempio del sistema di gestione degli ordini online è stato ispirato da uno dei casi di studio discussi in tale libro.

Il lavoro di Shoval, invece, ha un taglio un po' più di "ricerca" poiché tenta di fondere l'approccio a oggetti con l'analisi funzionale basata sui DFD. Come spesso accade quando si propongono metodologie proprietarie o dal taglio accademico, un punto debole può essere il limitato supporto fornito dai tool di modellazione, generalmente più orientati a integrare metodi consolidati e standard. Non ci sono ancora, inoltre, sufficienti riscontri empirici che forniscano una validazione della metodologia FOOM.

Oltre ai libri, esistono inoltre alcuni utili materiali disponibili sul Web. I lucidi relativi al corso sull'Analisi Strutturata di Adriano Comai[14] forniscono un'ottima sintesi dei concetti essenziali sui DFD, sui punti di forza e sulle limitazioni (in parte ripresi anche in questo capitolo).

In contemporanea al Metodo Strutturato, si sono diffusi approcci alternativi, più o meno focalizzati sulla rappresentazione sia dei modelli di dati, sia dei processi, che hanno avuto però meno fortuna. Tra questi va citato il metodo SADT (*Structured Analysis and Design Technique*), proposto da Douglas T. Ross[15] [63][64]. SADT ebbe una notevole fortuna in Italia negli anni '80, essendo tra l'altro alla base della metodologia "Dafne" del gruppo Finsiel [23]. Il lavoro di Ross è stato utilizzato anche in ambiti militari e avionici, ad esempio nella metodologia IDEF0 (*Integration Definition for Functional Modeling*)[16] adottata presso il Dipartimento di Difesa degli Stati Uniti. Come appare evidente leggendo i documenti relativi a queste metodologie, l'influsso della scuola strutturata permea le notazioni, articolate in termini di black-box per la rappresentazione dei processi. Anche la scomposizione in sottofunzioni è organizzata in livelli gerarchici, come nei DFD. Un'altra notazione per descrivere modelli di dati e processi sviluppata in quegli anni fu quella proposta da Jean-Dominique Warnier (in Francia) e Kenneth Orr (negli Stati Uniti) e che prese il nome dai suoi autori: Warnier-Orr [50]. Rispetto ai DFD, tale notazione descrive i processi spostando l'enfasi su strutture di logica di controllo come le iterazioni e le selezioni (if-then-else). Per tale ragione, essa viene considerata più vicina ai diagrammi di flusso che ai DFD. Uno dei maggiori svantaggi di tale metodo è il basso livello di descrizione dei processi, specialmente ai livelli di specifica più dettagliati, costruendo dei modelli difficili da manutenere. Altri due metodi popolari negli anni '70 e legati alla scuola strutturata furono HIPO (*Hierarchical Input Process Output*) e Jackson. Il primo fu ideato in IBM [15] come metodo per progettare e documentare sistemi software rappresentati mediante moduli organizzati in gerarchie sulla base dei loro input, output e delle attività di processing (input/output). Per chi volesse approfondire l'utilizzo della metodologia nell'ambito del Design Strutturato può consultare il libro scritto da W.H. Roetzheim: Structured Design with HIPO II [62].

Il secondo metodo, come fu per Warnier-Orr, prese il nome dal suo ideatore, Michael Jackson [27]. Esso venne concepito per rendere più comprensibile la struttura dei programmi COBOL. Essendo basato sulle strutture di controllo utilizzate nei linguaggi imperativi, lo stile diagrammatico proposto da Jackson può essere impiegato al di fuori del COBOL, e questa generalità ne ha probabilmente favorito l'adozione, tant'è che tuttora, pur soppiantato in larga misura dalle notazioni Object-Oriented, esso viene ancora supportato da qualche strumento come Microsoft Visio™.

---

14 http://www.analisi-disegno.com
15 Ross è anche noto per essere stato il primo a coniare il termine CAD (Computer Aided Design) e per aver fondato l'azienda SoftTech, uno dei primi produttori di compilatori Pascal.
16 Lo standard IDEF0 è scaricabile dal sito http://www.idef.com/pdf/idef0.pdf

Supporting process

Waterfall
↑ **24**
VEDI SEZIONE 2.2.1

Supporting principles

Delegation
↑ **28**
VEDI SEZIONE 2.2.3

Modules
ure charts
HIPO model

Transform analysis

Supporting techniques

DFD notation

Elements (nodes)
Process
Repository
Entity

Relations (links)
Data flow

Cohesion
Coupling
Cyclomatic complexity

Metrics

Model organization

Hierarchical layers
Context diagram
Process decomposition
Hierarchical layered architecture

I Diagrammi Entità-Relazioni e l'Analisi dei Dati
Per comprendere l'Analisi dei Dati, il modello relazionale e le moderne tecniche NoSQL

I Diagrammi dei Componenti e il Metodo Component-Based
Per comprendere il passaggio dalle classi ai componenti e per misurare la qualità di un design OO

APPROFONDIMENTI NEL LIBRO DI PROSSIMA PUBBLICAZIONE

NOTAZIONI METODI TECNICHE

NOTAZIONI TECNICHE

NOTAZIONI METODI TECNICHE

I Diagrammi di Classe e il Metodo Object-Oriented
Per comprendere la fusione di aspetti strutturali e dinamici nelle classi, supportata da un modello di sviluppo iterativo e incrementale

Esercizi

1. Una casa editrice fornisce ai suoi clienti un servizio di *Print On Demand*. Il sistema prevede due tipi di utenti: gli autori e gli acquirenti. Un autore per pubblicare deve fornire i propri dati anagrafici e firmare elettronicamente un contratto con il quale cede i diritti di pubblicazione all'editore, a fronte di una *royalty* su ogni copia venduta. Solo a questo punto il sistema permette all'autore di caricare il file del proprio libro da pubblicare. Una volta caricato il file, questo viene aggiunto al catalogo dei libri in vendita. I clienti acquirenti in qualunque momento possono consultare il catalogo, selezionare un libro, specificare il numero di copie da stampare, pagare e richiedere la spedizione al loro indirizzo. Anche gli acquirenti devono essere registrati per fornire i loro dati anagrafici. Si costruisca un diagramma di contesto (livello 0) e un diagramma DFD (livello 1) per il processo di pubblicazione di un libro. Si applichi poi la Transform Analysis.

2. Si consideri l'attività di un negozio di abiti posto in una galleria commerciale. Si modellino con uno o più diagrammi DFD i processi essenziali (vendita, approvvigionamento capi, saldi, ecc.), individuando opportuni flussi di dati e repository. Si descriva nel dettaglio ciascun processo fino a produrre le minispec.

3. Un ristorante di tipo *"take-away"* (per asporto) riceve delle ordinazioni relative a un menu fisso. Ogni cliente si reca nella postazione di ordinazione, consulta il menu, visualizzando sia le pietanze, sia i prezzi, poi sceglie le portate che vuole portare via e conclude l'ordinazione. Una volta effettuato l'ordine, il cliente si mette in coda in attesa di ricevere il cibo ordinato. Se le pietanze ordinate sono già pronte e confezionate, vengono consegnate immediatamente al cliente, altrimenti l'ordine viene passato alla cucina che le prepara, le confeziona e le consegna. Prima di poter lasciare il ristorante, il cliente passa per la cassa dove paga l'ordinazione e riceve la fattura. Si descriva questo processo mediante diagrammi DFD di livello 0 e 1. Si applichi quindi la tecnica della *Transform Analysis* per costruire uno *structure chart* dei moduli software.

4. Un portale di *e-Learning* consente agli studenti universitari di iscriversi a uno o più corsi, di scaricare il materiale didattico, di effettuare dei test di autovalutazione e, infine, di sostenere l'esame finale. Ogniqualvolta lo studente sottomette un esame, il sistema gli rilascia una ricevuta (un semplice codice numerico) e invia un e-mail al docente del corso a cui si riferisce l'esame. Ciascun docente può scaricare gli esami sottomessi dai propri studenti, commentarne lo svolgimento e assegnare un voto all'elaborato. Tali informazioni vengono salvate dal sistema e rese disponibili agli studenti che vengono contestualmente avvisati dell'esito dell'esame. Si descriva tale sistema attraverso un modello di analisi con diagrammi DFD (livelli 0 e 1) e un modello di design con *structure chart*.

My Assessment

Quali principi o tecniche discusse nel capitolo ritengo più importanti nella mia professione?

Quali di questi principi e/o tecniche applico spesso nella mia attività lavorativa?

My Action Plan

Qual è il mio piano d'azione per migliorare la padronanza che ho degli argomenti trattati nel capitolo?

My Current Approach

Il mio approccio corrente quando analizzo un processo complesso è...

Il mio approccio corrente per definire l'architettura software di un sistema guidato dai processi è...

Il mio approccio corrente per misurare la qualità di un sistema software guidato dai processi è...

Parte 1

CAPITOLO 3

I DIAGRAMMI DI CLASSE E IL METODO OBJECT-ORIENTED

Il capitolo introduce il Metodo Orientato agli Oggetti (OO) e le relative tecniche di modellazione del software.

Dal punto di vista *linguistico*, vengono introdotti i concetti chiave di oggetto, classe, tipo di dato astratto e messaggio. Attraverso la discussione delle varie forme del principio di astrazione, il Metodo OO viene confrontato con quello Strutturato, mostrando come l'impiego dei tipi di dato astratto riduce il rischio di elevato accoppiamento causato dalla scomposizione funzionale.

Dal punto di vista delle *notazioni*, vengono introdotti in questo capitolo i diagrammi di classe UML, con riferimento ai costrutti di classe, interfaccia, package, commenti, note e vincoli. Le relazioni esaminate sono la generalizzazione e la realizzazione (per l'ereditarietà), la composizione e l'aggregazione (per il contenimento), l'associazione e la dipendenza generica. La prospettiva assunta è quella dell'analisi, anche se la distinzione tra analisi e progettazione nel mondo degli oggetti tende ad essere più sfumata rispetto all'approccio strutturato.

Un elemento essenziale per comprendere appieno il paradigma OO è la *consistenza di notazioni*: il passaggio dall'analisi al design nel mondo OO preserva la struttura reticolare dei modelli, eliminando la frattura tra specifiche reticolari (DFD) e specifiche gerarchiche (structure chart), tipiche dell'approccio Strutturato.

Il capitolo termina con la discussione delle *tecniche di modellazione* relative alle CRC card e alla sintesi di modelli.

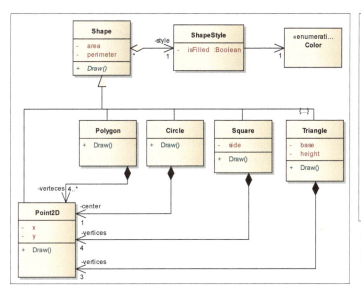

Diagrammi di classe UML. *Descrizione strutturale di un ambito applicativo analizzato attraverso la rappresentazione di concetti e relazioni espressi, rispettivamente, mediante classi e dipendenze.. Ciascuna classe può contenere informazioni aggiuntive: gli attributi (dati) e i servizi (operazioni). Vedi da pag. 101.*

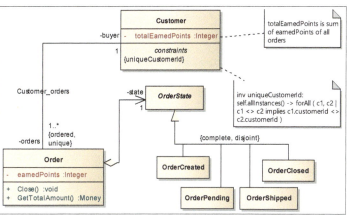

Note e commenti. *Ogni modello può essere annotato con commenti liberi, sotto forma di note, oppure con commenti più strutturati, ad esempio in un linguaggio dedicato, per esprimere vincoli e regole che il modello annotato deve soddisfare. Vedi da pag. 110.*

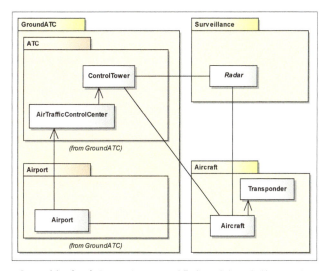

Soggetti (package). *Per organizzare un modello di grandi dimensioni è necessaria una notazione che supporti un criterio di partizionamento. Tale notazione è costituita dai package. Un criterio di partizionamento nell'analisi OO è invece costituito dall'identificazione dei maggiori soggetti del dominio applicativo. Vedi da pag. 99.*

OBIETTIVI DI APPRENDIMENTO

1. Riconoscere i concetti essenziali dell'approccio Orientato agli Oggetti (ad esempio, le diverse forme di relazioni, i tipi di dato astratto, le classi, gli oggetti e i messaggi).

2. Impostare l'Analisi Orientata agli Oggetti e differenziare tale approccio rispetto a quello suggerito dall'Analisi Strutturata.

3. Sfruttare gli strumenti concettuali introdotti dal Paradigma a Oggetti per gestire la complessità dei sistemi software.

4. Applicare gli elementi essenziali della notazione UML, in particolare per descrivere i diagrammi di classe.

5. Applicare alcune strategie utili nell'Analisi Orientata agli Oggetti per scoprire classi e relazioni.

6. Applicare la tecnica di identificazione dei soggetti del dominio applicativo per gestire la complessità di un sistema di grandi dimensioni.

7. Utilizzare la notazione dei package per rappresentare la scomposizione di un dominio di grandi dimensioni in soggetti. Utilizzare i package anche per creare raggruppamenti arbitrari di elementi del modello UML.

Sia il Metodo Strutturato (Capitolo 2), sia quello basato sull'Analisi dei dati (usando notazioni come i diagrammi ER) hanno rappresentato per lungo tempo due approcci in competizione per decretare quale fosse il più efficace metodo di costruzione di sistemi software. Entrambi si basavano su un processo di sviluppo maturo e su appropriate notazioni grafiche utilizzate per documentare i risultati dell'analisi e del progetto. Oltre a ciò, analisti e sviluppatori potevano usufruire di un corpo di tecniche e strategie collaudate. Eppure nessuno dei due approcci si affermò mai come metodo "universale". Pur partendo da obiettivi generali simili, le due scuole di pensiero rimanevano costantemente in contrapposizione e, spesso, anche in chiara competizione. In molti progetti industriali di grandi dimensioni dove venivano assoldati team separati (uno per la progettazione di flussi di dati tra processi, l'altro per la definizione della base di dati), la frattura emergeva su svariati livelli: nella diversa visione del sistema, nelle politiche di gestione del progetto e persino nella comprensione stessa del dominio. Il risultato dell'atteggiamento competitivo tra l'approccio strutturato e quello orientato ai dati è stato ben sintetizzato da Peter Coad e Edward Yourdon nell'introduzione al loro libro sull'analisi orientata agli oggetti [13]. Immancabilmente, sotto la pressione di scadenze, costi e poteri politici, i modelli prodotti dalle due scuole di pensiero finivano per diventare progetti preliminari ricchi di contraddizioni. Poiché entrambi i team ritenevano di possedere ciascuno la visione corretta del dominio, tali contraddizioni rimanevano irrisolte, nella speranza di poterle risolvere in un secondo momento.

Da questa situazione emerse negli anni la necessità di *unificare* gli approcci. Si posero così i presupposti per l'affermazione di un nuovo metodo di analisi, progettazione e sviluppo: il Metodo Orientato agli Oggetti (Metodo OO).

>> **Mentre il gruppo dei DFD continuava a combattere con il problema fondamentale di identificare la scomposizione di processi "perfetta", il gruppo "database" raggiungeva una comprensione solida dei dati rilevanti, senza però riuscire a fornire modelli per rappresentare la dinamica. A peggiorare la situazione, i risultati prodotti dai due team non erano concepiti per fondersi in una singola specifica; anzi il più delle volte si contraddicevano.**

Peter Coad, Ed Yourdon

3.1. Verso un approccio unificato

Per comprendere il Metodo OO è utile analizzare le ragioni tecniche per cui sia il Metodo Strutturato, sia quello dell'Analisi dei dati non riuscirono a imporsi universalmente[1].

La scomposizione funzionale conduce rapidamente a una chiara frattura tra analisi e design

Iniziamo a riesaminare nell'ottica unificata "funzioni-dati" il modello di sviluppo proposto dal Metodo Strutturato. La scomposizione funzionale richiede che gli analisti sappiano mettere in corrispondenza il dominio di un problema (ad esempio, quello della logistica dei trasporti merci oppure della gestione degli ordini online) con una serie di funzioni e sottofunzioni da cui partire per costruire l'impalcatura centrale del sistema software. In questa mappatura dal "mondo del problema" (analisi) alla sua rappresentazione all'interno del sistema software (design), non è sempre facile capire come "tornare indietro", dai nomi delle funzionalità implementate ai concetti del problema.

Questa prima caratteristica è un elemento di debolezza in un metodo di sviluppo del software, in quanto pone le basi per una chiara frattura tra analisi e progettazione. Ci costringe a identificare e comprendere *tutte* le componenti essenziali del problema *prima* di iniziare il design, lasciando pochi margini per i cambiamenti in corso d'opera. Nuovi concetti, scoperti durante le fasi di progettazione e/o implementazione, non sono facilmente incorporabili poiché le specifiche sono articolate in termini di funzionalità e non di entità. Anteporre le funzioni alle entità, inoltre, è innaturale per come percepiamo la gran parte del mondo che ci circonda: infatti prima pensiamo a quale oggetto dobbiamo manipolare e poi interveniamo compiendo su di esso l'azione desiderata.

● **VEDI ANCHE**
Per comprendere perché tornare indietro dalla progettazione all'analisi sia importante, si veda pag. 66 la descrizione del fenomeno di *impedance mismatch*

Le entità nel paradigma Strutturato emergono sotto forma di dati, declassate a meri parametri di un'astrazione procedurale

In un metodo di analisi ideale, **le funzionalità del dominio non dovrebbero essere delle entità "di primo livello"** come lo sono, invece, i processi nel mondo Strutturato: esse **dovrebbero essere viste come azioni effettuate su un "oggetto"** da parte di un agente in grado di compierle. Per questo

---

1   Questa affermazione non vuole denigrare l'uno o l'altro metodo, ma semplicemente constatare come oggi la quasi totalità delle metodologie in uso nella pratica industriale del software si basino su una qualche incarnazione del paradigma OO.

motivo, le procedure sono subordinate agli oggetti. Nella Scuola Strutturata non c'è un corrispondente diretto né dell'agente, né dell'oggetto, in
quanto tutti i moduli software sono moduli procedurali. Viene a mancare,
quindi, proprio questo primo livello di analisi, ancorato sulla corrispondenza tra concetti del dominio ed entità (moduli) software. L'unico legame nel
mondo Strutturato con tali concetti viene creato sotto forma di dati, entità
declassate poi a meri parametri di un'astrazione procedurale. Nel mondo
OO, invece, le entità sono rappresentate dalle classi che, come vedremo,
assumono un ruolo centrale nel progetto di una soluzione.

🖑 **PRACTICE TIME**

Osservate le modifiche che
apportate al vostro codice.
Risalite ai requisiti. I cambiamenti
sono dovuti più frequentemente
all'aggiunta di nuovi concetti
oppure alla modifica/estensione
di funzionalità esistenti?
Riuscite a determinare nel lungo
periodo una maggiore stabilità
delle astrazioni concettuali rispetto a quelle procedurali?

ESEMPIO 3.1 SUBORDINAZIONE DELLA DINAMICA RISPETTO ALLA STRUTTURA NEL METODO OO

L'organizzazione di un trasporto merci, ad esempio, non dovrebbe essere descritta come una procedura che
dipende da un insieme di dati, bensì come un oggetto che rappresenta l'agenzia di trasporti (entità) in grado di
fornire il corrispondente servizio. Secondo tale prospettiva, l'identificazione di una rotta alternativa non viene
più attribuita a un fittizio gestore di rotte (il modulo "main"), bensì a un oggetto rappresentante la ditta di
trasporto a cui l'agenzia fa riferimento (Figura 3.1).

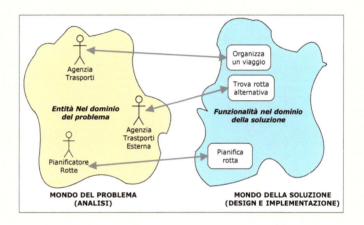

*Mappatura tra funzionalità ed entità
del dominio che le forniscono*

FIGURA 3.1

La scomposizione funzionale
va subordinata alla struttura
poiché quest'ultima è posta in
corrispondenza diretta con i
concetti più stabili del problema,
riducendo i costi di gestione del
progetto

Il ruolo che la dinamica (le funzionalità) ha rispetto alla struttura (le entità
con le loro mutue relazioni) è un aspetto essenziale che differenzia il
paradigma OO rispetto a quello Strutturato. **Nel mondo degli oggetti si
relega la rappresentazione della dinamica (cosa il sistema fa) all'interno di strutture (le classi) che rappresentano le entità del dominio
del problema**. Perché è utile tale strategia? Confinare la scomposizione
di attività in passi di elaborazione all'interno delle classi fa sì che non
siano più le funzionalità a essere usate come rappresentazione principale
per l'analisi, e ciò è bene perché queste ultime sono troppo mutevoli nel
tempo. Il concetto di itinerario, ad esempio, è ragionevolmente un'entità
stabile nel dominio delle spedizioni (salvo sinonimi), mentre il modo con
cui l'itinerario viene calcolato è maggiormente soggetto a continui muta-
menti (utilizzo di un algoritmo più efficiente, cambiamento di una politica
aziendale, basata sull'identificazione del percorso più breve piuttosto che
su quello più economico, e così via). **Basare la struttura di un sistema
software sulle funzionalità, come avviene nel Metodo Strutturato, tende
quindi a produrre specifiche più fragili ai cambiamenti, aumentando
l'instabilità e i costi di gestione del progetto**.

La differenza tra la struttura
reticolare e quella gerarchica è la
principale fonte del fenomeno di
impedance mismatch tra modelli
di analisi e modelli di design
nell'approccio strutturato

Un'altra differenza tecnica fondamentale tra l'approccio OO e quello
Strutturato consiste nella fluidità di passaggio tra analisi e design, tra problema e soluzione. Nel mondo Strutturato, il modello di analisi è costituito
dai diagrammi DFD (Sezione 2.3), mentre il modello di design è formato
da structure chart (Sezione 2.3.5). La topologia dei DFD consiste in una
struttura reticolare, mentre quella che contraddistingue la scomposizione
modulare degli structure chart è di tipo gerarchico (un albero).

Questo disallineamento di strutture crea una profonda discrepanza tra
analisi e design, nota più in generale come *impedance mismatch*. Capire

quali processi di un DFD confluiscono in quali moduli architetturali non è sempre immediato. **L'impedance mismatch tra artefatti di analisi e artefatti di design, unitamente alla mancanza di strutture di primo livello corrispondenti alle entità più stabili del dominio, sono i due fattori che rendono difficile nell'approccio Strutturato tornare indietro, dai moduli software ai requisiti del problema**. La Figura 3.2 illustra il processo di trasformazione di un DFD in uno structure chart mediante la Transform Analysis descritta nel Capitolo 2. Tale figura evidenzia la diversa natura dei due modelli elaborati nell'esempio del sistema di gestione degli ordini online (Sezione 2.5.6), passando dall'analisi al design secondo il Metodo Strutturato.

> La modellazione del software corre sempre un fondamentale rischio: produrre modelli obsoleti e in continua contraddizione

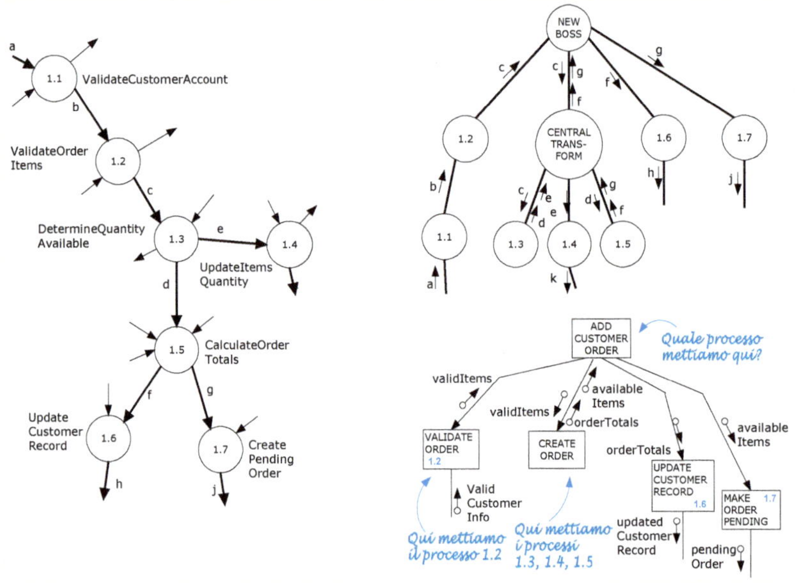

La presenza di notazioni diverse per esprimere gli artefatti di un progetto software nelle varie fasi del suo ciclo di vita è un problema fondamentale perché richiede il doppio sforzo di cambiare il metodo di organizzazione dei concetti (passando da reticoli ad alberi) e di aggiungere dettagli realizzativi usando differenti linguaggi (dai DFD agli structure chart, dalla caratterizzazione generale di dato alla distinzione tra dato e flag). Introdurre in seguito un cambiamento significativo a una delle diverse rappresentazioni ha poi un impatto devastante sulla manutenzione dell'intero modello, proprio perché "tornare indietro" per isolare le parti di modello da aggiornare può essere un'operazione non ovvia. Il conseguente rischio è di produrre modelli che diventano presto obsoleti rispetto al codice. In alternativa, se rinunciamo a priori ad "aggiornare all'indietro" il modello rispetto ai cambiamenti, perdiamo la possibilità di aggiungere ai risultati dell'analisi dettagli preziosi emersi solo nel design. Di nuovo, finiremo prima o poi per ottenere due modelli in probabile contraddizione tra loro.

Impedance mismatch di modelli passando dall'analisi al design nel Metodo Strutturato

FIGURA 3.2

Come afferma Ed Seidewitz, il cambiamento radicale di rappresentazione comporta un'enorme separazione tra i modelli di analisi e quelli di progetto. Il risultato quasi inevitabile è che l'analisi funzionale e le tecniche di specifica rinunciano ad essere vicine al dominio del problema per consentire una transizione più dolce verso i metodi di progettazione funzionale, come la Transform Analysis [68]. Ciò conduce in una direzione opposta all'unificazione di metodi e notazioni auspicata in realtà fin dai primi tentativi di razionalizzare il processo di costruzione del software.

> Gli oggetti hanno radici culturali profonde che precedono lo sviluppo degli approcci orientati agli oggetti

L'identificazione degli "oggetti" per descrivere i concetti del dominio del problema costituì una "risposta" naturale alla frammentazione di notazioni e alla conseguente frattura tra analisi e design. Già con il Metodo dell'Analisi dell'Informazione, attraverso l'utilizzo di modelli Entità-Relazione [12] e di "modelli semantici" dei dati [69], venivano costruite delle rappresentazioni "analogiche" del problema in cui un oggetto era usato per rappresentare una o più occorrenze di "entità" riconoscibili nel mondo reale. Nonostante ciò, **l'Analisi dei dati rimane, a sua volta, un metodo parziale poiché sintetizza solamente una rappresentazione strutturale dei dati, senza alcun comportamento associato**. Ancora una volta, quindi, per descrivere dei processi o una qualsiasi altra forma di dinamica è necessario introdurre notazioni più complete.

Il Metodo OO fu quello che per primo recepì nel suo insieme la necessità di trovare una corrispondenza uniforme e naturale tra la struttura del problema (analisi) e quella della soluzione (progettazione), fondendo aspetti strutturali e dinamici. Occorreva un punto di vista più stabile per l'analisi, e il Metodo OO individuò tale prospettiva nell'identificazione delle classi come astrazione primaria per fornire struttura al dominio del problema. Le classi, rispetto alle precedenti notazioni, sono basate sulla nozione di *tipo di dato astratto*, a cui la particolare implementazione tecnica del concetto di oggetto fa riferimento. Un tipo di dato astratto, come vedremo, riunisce in un'unica struttura sia i dati (sotto forma di *attributi*), sia le operazioni (sotto forma di *metodi* o servizi).

In questo nuovo contesto, **aspetti strutturali e aspetti dinamici vengono ricondotti il più possibile ad un unico formalismo che rimane invariato nella sua caratterizzazione essenziale (nomi, relazioni, responsabilità), passando dall'analisi al design**. Questo elemento di vantaggio, unitamente alla diffusione su larga scala prima del linguaggio C++, poi di Java, hanno permesso al Metodo OO di affermarsi come approccio industriale di successo per l'analisi, la progettazione e lo sviluppo di sistemi software.

3.2. Concetti fondamentali

Cos'è un oggetto e cosa significa "pensare a oggetti"? E in che modo un oggetto fornisce una prospettiva unificata di struttura e dinamica? Attorno a queste domande si articola la visione OO dello sviluppo di software. Prima ancora di essere un termine tecnico, il concetto di oggetto trae ispirazione dalle tecniche di rappresentazione della conoscenza (ad esempio, la Generalizzazione-Specializzazione e le strutture Tutto-Parti), ancor oggi non sempre del tutto comprese. Non a caso, una delle più evidenti difficoltà nell'assorbire il "salto di paradigma", passando dagli approcci strutturati a quelli OO, non è tanto imparare una nuova sintassi di programmazione quanto pensare in modo diverso, orientato a una "visione olistica" di oggetto piuttosto che alle procedure o ai dati, separatamente.

La Definizione 3.1, pur informale, è utile perché si presta a modellare i concetti del problema senza interferenze di tipo tecnologico. L'introduzione di aspetti implementativi all'interno delle rappresentazioni del problema indebolisce la stabilità dei risultati dell'analisi, con conseguenze negative sui costi di sviluppo, per cui è importante mantenere una prospettiva astratta.

PRACTICE TIME

Analizzate il dominio del progetto su cui state lavorando. Quali sono i concetti più rilevanti? Provate a elencarli tutti. Riuscite a caratterizzarli con nomi sufficientemente precisi? Avete trovato termini ambigui o su cui siete incerti? Provate a discuterli con un esperto di dominio. Sforzatevi di negoziare un linguaggio comune attorno al quale articolare sia le discussioni, sia le astrazioni di progetto.

ESEMPIO 3.2 IDENTIFICARE GLI OGGETTI

Nel dominio del controllo del traffico aereo, concetti quali il *tracciato radar*, il *piano di volo*, la *tratta* e il *velivolo* sono ottimi candidati a essere considerati oggetti. Nell'ambito della logistica, il *carico*, l'*itinerario*, la *tratta* e lo *scalo* sono altrettanti possibili nomi di oggetti. Il nome da solo, comunque, non fornisce tutta la semantica necessaria per comprendere l'oggetto stesso. Il contesto applicativo, ossia il dominio del problema, svolge un ruolo decisivo per caratterizzare ciascun oggetto. Il termine *tratta*, ad esempio, ricorre nei due domini appena descritti, pur identificando due entità diverse (il piano di volo di un velivolo e l'itinerario di un trasporto merci).

La presenza nello specifico contesto di altre entità associate a un termine svolge un ruolo significativo nell'attribuzione di una semantica, seppur intuitiva. Il semplice fatto di utilizzare la parola "tratta" nel contesto in cui usiamo anche il concetto di "piano di volo", ne determina implicitamente il significato. Scopo dell'analisi a oggetti è proprio quello di costruire delle *reti di concetti* in modo da formare una sorta di "framework concettuale" attorno cui far convergere le varie attività di sviluppo. Se requisiti, moduli software e funzionalità sono declinati con il *vocabolario comune* del framework concettuale prodotto dall'Analisi OO, la speranza di unificare gli approcci si fa più concreta.

La precedente definizione indica il tipo di elementi tenuti in considerazione durante l'Analisi OO, ma non è sufficientemente tecnica per descrivere in modo accurato cos'è un oggetto. Un metodo che promuove un passaggio uniforme dall'analisi al design deve necessariamente definire i concetti su cui si fonda secondo le prospettive complementari di analisi e progetto, altrimenti una delle due finirà per sopraffare l'altra. Poiché l'approccio OO fonde sia gli aspetti procedurali del Metodo Strutturato, sia quelli strutturali del Metodo basato sull'Analisi dell'Informazione, è necessario includere nella definizione di oggetto i concetti di *stato* (i dati memorizzati dall'oggetto) e di *comportamento* (la dinamica corrispondente alle azioni effettuate sull'oggetto).

Grady Booch, uno dei pionieri del Metodo OO e delle notazioni grafiche usate per descrivere modelli OO, fornisce una definizione di oggetto più orientata agli aspetti tecnici (Definizione 3.2) [8] che riconduce la natura di un oggetto alla combinazione di stato interno, comportamento e identità. Anche Donald Firesmith, ideatore della metodologia OPEN (*Object-Oriented Process, Environment and Notation*), fornisce a sua volta una definizione simile a quella data da Booch. Pur riconoscendo le stesse caratteristiche essenziali di un oggetto, Firesmith ripropone la ricerca di una continuità tra analisi e design che un metodo unificato deve perseguire [19].

L'astrazione d'oggetto fonde in un unico costrutto stato e comportamento

Queste definizioni riassumono in modo conciso sia la natura degli oggetti, sia la ragione che rende l'astrazione di oggetto indispensabile nel mondo OO. L'abilità di tenere traccia dello stato, ad esempio, esprime una caratteristica essenziale che è solo in parte simulabile usando come unico meccanismo d'astrazione la procedura.

Avere la responsabilità di gestire il proprio stato permette agli oggetti di fornire servizi il cui comportamento è caratterizzato anche dal cosiddetto "effetto memoria", ossia dalla capacità di fornire una risposta che dipende dallo stato interno dell'oggetto, oltre che dai dati passati in input[2]. Facciamo alcuni di esempi per capire quando e perché si manifesta tale comportamento.

Area di un poligono: un esempio di comportamento indipendente dallo stato interno

Immaginiamo di attribuire a un poligono la funzionalità di calcolo della sua area. A partire dagli stessi dati in input (ad esempio la lista di vertici che definisce il poligono), otterremo sempre lo stesso risultato. Il poligono non ha quindi una "storia significativa" da questo punto di vista[3], per cui l'utilizzo di una funzione è sufficiente a modellare tale situazione (stessi input, stessi output).

Catalogo libri: un esempio di comportamento dipendente dallo stato interno

Proviamo invece a considerare un catalogo di libri consultabile attraverso il sito Web di una libreria online. Un particolare libro può essere presente nel catalogo ma non essere disponibile a magazzino, oppure può essere presente a magazzino in un numero specifico di copie o ancora non essere neppure inserito a catalogo. Se ipotizziamo che ogni ricerca effettuata attraverso il sito Web venga rediretta al catalogo, un utente che si collegasse alla libreria online e facesse una ricerca su un particolare libro potrebbe ottenere potenzialmente tre risposte diverse, in base allo stato del catalogo stesso in quel preciso momento. A parità di input, quindi, l'operazione di ricerca fornirebbe un risultato che non è prevedibile dall'esterno senza conoscere lo stato corrente in cui si trova il catalogo.

L'astrazione d'oggetto è un meccanismo conveniente per incapsulare la conoscenza di tutti i dettagli relativi allo stato interno, fornendo verso l'esterno un servizio in grado di dare sempre "la risposta giusta", senza che il modulo cliente debba sapere come questa venga calcolata. Dall'esterno, infatti, un oggetto viene percepito come *autonomo*, ossia dotato della capacità di prendere decisioni indipendentemente da chi lo utilizza.

Un oggetto, inoltre, è responsabile di preservare l'*integrità* del proprio stato interno. Se dovessimo simulare questo tipo di comportamento utilizzando solo l'astrazione procedurale, dovremmo far ricorso a variabili globali oppure a una serie di dati memorizzati al di fuori della procedura, passati a essa tramite una lista di parametri. Ciò è sconveniente sia perché, aggiungendo parametri aumenteremo il livello di accoppiamento generale, sia perché i dati, non essendo parte integrante dell'astrazione procedurale, potrebbero essere alterati dall'esterno, influenzando il comportamento della procedura stessa e minandone l'integrità.

➡ **VEDI ANCHE**

Maggiori informazioni sull'integrità dello stato interno di un'astrazione nella Sezione 3.3.3: *Incapsulamento e tipi di dato astratto* a partire da pag. 82 (Tipi di dato astratto)

---

[2] In realtà è l'oggetto in sé a essere caratterizzato dall'effetto memoria: se includessimo nella definizione di ciascun servizio anche lo stato interno dell'oggetto passato come parametro di input, allora ognuno di essi fornirebbe sempre la stessa risposta in corrispondenza degli stessi dati di input.

[3] Stiamo chiaramente ipotizzando che, nel momento in cui aggiungiamo o togliamo vertici, creiamo un nuovo poligono, perdendo ogni volta traccia del poligono iniziale.

◼ **ESEMPIO 3.3 COMPORTAMENTO DIPENDENTE DALLO STATO INTERNO**

Un altro modo in cui talvolta si manifesta un comportamento dipendente dallo stato di un oggetto è riscontrabile in base all'*ordine* con cui vengono effettuate determinate operazioni.

Consideriamo il caso di un conto corrente bancario su cui è stato aperto un fido di € 2000. Immaginiamo due scenari distinti. Nel primo scenario, viene effettuata una transazione che provoca lo scoperto di € 1800, seguita successivamente da un bonifico che ribilancia il conto (saldo pari a € 0), a cui infine fa seguito un'ultima transazione di addebito per un importo di € 500. In questa prima situazione, lo scoperto finale è di € 500 e in qualsiasi momento lo osserviamo, il conto corrente è sempre abilitato per un'ulteriore operazione a debito (entro la quota di fido rimanente) che quindi verrebbe accettata.

Ipotizziamo ora un secondo scenario in cui la seconda transazione a debito si verifica prima del bonifico a favore. In tale situazione il conto corrente si troverebbe in una situazione di scoperto (pari a € 2300) eccedente il fido, per cui la stessa operazione a debito verrebbe ora negata. I dati in input sono sempre gli stessi per entrambi gli scenari, ma l'ordine con cui vengono effettuate le transazioni risulta decisivo al fine di determinare la buona riuscita delle operazioni.

Entrambi gli esempi del catalogo di libri e del conto corrente mostrano comportamenti (dipendenti dallo stato) ben osservabili dall'esterno. A partire dallo stesso oggetto, **è possibile eseguire la stessa operazione in momenti diversi e, pur non osservando una differenza sullo stato dell'ambiente (stessi dati di input e potenzialmente stesso stato interno del sistema cliente), viene fornita una risposta diversa**. Ciò è possibile perché ogni oggetto:

🔻 **TERMINOLOGIA**
Comportamento osservabile ed effetto memoria

- è dotato di una memoria che serve a codificare il suo stato interno, e

- fornisce delle operazioni la cui implementazione può dipendere da tale stato.

Questo tipo di comportamento viene chiamato "effetto-memoria" e contraddistingue l'astrazione d'oggetto rispetto a quella procedurale.

L'ultimo concetto chiave nella definizione fornita da Booch è quello di *identità*: **ogni oggetto è distinguibile da ogni altro**. L'*identità* **è una proprietà di ciascun oggetto che lo distingue da tutti gli altri oggetti** [36].

🔻 **TERMINOLOGIA**
Identità di un oggetto

L'identità è essenziale per preservare una corrispondenza con il mondo reale: il conto corrente dell'autore è diverso da quello di Bill Gates (purtroppo per il primo!), anche se entrambi potrebbero essere clienti della stessa banca e avere sottoscritto un contratto per la stessa tipologia di conto.

Analogamente, l'ordine d'acquisto relativo a una specifica copia del libro "Il Codice Da Vinci" scritto da Dan Brown è diverso da quello relativo a un'altra copia del medesimo libro inviata ad un altro cliente, nonostante entrambi gli ordini siano riferiti allo stesso prodotto.

In generale, anche quando due oggetti condividono la stessa struttura dei dati, ossia lo stesso tipo di informazioni memorizzate, saranno i valori specifici di tali informazioni a identificare univocamente ciascun oggetto. Diremo cioè che **i valori dello stato interno permettono di distinguere ciascun oggetto**.

◼ **ESEMPIO 3.4 IDENTITÀ DI UN OGGETTO**

Non sempre nel dominio del problema è immediato identificare quella porzione di stato che caratterizza in modo univoco ciascun oggetto. Consideriamo ad esempio due oggetti che rappresentano entrambi uno stesso colore (il nero), memorizzandone le coordinate RGB. Lo stato interno di entrambi gli oggetti è in questo caso identico. Come possiamo distinguerli? L'identità, in questo caso, deve quindi manifestarsi attraverso un'informazione che costituisce una sorta di "stato nascosto" e che permette di distinguere ogni singola istanza di oggetto. Tale informazione è costituita da un *identificatore univoco* che viene attribuito a un oggetto al momento della sua creazione in memoria[4]. Si tratta di un aspetto tecnico, lontano dal dominio del problema all'interno del quale abbiamo per ora caratterizzato la nozione di oggetto. Grazie a questo aspetto implementativo, tuttavia, possiamo sempre garantire che ogni oggetto avrà, all'interno di un sistema software, un'identità univoca.

---

4   Tale riferimento "nascosto" viene chiamato in vari modi a seconda dei linguaggi di programmazione: i termini più comuni sono riferimento *this*, riferimento *self* o, più genericamente, *handle* dell'oggetto.

Tradizionalmente, i sistemi software negli approcci precedenti la diffusione del paradigma a oggetti erano concepiti in termini di procedure "attive" che manipolavano un insieme di dati passivi. Da questo punto di vista è emblematica la definizione quasi "algebrica" di programma data da Niklaus Wirth, il padre del linguaggio di programmazione Pascal:

"Algorithms + Data Structures = Programs" [79].

In un mondo puramente a oggetti, possiamo dire (provocatoriamente) che i dati non esistono. Tutto è un oggetto. Anche le informazioni più primitive come un numero, un carattere, una stringa sono oggetti, caratterizzati da uno stato interno, da un'identità e da un insieme di operazioni che ne definiscono il comportamento. **La struttura dei programmi non è data da algoritmi, procedure e strutture dati, bensì da classi che definiscono le caratteristiche di stato e comportamento di ciascun oggetto**.

Una classe descrive le *capacità* dei suoi oggetti: le informazioni che essi conoscono e soprattutto i servizi che sono in grado di svolgere. Più in generale, diremo che una classe rappresenta le responsabilità degli oggetti che vi appartengono. Mentre un oggetto è un'entità concreta che, in un determinato momento, possiede una sua rappresentazione all'interno della memoria del sistema software in esecuzione, una classe rappresenta un'astrazione che definisce la struttura di un oggetto, non i valori del suo stato interno [8] in un particolare momento. Diremo che una classe definisce la famiglia di oggetti che condividono lo stesso insieme di attributi. **Ogni oggetto è sempre** *istanza* **di una qualche classe. Una classe rappresenta il** *tipo* **di ciascun oggetto**.

Un *attributo* è una singola proprietà che fa parte dello stato di un oggetto. Nell'esempio dell'ordine online di un libro, il cliente, il prodotto, il numero d'ordine sono tutti esempi di possibili attributi per una classe `Ordine`. Una classe non definisce soltanto la struttura di tutti i suoi oggetti: ne descrive anche il *protocollo*, ossia l'insieme dei *servizi* forniti da ciascun oggetto all'esterno (una definizione più precisa di protocollo viene fornita nella Definizione 3.13, pag. 103).

Un servizio nel mondo OO è un'operazione che un oggetto "sa svolgere". Ogni operazione, per facilitarne la manutenibilità, dovrebbe svolgere un solo compito. Con i servizi dotiamo gli oggetti di comportamento. Attraverso le classi è possibile definire la struttura di un programma a oggetti. Le notazioni OO hanno tradizionalmente privilegiato il concetto di classe rispetto a quello di oggetto, poiché quest'ultimo è un'entità che esiste solo durante l'esecuzione del sistema software; la classe invece costituisce l'approssimazione architetturale più vicina al concetto di modulo. Nonostante quindi il paradigma a oggetti faccia esplicito riferimento al concetto di oggetto, tutti i programmi orientati agli oggetti sono scritti in termini di classi, facendo di quest'ultimo uno degli elementi sintattici chiave che distingue i linguaggi OO da quelli non OO.

In base alla specifica notazione grafica, le classi hanno avuto storicamente simboli diversi, ingenerando la cosiddetta "guerra delle notazioni". Usare simboli diversi per esprimere gli stessi concetti genera ambiguità e limita il riuso dei modelli. Per queste ragioni, nel 1997 tre tra i più popolari esperti di metodologie OO si sono riuniti per concordare un linguaggio "unificato" di modellazione: lo *Unified Modeling Language*, o più brevemente UML. Se inizialmente UML era visto come il risultato del lavoro di Grady Booch, James Rumbaugh e Ivar Jacobson, colleghi alla Rational e noti come "*I tre Amigos*", l'evoluzione del linguaggio è stata a un certo punto affidata a un organismo internazionale: l'OMG (*Object Management Group*). L'OMG si compone tuttora di esperti, accademici e industrie, il cui compito è curare la standardizzazione e la redazione delle specifiche tecniche del linguaggio. Questa apertura è stata fondamentale al fine di non rendere UML un linguaggio proprietario e chiuso. La conseguenza più importante di tale scelta è l'accettazione di UML da parte del comitato di standardizzazione ISO che, a partire dal 2005, ha decretato la versione 1.4.2 del linguaggio uno standard internazionale. Ad oggi (2015), la più recente versione di UML è la 2.5 (OMG doc. number formal/15-03-01).

Le capacità di un oggetto descrivono le responsabilità sulle informazioni di stato (attributi) e sui servizi (operazioni) che esso fornisce ai suoi clienti

Definizione 3.4 (Classe)

Una *classe* definisce un insieme di oggetti che condividono una struttura comune (lo stesso tipo di dati) e uno stesso comportamento.

Definizione 3.5 (Attributo)

Un *attributo* è un'informazione di stato per la quale ciascun oggetto di una classe mantiene un proprio valore.

Definizione 3.6 (Servizio)

Un *servizio* è il comportamento della cui esibizione un oggetto è responsabile.

☐ Note

L'identità di un oggetto può talvolta coincidere con un aspetto tecnico, ad esempio la chiave primaria di un'entità appartenente ad un modello ER

➡ Vedi anche
In questa sezione ci limiteremo a descrivere la notazione essenziale per alcuni elementi di UML, comprese le classi e qualche relazione. Lo scopo qui è quello di illustrare le caratteristiche essenziali del paradigma OO, non una specifica notazione.
Il linguaggio UML verrà invece introdotto più ampiamente nella Sezione 3.4 (da pag. 101) con particolare riferimento alla notazione dei diagrammi di classe.

In UML una classe viene rappresentata mediante un rettangolo, eventualmente suddiviso in compartimenti. Un *compartimento* serve per organizzare le informazioni contenute all'interno di una classe in modo omogeneo (ad esempio, non mescolando attributi e servizi). Ogni compartimento costituisce una vista parziale sulle informazioni descritte da una classe. Gli esempi più tipici di compartimento sono i seguenti:

- **Compartimento del nome**: descrive il nome con cui viene etichettata una classe; è l'unico compartimento obbligatorio in un diagramma delle classi.

- **Compartimento degli attributi**: descrive l'elenco degli attributi di una classe, ossia i dati che caratterizzano lo specifico stato di ciascun oggetto.

- **Compartimento dei servizi**: descrive l'elenco dei servizi forniti dalla classe, ossia il comportamento mostrato da ciascun oggetto.

Il costrutto di classe può essere visto mediante due prospettive: quella esterna e quella interna. La *prospettiva esterna* contraddistingue tutti gli oggetti che richiedono l'esecuzione di un servizio e che sono interessati a conoscere *cosa* una classe sa fare. La *prospettiva interna*, invece, definisce *come* una classe implementa un determinato servizio o conosce una determinata informazione.

Normalmente, la prospettiva interna nasce con l'intento deliberato di occultare informazioni e implementazioni non indispensabili al fine di richiedere l'esecuzione di un servizio. Tale intento ha una duplice motivazione: da un lato si alleggerisce il carico cognitivo necessario a usare la classe, dall'altro si evita di propagare all'esterno decisioni implementative che potrebbero essere soggette a modifiche, rendendo di conseguenza più fragile tutto il codice cliente che da esse dovesse dipendere.

Un modulo cliente è in grado di richiedere un servizio a un oggetto di una classe solo se tale servizio è visibile[5]. La *visibilità* **è una caratterizzazione di elementi di una classe in base alla quale quest'ultima espone più o meno dettagli (informazioni) verso l'esterno.** Esistono quattro tipi di visibilità che si applicano sia agli attributi, sia ai servizi di una classe:

🔻 **TERMINOLOGIA**
Classi e livelli di visibilità

- **Visibilità pubblica**: specifica il massimo livello di accesso alle informazioni, non imponendo particolari restrizioni fatta eccezione per la raggiungibilità[6]. Una dichiarazione pubblica di attributo o di servizio è, quindi, "accessibile" (raggiungibile) da qualsiasi oggetto facente parte del sistema che detiene (anche indirettamente) un riferimento alla classe in questione. La visibilità pubblica *non* equivale però alla visibilità globale, dove chiunque può accedere indiscriminatamente alla specifica proprietà. Se, infatti, il modulo cliente non è in grado di acquisire (anche attraverso la mediazione di altri) un riferimento all'oggetto contenente l'attributo o il servizio pubblico in questione, quest'ultimo non potrà essere utilizzato, nonostante la caratterizzazione di visibilità pubblica.

- **Visibilità protetta**: specifica una dichiarazione che è accessibile solo dall'interno della classe stessa e da tutti gli oggetti che appartengono a classi derivate[7].

- **Visibilità privata**: specifica il minor livello di accessibilità, permettendo l'accesso a un elemento esclusivamente nel contesto della classe che lo definisce. Tale tipo di visibilità, laddove fornita sintatticamente dal linguaggio di programmazione, viene utilizzata per implementare l'incapsulamento, evitando di esporre le implementazioni all'esterno.

---

5   In realtà la visibilità è solo un prerequisito affinché un modulo cliente possa invocare un servizio fornito da una classe: è altrettanto importante che il servizio risulti anche raggiungibile, ossia navigabile. La navigabilità è descritta nella Sezione 3.3.1 a pag. 77.

6   Un elemento è raggiungibile da una classe "cliente" se esiste un collegamento (diretto o indiretto) tra la classe stessa e quella in cui l'elemento è definito. Tale collegamento avviene attraverso le relazioni.

7   Alcuni linguaggi interpretano in modo leggermente diverso questo tipo di visibilità, in particolare se combinata con l'ereditarietà. Java, ad esempio, estende in questo caso l'accessibilità protetta dal livello delle singole strutture di ereditarietà (gerarchie) al livello più ampio di package, con effetti non sempre intuitivi. Ciò causa, ad esempio, un'anomalia qualora si voglia derivare da una classe base dichiarata in un altro package: in tal caso i membri protetti della classe base non potranno essere raggiungibili nel contesto della classe derivata, contrariamente alla definizione tipica di visibilità protetta.

- **Visibilità di package**: specifica l'accesso ad una dichiarazione esclusivamente agli oggetti che fanno parte della classe stessa oppure che sono istanze di una qualche altra classe contenuta all'interno dello stesso package. Quest'ultimo tipo di visibilità è disponibile solo nei linguaggi di programmazione in cui esiste il costrutto esplicito di package[8] , come in Java.

In UML la visibilità pubblica è contraddistinta dal simbolo + (più) anteposto alla proprietà a cui è riferito; la visibilità protetta è definita dal simbolo # (diesis), quella privata dal simbolo - (meno), mentre quella di package è identificata dal simbolo ~(tilde).

→ **VEDI ANCHE**
Un package può essere utilizzato come strumento di modellazione per definire dei raggruppamenti di oggetti su larga scala. Per maggiori informazioni, si veda la sezione sia la Sezione 3.4.3 (costrutto package in UML), sia la Sezione 3.3.5 per l'identificazione dei soggetti.

Interfaccia e implementazione di una classe costituiscono due prospettive complementari di una stessa astrazione

L'insieme di attributi e servizi che hanno visibilità pubblica costituisce l'interfaccia della classe verso l'esterno. Tutte le proprietà private di una classe, unitamente ai dettagli implementativi interni (ad esempio, il codice o l'algoritmo che caratterizza la realizzazione di uno specifico servizio), costituiscono invece l'*implementazione* della classe (Figura 3.3).

L'architettura dell'intero sistema andrebbe progettata secondo la prospettiva dell'interfaccia, mentre la realizzazione dei singoli moduli andrebbe realizzata dalla prospettiva d'implementazione. La visibilità protetta costituisce un *meccanismo di interfaccia controllata*, poiché vincola l'accessibilità esterna, limitandola alle sole classi derivate. È consuetudine considerare i servizi pubblici di una classe come la sua interfaccia verso il "mondo", mentre i servizi privati vanno visti come "aspetti segreti". (Non si confonda il concetto di interfaccia con la parola chiave `interface`, descritta in Sezione 3.4.2.)

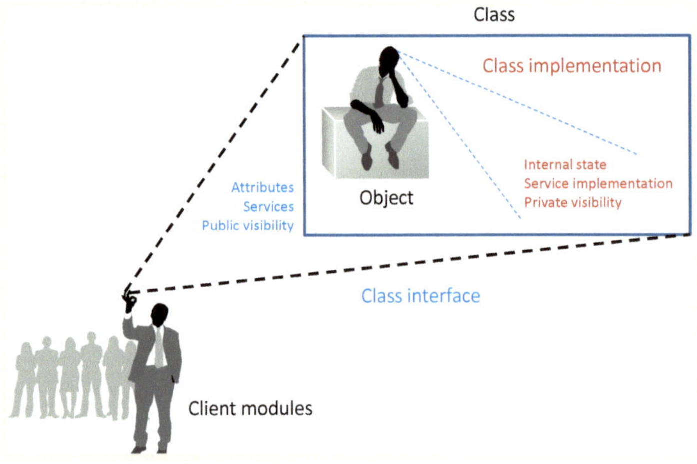

Prospettiva d'interfaccia e prospettiva d'implementazione di una classe

FIGURA 3.3

L'interfaccia di una classe definisce, inoltre, i servizi forniti dai suoi oggetti. Un'istanza di una classe può essere manipolata solo attraverso la sua interfaccia. Per poter manipolare l'istanza, non è necessario sapere come essa è fatta al suo interno (ossia la sua implementazione).

🖰 **PRACTICE TIME**

Provate a incapsulare le funzionalità attorno a interfacce costruite su entità stabili. Identificate la funzionalità principale e associatela a un'entità. Identificate una rete di entità secondarie (potenziali collaboratori).

Provate poi a implementare la funzionalità in esame in modo che la classe principale svolga una parte dei compiti e coordini il resto della rete.

ESEMPIO 3.5 INTERFACCIA E MECCANISMI INTERNI DI UN OGGETTO

Consideriamo i servizi essenziali forniti da un'automobile, come l'accensione e lo spegnimento del motore, l'impostazione di una marcia, le funzionalità di accelerare e frenare. Tali servizi sono forniti mediante interfacce stabili (leva del cambio, freno, acceleratore, ecc.). Nonostante tutte le auto abbiano interfacce simili per queste funzionalità, i meccanismi interni possono variare molto da modello a modello. Pensiamo al motore, ad esempio, che può essere a benzina, diesel, elettrico oppure ibrido.

Per guidare l'auto, tuttavia, *non* è necessario comprendere queste differenze implementative. Nel momento in cui sappiamo come si usa la sua "interfaccia standard", siamo in grado di guidare un'auto, indipendentemente dal modello specifico.

Un oggetto si dovrebbe comportare analogamente a un'auto. *I meccanismi interni sono irrilevanti rispetto alla sua interfaccia*. Questa prospettiva influenza sensibilmente il modo in cui viene progettato il software nel mondo OO: i programmi non manipolano direttamente gli oggetti ma lo fanno attraverso le loro interfacce. Il tipo effettivo di oggetti manipolato è irrilevante, purché la loro interfaccia sia compatibile, come indicato dal Principio di Sostituibilità di Liskov (Principio 3.6 a pag. 93).

L'architetto OO progetta le astrazioni sottostanti i tipi di dato astratto in modo che le interfacce esprimano i servizi e, laddove possibile, i protocolli di utilizzo, mentre nascone i meccanismi implementativi in modo da garantirsi la possibilità di effettuare delle modifiche su questi ultimi arrecando il minimo impatto possibile sul resto del sistema.

---

8   Un package è un costrutto fornito da alcuni linguaggi di programmazione che consente di raggruppare le classi in base ad un qualche criterio deciso dal programmatore (ad es. tutte le classi che forniscono funzioni matematiche potrebbero essere inserite in un package `MathUtils`, mentre le classi che definiscono i controlli di un'interfaccia utente grafica potrebbero essere collocate in un package `UIControls`).

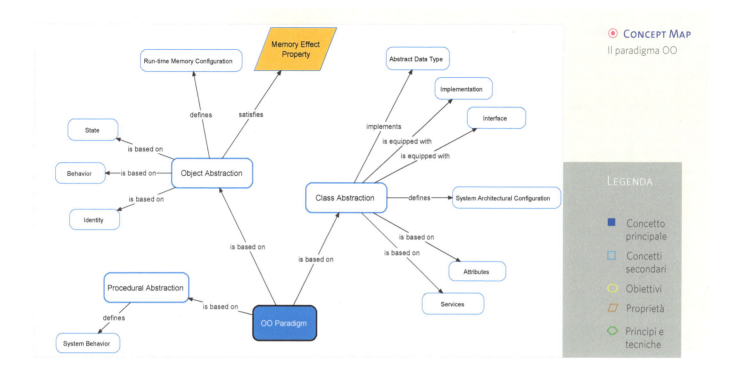

LEGENDA

- ■ Concetto principale
- □ Concetti secondari
- ○ Obiettivi
- ⬭ Proprietà
- ⬡ Principi e tecniche

3.3. Il Metodo OO: L'analisi orientata agli oggetti

Nella sezione precedente abbiamo introdotto i concetti chiave di oggetto, classe, attributo e servizio. Iniziamo ora a introdurre quegli elementi che sono rilevanti per le attività di analisi. Dal punto di vista dell'analisi OO un oggetto ha una caratterizzazione meno tecnica e molto "ancorata" al dominio del problema, come suggeriscono sia Smith e Tockey [71], sia Coad e Yourdon [13].

Gli oggetti sono le unità di scomposizione fondamentale nel Metodo OO per descrivere il mondo del problema all'interno del modello che rappresenta il sistema software. Un oggetto conosce delle informazioni (dati) e sa eseguire delle azioni (operazioni). L'obiettivo dell'Analisi OO è quello di caratterizzare ogni oggetto in modo tale che le sue azioni diano un contributo allo svolgimento di un compito rilevante nel dominio del problema.

Dal punto di vista dell'analisi, gli oggetti sono autonomi ma non isolati. Ciò significa che raramente un oggetto è in grado di fornire un servizio senza avvalersi di collaboratori. La prima relazione che emerge durante l'analisi è quindi una relazione di "conoscenza", che esprime una generica associazione tra concetti. Ogni concetto viene poi messo in corrispondenza con una classe.

DEFINIZIONE 3.7 (OGGETTO, VERSIONE ORIENTATA ALLA ANALISI)

Un *oggetto* è una rappresentazione esplicita di un elemento o un'entità, reale oppure astratta, caratterizzata da un ruolo ben definito e riconoscibile all'interno del dominio del problema.

Un oggetto è un'astrazione di qualche elemento del dominio del problema che riflette la capacità del sistema sia di mantenere informazioni su di esso (*attributi*), sia di fornire meccanismi di interazione con esso (*servizi*).

Graficamente, la relazione "conosce" è espressa con un'associazione UML, ossia un link rappresentato da una freccia che connette due concetti. Se, ad esempio, un velivolo (`Aircraft`) deve identificarsi entrando in uno spazio aereo, dovrà conoscere il proprio `Transponder`, ossia quel dispositivo predisposto a inviare il codice di identificazione dell'aeromobile.

● **TERMINOLOGIA**
Relazione is-a

● **VEDI ANCHE**
Nel design la relazione "conosce" verrà poi raffinata in relazioni più specifiche e tecniche, come la composizione o l'aggregazione UML (Sezione 3.4.4).

Il concetto di *aircraft*, in prima analisi, può essere associato a quello di *transponder* mediante un link di associazione tra le rispettive classi. Il verso della freccia, ossia l'orientamento che indica più precisamente "chi dipende da chi" nell'associazione, non sempre è evidente nelle prime fasi dell'analisi, quando l'obiettivo è l'esplorazione del dominio del problema, piuttosto che la definizione di *come* i vari concetti siano collegati tra loro. In alcuni casi, inizialmente è preferibile omettere del tutto il verso della relazione, rimandando la decisione a momenti successivi dell'analisi, al design, o addirittura alla fase di implementazione.

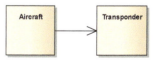

ESEMPIO 3.6 ASSOCIAZIONE TRA OGGETTI NEI MODELLI DI ANALISI

Nell'ambito dell'analisi di un sistema per il controllo del traffico aereo, alcuni dei concetti che probabilmente emergerebbero durante una prima incursione nel dominio avionico sono il centro di controllo del traffico aereo (`AirTrafficControlCenter`), la torre di controllo (`ControlTower`), il velivolo (`Aircraft`), il radar (`Radar`).

Una volta identificati questi concetti, il secondo passo consiste nel provare a collegarli così da costruire un modello che rifletta i legami (fisici e/o concettuali) del problema. Ragionevolmente, il centro di controllo conoscerà la torre di controllo, con la quale dovrà rimanere in contatto. La torre, a sua volta, dovrà comunicare sia con il radar, sia con il velivolo. Anche questi ultimi due potrebbero comunicare tra loro, quindi possiamo supporre che siano collegati reciprocamente. La Figura 3.4 descrive questa piccola porzione di dominio appena descritta.

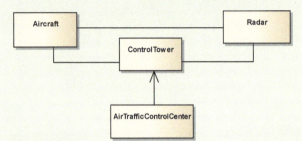

La relazione di associazione nei modelli orientati all'analisi

FIGURA 3.4

A questo punto dell'analisi, non siamo ragionevolmente in grado di dire in che modo velivolo e radar comunicheranno, né come questi saranno collegati con la torre di controllo. Utilizziamo quindi una semplice associazione UML per descrivere la relazione di conoscenza tra le varie entità, senza specificare un particolare verso.

Durante il design ci occuperemo di raffinare il modello, introducendo nuovi concetti e arricchendo quelli già rappresentati con elementi che esprimono anche la dinamica del sistema (i servizi forniti da ciascuna classe).

Speculeremo, inoltre, sulle decisioni relative alla direzione delle frecce, in modo da ridurre o eliminare configurazioni critiche (ad esempio il potenziale ciclo presente tra `ControlTower`, `Radar` e `Aircraft` potrebbe rappresentare un problema di design: infatti non è possibile riusare una di queste classi senza avere conoscenza delle altre due).

Per quanto concerne, invece, la relazione tra il centro di controllo e la torre, ci sembra di poter riconoscere fin da subito una subordinazione abbastanza naturale: la torre fa parte del centro di controllo, quindi quest'ultimo conoscerà sicuramente la prima; il viceversa non appare ovvio ora, quindi lasciamo nel modello un'associazione orientata verso la torre di controllo. (Una buona regola di progetto consiste nel non introdurre prematuramente più accoppiamento di quello strettamente necessario.)

❏ Approfondimenti: Relazioni e navigabilità

Spesso imporre un verso tra due elementi è il risultato di speculazioni di progettazione, piuttosto che dell'espressione di una caratteristica del dominio applicativo. Di conseguenza, i primi modelli costruiti durante l'analisi sono delle versioni molto naïve basate su "scatole e frecce", destinate a essere raffinate successivamente. Va però osservato che i successivi raffinamenti non alterano la natura fondamentale del modello, come invece accade passando dall'analisi al design nel Metodo Strutturato. Le scatole e frecce continuano a rimanere tali, anche se si arricchiscono di dettaglio, o di nuove frecce, o di nuove scatole, o ancora si opta per un particolare tipo di freccia. Ancor più importante, nell'analisi OO si parte con un modello di tipo reticolare per poi ottenere nel design OO un altro modello, con informazioni di più elevato dettaglio, ma pur sempre di tipo reticolare. ❏

La relazione di ereditarietà rappresenta esplicitamente strutture di Generalizzazione - Specializzazione

Un'altra relazione che distingue i modelli di analisi orientati agli oggetti rispetto ai modelli ER o a quelli basati sui processi (es. i DFD) è l'ereditarietà. La *relazione di ereditarietà* descrive uno dei metodi fondamentali di organizzazione umana della conoscenza e riguarda la distinzione fra categorie di oggetti (ad esempio, la categoria di tutti i veicoli all'interno della quale troviamo anche i velivoli). Si tratta di un costrutto che identifica relazioni di "Generalizzazione/Specializzazione". Nell'esempio precedente, il *veicolo* costituisce un concetto generale, mentre il *velivolo* è una sottocategoria specifica che appartiene alla famiglia generale.

❏ Approfondimenti: Categorizzazione e classificazione

L'ereditarietà è una relazione complessa poiché racchiude due meccanismi all'interno di un singolo costrutto: la *categorizzazione* (ossia l'identificazione di classi e sottoclassi) e la *classificazione* (ossia l'identificazione di istanze di una specifica categoria). Si tratta di due livelli distinti: il primo si manifesta attraverso dipendenze fisiche tra classi (nella fattispecie, la derivazione), mentre il secondo identifica un legame di appartenenza tra un oggetto e il suo tipo. La categorizzazione è sempre statica (deve essere nota a tempo di compilazione)

e non può cambiare, salvo ricompilare poi il programma stesso. La classificazione, come vedremo, può essere sia statica (l'istanza viene legata direttamente al suo tipo più specializzato), sia dinamica (l'istanza viene legata a tempo di compilazione a un suo tipo più generale, mentre solo a tempo di esecuzione verrà identificato il suo tipo effettivo). ❑

Nel gergo tecnico, questa relazione è nota anche col nome di *relazione is-a* dall'inglese "è-un": infatti leggendo la relazione del nostro esempio procedendo dalla classe specializzata verso quella base, diremo che il velivolo è-un (tipo di) veicolo.

⊕ TERMINOLOGIA
Relazione is-a

L'ereditarietà è importante nel software perché permette una forma di *riuso controllato* **delle classi grazie alla quale è possibile** *estendere* **(anche in modalità piuttosto sofisticate) una classe generale per ottenerne un'altra con** *comportamenti simili*, **ma più specializzati, senza dover duplicare ogni volta le capacità definite nella classe di partenza.**

Più nello specifico, l'ereditarietà è un meccanismo che permette di esprimere delle caratteristiche comuni all'interno di una classe generale (detta classe base o superclasse), da cui le classi specializzate (dette classi derivate o sottoclassi) ereditano. Le classi generali e quelle specializzate vengono raggruppate all'interno di una struttura chiamata gerarchia d'ereditarietà[9].

Nel passaggio dal generale allo specializzato in una gerarchia di ereditarietà (ad esempio la gerarchia veicolo-velivolo) emergono cinque aspetti chiave:

◆ VEDI ANCHE
Torneremo su questi aspetti a più riprese nel seguito di questo capitolo, in particolare con riferimento al polimorfismo (Definizione 3.11) e al principio di Sostituibilità di Liskov (Principio 3.6).

◻ NOTE
Un servizio è un *servizio astratto* se esprime una generica funzionalità senza far riferimento ad alcuna specifica implementazione. I servizi astratti vengono posizionati all'interno di una gerarchia nelle classi base e sono riconoscibili in UML poiché il loro nome è scritto in corsivo, come nel caso di `Brake` all'interno della classe base `Vehicle`.

1. **Ogni classe derivata eredita gli attributi** definiti nella sua classe base. Ad esempio, se ogni veicolo (`Vehicle`) ha un modello (`modelName`), questa informazione sarà presente senza necessità di ulteriori definizioni anche negli oggetti di tipo velivolo (`Aircraft`).

2. **Ogni classe derivata eredita i servizi** definiti nella sua classe base. Ad esempio, se ogni veicolo è in grado di frenare, grazie al servizio `Brake`, anche i velivoli in quanto tipi particolari di veicoli mostreranno tale comportamento.

3. **Ogni classe derivata può aggiungere nuovi attributi**, validi solo nel contesto ristretto della specializzazione e quindi non presenti a livello della classe base. Ad esempio, un velivolo potrebbe conoscere il proprio assetto grazie all'utilizzo di un giroscopio (`headingIndicator`), mentre nel contesto di un veicolo che staziona solo a terra (come un'automobile) tale informazione sarebbe pressoché inutile.

4. **Ogni classe derivata può aggiungere nuovi servizi**, anch'essi validi solo nel contesto della specializzazione. Sempre con riferimento alla gerarchia Veicolo-Velivolo, un aeromobile in fase di atterraggio potrebbe fornire il servizio di abbassamento del carrello (`TurnLandingGearDown`): un comportamento che naturalmente non è manifestato da tutti i veicoli.

5. **Ogni classe derivata può estendere dei servizi** presenti nella classe base, attraverso una *ridefinizione controllata*[10] *del comportamento* in essi realizzato. Il veicolo dichiara la capacità astratta di saper frenare (`Brake`). Il velivolo può interpretare il servizio di frenata mediante l'attivazione di opportuni paracadute; un'automobile può a sua volta interpretare tale servizio mediante l'attivazione di dispositivi di frenata diversi come i freni al disco posti in corrispondenza delle ruote. Una nave, invece, può implementare il medesimo servizio invertendo la direzione di spinta dei motori. Tutti questi esempi mostrano sempre lo stesso servizio (l'effetto ottenuto corrisponde sempre ad una riduzione della velocità corrente), fornito però mediante implementazioni diverse che sfruttano la natura specializzata dell'oggetto su cui vengono applicate.

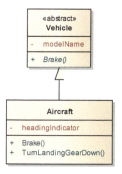

---

9   Talvolta parleremo anche di *classi astratte* (la classi base) e *classi concrete* (quelle derivate).

10   Come vedremo nella Sezione 3.3.3 da pag. 90, la ridefinizione di un servizio a livello delle classi derivate dovrebbe sempre soddisfare il Principio di Sostituibilità di Liskov, almeno tutte le volte in cui l'ereditarietà viene utilizzata in combinazione con il polimorfismo.

Da un punto di vista grafico, la relazione d'ereditarietà viene rappresentata in UML dalla *generalizzazione*: una freccia chiusa e orientata verso la classe base. Nell'Analisi OO, l'ereditarietà serve a esprimere delle relazioni tra concetti simili. Tali relazioni possono essere usate in due modalità diverse: in rari frangenti, è preferibile esplicitare una conoscenza diretta dei concetti più specializzati (classi derivate), mentre in altri è più spesso conveniente trattare in modo uniforme tutti i concetti specializzati come se fossero espressione di un unico stesso concetto generale.

ESEMPIO 3.7 GERARCHIE D'EREDITARIETÀ

L'ereditarietà nella programmazione OO è spesso introdotta attraverso l'esempio delle figure geometriche, organizzate in una classe base Shape che rappresenta il concetto astratto di figura e che fornisce gli aspetti generali come l'area (area) o il perimetro (perimeter). Ereditando dalla classe base queste caratteristiche, eviteremo di duplicarle nel contesto di ciascuna figura concreta.

Un aspetto essenziale del paradigma OO, tuttavia, consiste nel capire che l'ereditarietà è più di un semplice meccanismo di riuso del codice: attraverso la derivazione è possibile estendere la classe base, aggiungendo nuovi attributi e/o servizi nelle classi derivate così da rappresentare in esse quegli aspetti che hanno senso solo in contesti specifici. Ad esempio, una classe cerchio (Circle) aggiungerà agli attributi ereditati dalla classe base il suo centro (center), una classe rettangolo (Rectangle) l'altezza (height) e la larghezza (width), una classe quadrato (Square) il suo lato (side), e così via. Se supponiamo che il disegno delle figure sia uno dei requisiti del sistema, appare naturale porre nella classe base un metodo per disegnare una qualsiasi figura geometrica (Draw).

In generale, però, non sappiamo disegnare una figura generica, quindi dobbiamo dichiarare astratto[11] il metodo Draw nella classe base (Shape.Draw). Affinché il sistema possa fornire il servizio Draw, qualcuno deve implementarlo. La responsabilità di ciascuna classe derivata sarà quindi proprio quella di sapere come disegnarsi. Ogni figura deve implementare la propria versione del metodo astratto Draw. Nella gerarchia confluiscono così le responsabilità di saper disegnare un rettangolo (Rectangle.Draw), un cerchio (Circle.Draw), un quadrato (Square.Draw), e così via.

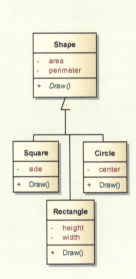

Ora che abbiamo definito la struttura della gerarchia Shape, ragioniamo sui contesti in cui essa può essere utilizzata. Uno scenario paradigmatico nell'approccio OO è costituito da un programma che manipola una *collezione* di figure, senza sapere esattamente su quali casi specifici sta lavorando. Potremo certamente capire per ogni elemento della collezione a quale tipo di figura corrisponda, invocando poi i servizi della relativa classe derivata (vedi Listato 3.7). Facendo così, tuttavia, non traiamo alcun vantaggio dall'organizzare gli aspetti comuni nei livelli alti della gerarchia, in modo da "parlare" con la classe base che descrive l'intera famiglia di oggetti, anziché istanziare esplicitamente ogni singolo caso. Poiché tutte le figure sanno rispondere al servizio Draw, la manifestazione tipica del "pensare a oggetti" è di effettuare una generica chiamata a Shape.Draw. Questo scenario di utilizzo viene identificato spesso sia con il polimorfismo, sia con il Principio di Sostituibilità di Liskov.

Le gerarchie di classe dovrebbero essere costruite con l'idea di sfruttare l'ereditarietà in combinazione con il polimorfismo, ma esistono comunque casi specifici in cui questa genericità non è utile o possibile. In tali casi un programma deve conoscere e manipolare una singola specifica istanza alla volta. Chiaramente si perde la genericità derivante dal trattare tutte le figure in modo uniforme. Per contro, si possono sfruttare tutte le caratteristiche aggiunte nelle classi derivate, siano esse attributi o servizi (che non sarebbero visibili nel contesto di una chiamata verso l'interfaccia della classe base). Le chiamate a un metodo ridefinito ad esempio l'implementazione Circle.Draw) diventano del tutto analoghe all'invocazione di un qualunque altro servizio presente in una classe.

Una relazione simile all'ereditarietà ma che descrive invece delle strutture di tipo "Tutto-Parti" è il *contenimento*. Anche questo tipo di strutture pervadono il modo di pensare umano e, se impiegate durante l'Analisi OO, possono rivelarsi molto utili per estendere i confini del dominio del problema affrontato e le conseguenti responsabilità del sistema da sviluppare.

Da un punto di vista notazionale, la relazione "Tutto-Parti" (o part-of) viene rappresentata in UML mediante la *composizione*: **un associazione adornata da una losanga nera in corrispondenza della classe contenitore (il "Tutto")**. Un poligono può essere considerato come l'insieme dei suoi vertici, descritti da una lista ordinata in cui due vertici contigui sono collegati da un lato. Se rappresentiamo ciascun vertice attraverso un'istanza della classe Point2D, possiamo collegare la classe Polygon a Point2D mediante una composizione nella quale Polygon svolge il ruolo del "Tutto" e Point2D quello della "Parte". Lavorando con le strutture "Tutto-Parti" (e più in generale con le associazioni), è buona prassi specificare sempre il numero di possibili istanze di ciascuna classe che

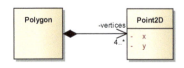

---

11   La presenza di almeno un metodo astratto rende astratta anche la classe in cui esso è dichiarato.

possono essere associate a un'istanza della classe presente all'estremo opposto della relazione. Sempre con riferimento all'esempio del poligono, quanti vertici possono farne parte in generale? Un unico vertice definisce un poligono (il punto) rappresentato dalla classe `Point2D`. Due vertici definiscono un segmento (o un lato) rappresentato da una corrispondente classe (`Edge2D`). Tre vertici formano un triangolo (`Triangle2D`). Quattro vertici... invece non definiscono univocamente una figura geometrica specifica (potremmo costruire un rettangolo, un quadrato, un trapezio, e così via). Analogamente per un numero superiore di vertici.

Diciamo quindi che un generico poligono, non volendo rappresentare i casi particolari di punto, lato e triangolo, è costituito da 4 o più vertici, istanze `Point2D`[12]. Sul lato della classe "Parte" comparirà la molteplicità `4..*` (il simbolo `*` identifica un numero arbitrario di istanze e i puntini posti tra due estremi nella forma `n..m` rappresentano un intervallo definito dagli estremi inferiore `n` e superiore `m`).

Analizzando la relazione di composizione dal lato del poligono, invece, dobbiamo chiederci a quanti poligoni diversi può appartenere un determinato punto. Questa non è una domanda così banale come potrebbe sembrare poiché ci costringe a riflettere sulla specifica natura del dominio applicativo sotto esame. Possono due poligoni coincidere? Possono parzialmente sovrapporsi condividendo uno o più vertici? E nel caso rispondessimo affermativamente a ciascuna di queste domande, come tratteremo la situazione di vertici condivisi? Duplicheremo le istanze, creando due oggetti `Point2D` uguali (seppure non identici), oppure condivideremo la stessa istanza? Si tratta di scelte che sconfinano dall'ambito dell'analisi, e spesso vengono demandate al design.

Nella composizione esiste sempre solo un'istanza della classe contenitore

Se vogliamo, tuttavia, usare fin da subito la relazione di composizione, allora dobbiamo soddisfare il vincolo implicito nella relazione stessa che prevede la presenza di una sola istanza della classe "Tutto" messa in corrispondenza con ogni singola istanza della parte. Proprio perché questa è una decisione prefissata, solitamente si omette di rappresentarla esplicitamente con un `1` posto accanto alla losanga nera.

Se invece non siamo sicuri della risposta e propendere subito per la composizione ci fa sospettare di prendere una decisione prematura, possiamo rappresentare la relazione mediante una semplice associazione.

Le associazioni, le strutture d'ereditarietà e quelle "Tutto-Parti" costituiscono le relazioni fondamentali sulle quali si articola tutta l'Analisi OO. L'utilizzo combinato delle gerarchie di classi con le strutture "Tutto-Parti" e le associazioni forgia la natura reticolare dei modelli ad oggetti.

3.3.1. Classi, dipendenze e navigabilità

Il verso di una relazione determina l'origine, la destinazione e la navigabilità della relazione stessa

Tutte le forme di relazione tra classi viste finora inducono un *sistema di dipendenze*, **rappresentato dal grafo completo di tutte le dipendenze tra le classi dell'intero sistema**. In una gerarchia d'ereditarietà, le classi derivate dipendono dalle classi base; in una struttura "Tutto-Parti", la classe "Tutto" dipende dalle sue classi "Parte"; in una relazione di associazione, la dipendenza segue il verso della freccia legando la classe *origine* alla classe *destinazione* (laddove il verso è omesso, si sottintende una direzione in entrambi i versi, producendo un ciclo di dipendenze tra le due classi). **Il verso secondo cui "leggere" una relazione viene detto** *navigabilità*: è possibile "navigare" (seguire, leggere) la relazione partendo dalla classe origine e arrivando alla classe destinazione indicata dal verso, solitamente per accedere agli attributi e ai servizi (pubblici) di quest'ultima.

La navigabilità caratterizza il sistema di dipendenze che rende la struttura reticolare dei modelli UML un **grafo orientato**, **non necessariamente aciclico**. Ragionare sulle dipendenze è essenziale soprattutto nel Design OO, per ragioni di manutenibilità e testabilità. Ogniqualvolta modifichia-

TERMINOLOGIA
Sistema di dipendenze

TERMINOLOGIA
Navigabilità

---

12   In teoria un poligono dovrebbe essere definito da almeno 3 vertici, considerando i triangoli come casi particolari. Vedremo come, parlando del principio di Sostituibilità di Liskov, l'intuizione geometrica non corrisponda sempre a un buon modello degli oggetti.

mo una classe in un sistema OO dovremmo considerare *tutte* le classi che dipendono da essa, direttamente o indirettamente, e assicurarci che le modifiche non creino instabilità dovuta a effetti collaterali imprevisti. Ciò vale soprattutto per le modifiche all'interfaccia pubblica della classe e/o per l'introduzione di nuove dipendenze che aumentano l'accoppiamento generale e potrebbero creare cicli inizialmente non previsti.

Capire quali classi esaminare di volta in volta permette da un lato di stimare approssimativamente lo sforzo necessario per completare le modifiche, e dall'altro di individuare tutti i componenti da includere nei test di regressione[13]. Un sistema di dipendenze ben organizzato secondo i principi del disaccoppiamento, della coesione e della modularità già discussi nel Capitolo 2 permette di ridurre l'effetto domino anche nel paradigma OO, nonostante la presenza in quest'ultimo di un numero maggiore di relazioni.

Il sistema di dipendenze nei programmi OO è importante perché, dal punto di vista architetturale, determina la struttura generale secondo cui è organizzato il sistema. Nel design (sia in quello OO, sia in quello Strutturato) la struttura assume una connotazione legata ai moduli (procedure o classi). Per quanto concerne, invece, l'analisi, sono ancora Coad e Yourdon che per primi provano a fornire una definizione di struttura non legata ad aspetti tecnici, ma articolata rispetto alla comprensione del problema, come espresso dalla Definizione 3.8.

Coad e Yourdon riconoscono con questa definizione che i sistemi software sono difficili da realizzare non tanto per aspetti tecnologici, quanto perché i corrispondenti domini sono intrinsecamente complessi, e tale complessità deriva dalla presenza di svariati tipi di relazioni tra i concetti del problema. Senza un metodo che sappia distinguere tali relazioni, non è possibile rappresentare fedelmente il dominio. Il Metodo OO, mettendo a disposizione molte relazioni, risulta "meglio equipaggiato" per affrontare tale complessità rispetto al Metodo Strutturato. Un buon analista OO inizia a dare forma alla struttura del sistema software non appena prova a rappresentare il dominio. La sezione seguente descrive alcune linee guida che aiutano a "scoprire" oggetti e relazioni.

3.3.2. Strategie per identificare gli oggetti

Gli oggetti e le relative strutture appropriati per il dominio di un problema sono raramente "là, pronte per essere prese" [13]. Come afferma lo stesso Coad, è l'esperienza di analisti, progettisti, e conoscitori del dominio applicativo che ci illude nel credere che l'analisi sia semplice. Gli analisti esperti, infatti, sanno spesso riconoscere *schemi ricorrenti* entro i confini dei sistemi. Grazie a essi sembra che gli oggetti siano là, pronti per essere individuati. Tecniche semplicistiche come, ad esempio, la sottolineatura dei nomi presenti in un documento dei requisiti hanno in realtà un impatto assai limitato se non sono poi supportate dall'esperienza.

Quello che inconsciamente gli esperti fanno, invece, è applicare strategie specifiche che sono diventate parte integrante del loro modo di "vedere il mondo del problema", di rappresentarlo e persino di basare su di esso dei ragionamenti. Questa serie di strategie[14] è ben descritta ancora una volta da Coad e Yourdon [13]. Di seguito ne riportiamo le più significative.

- **Strategie generali per identificare gli oggetti**. Sono linee guida generali indicative di un modo di "approcciare" il dominio del problema.

  » ***Che nomi dare***. Scegliere nomi singolari, oppure nomi e aggettivi; il nome deve descrivere un singolo oggetto della classe utilizzando il linguaggio del dominio del problema. Preferire quindi il nome `Document` rispetto alle alternative `Documents` (plurale)

VEDI ANCHE
Un altro esempio di riduzione dell'effetto domino in base alla riduzione del livello di accoppiamento è illustrato nell'Esempio 3.8 a pag. 83. In esso si fa uso della tecnica di *information hiding* per ridurre le informazioni di stato esposte

DEFINIZIONE 3.8 (STRUTTURA - VERSIONE ORIENTATA ALLA ANALISI OO)

La *struttura* è una rappresentazione della complessità del dominio del problema espresso in termini di responsabilità del sistema.

Tale termine è usato sia come caratterizzazione generale dell'organizzazione delle parti del sistema, sia più nello specifico per riferire strutture di "Generalizzazione-Specializzazione" e "Tutto-Parti" ancorate alla natura dei concetti modellati nelle rispettive relazioni.

---

13   Il test di regressione è quella tipologia di test che permette di verificare che le azioni correttive applicate su una parte del sistema non abbiano introdotto effetti collaterali inattesi sulle altre parti.

14   Si tratta di strategie valide nel contesto dell'Analisi OO e pertanto di carattere non estremamente tecnico. Tali suggerimenti sono quindi indicativi e non escludono altre strategie, ad esempio quelle più orientate al design.

e DocumentRecord (connotazione tecnica, espressione di una propensione a pensare in termini della soluzione, certamente prematura durante l'analisi).

» ***Dove cercare***. Osservare in prima persona, ascoltando attivamente esperti e utenti oppure guardando sistemi simili in azione; esaminare i risultati dell'analisi di precedenti sistemi realizzati o progettati.

» ***Cosa cercare***. Cercare strutture (vedi le strategie specifiche sulle strutture d'ereditarietà e su quelle "Tutto-Parti"), collaborazioni (vedi le strategie sulle associazioni) e altre forme di dipendenze, consultare ogni documentazione disponibile relativa a sistemi correlati, esaminare dispositivi, cose o eventi ricordati, ruoli assunti, procedure operative, ubicazioni e unità organizzative.

- **Strategie per identificare gli oggetti nelle associazioni**.

  » ***Definizione dei ruoli***. Pensare ai ruoli che un oggetto può svolgere in uno scenario applicativo; ogni ruolo può essere una classe.

  » ***Impostazione delle molteplicità***. Isolare una classe ai due estremi di una relazione di associazione; considerare una singola istanza di tale classe e chiedersi quante istanze della classe situata all'estremo opposto dell'associazione possono essere associate ad essa in un determinato momento. Tali istanze sono opzionali? Ne deve sempre esistere almeno una? Il numero minimo e massimo di possibili istanze associate sono noti a priori?

- **Strategie per identificare gli oggetti nelle strutture d'ereditarietà**.

  » ***Identificazione delle classi base***. Considerare ciascuna classe come potenziale concetto astratto. Esistono delle specializzazioni di tale classe che hanno senso nel dominio del problema e che rientrano nelle responsabilità del sistema? L'ereditarietà camuffa un'esigenza di riuso, oppure manifesta anche comportamenti astratti validi per una famiglia realistica di oggetti?

  » ***Identificazione delle classi derivate***. Considerare ciascuna classe come potenziale concetto specializzato. Esistono delle classi base per le quali la classe in esame costituisce una specializzazione che ha senso nel dominio del problema? L'ereditarietà manifesta comportamenti specializzati e/o eventuali estensioni?

- **Strategie per identificare gli oggetti nelle strutture "Tutto-Parti"**.

  » ***Identificazione dei ruoli "Tutto" e "Parte"***. Considerare ciascuna classe come potenziale oggetto composto o contenitore. È possibile individuare delle "Parti" associabili ad esso che hanno senso nel dominio del problema? Ciascuna "Parte" ha un significato più profondo di un semplice valore?

  » ***Impostazione delle molteplicità***. Isolare la classe corrispondente al ruolo della "Parte". Quante istanze possono essere contemporaneamente collegate con la classe contenitore. Esistono dei casi in cui la "Parte" è opzionale? Esiste un vincolo predefinito sul numero minimo e massimo delle "Parti"?

L'identificazione degli oggetti dipende sostanzialmente dalla prospettiva con cui osserviamo il dominio del problema. Per creare *modelli di dominio profondi*, ossia **modelli ricchi di aspetti che rendono esplicita la conoscenza applicativa dell'esperto**, dobbiamo prestare molta cura ai nomi e alla forma delle astrazioni. Attorno ad un oggetto ruotano una serie di informazioni che, attraverso attributi e servizi, definiscono le responsabilità dell'oggetto stesso. Tali responsabilità, unitamente al nome, evocano nella mente dell'osservatore esperto associazioni di idee con altri oggetti, dando forma a un modello concettuale reticolare. Più tale modello riflette il modello mentale che si forma nella mente dell'esperto che osserva il dominio del problema, più il modello che abbiamo costruito è profondo.

TERMINOLOGIA
Modelli di dominio
"profondi"

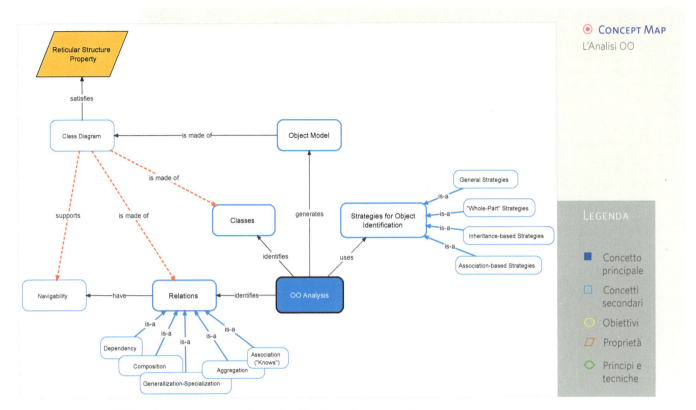

3.3.3. Strumenti per gestire la complessità nel paradigma a oggetti

Il paradigma a oggetti si basa su una serie di strumenti concettuali e principi sinergici rispetto al tentativo di gestire meglio la complessità dei sistemi software. In parte, tali strumenti sono "ereditati" dai metodi precedenti, come l'astrazione procedurale (Analisi Strutturata). In altri casi, come le strutture "Generalizzazione-Specializzazione" e "Tutto-Parti", si tratta di contributi ricondotti spesso al paradigma OO, pensati per facilitare il compito di analisti e sviluppatori, costantemente impegnati a combattere con requisiti che cambiano, scadenze imminenti, lunghi cicli di manutenzione e costi di sviluppo difficili da prevedere e contenere. Per comprendere appieno il paradigma OO è necessario interiorizzare i seguenti strumenti di gestione della complessità, altrimenti si crea un progetto "vestito" da oggetti, ma ancorato a vecchi schemi strutturati:

- Astrazione.
- Tipi di dato astratto.
- Incapsulamento.
- Associazione d'idee.
- Ereditarietà, polimorfismo e principio di Sostituibilità di Liskov.
- Metodi di organizzazione della conoscenza.
- Principio di scala.
- Comunicazione tramite messaggi.

Astrazione

L'astrazione è un meccanismo che va applicato su diverse scale

Esistono due tipi di astrazione ricorrente negli approcci industriali allo sviluppo del software precedenti la diffusione dei linguaggi ad oggetti: l'astrazione procedurale e quella sui dati. Entrambi sono manifestazione di un principio di astrazione più generale. Il principio di astrazione nella sua forma generale non corrisponde a una singola formula che viene applicata sempre allo stesso modo, ma è invece dipendente dal tipo di elementi su cui viene utilizzato. Poiché tali elementi possono riguardare sia aspetti molto piccoli di un sistema software (come l'evento associato a uno specifico pulsante dell'interfaccia utente), sia aspetti molto grandi (come l'intero sottosistema che gestisce la persistenza dei dati), dobbiamo considerare l'effetto dell'astrazione su diverse scale. Se, infatti, stiamo progettando una classe, esso ci invita a isolare esclusivamente quelle informazioni (attributi) o quei servizi che ricadono all'interno del dominio del problema e che possono essere ricondotti a precise responsabilità della classe, mantenendo alto il livello di coesione. Se stiamo, invece, analizzando uno specifico servizio, ci concentreremo esclusivamente sui suoi dettagli interni, tralasciando altri aspetti non correlati alla dinamica descritta, agli algoritmi usati, ai parametri ricevuti in input e alla computazione del risultato da fornire in output. Se stiamo, infine, cercando di scomporre un vasto dominio in parti più semplici, ci concentreremo dapprima sull'individuazione delle aree più grandi (i sottosistemi), per poi scendere nei dettagli. Prima o poi dovremo probabilmente toccare tutti questi livelli nell'ambito di un progetto complesso.

PRINCIPIO 3.1
ASTRAZIONE

Il *principio di astrazione* stabilisce che, per descrivere un dominio complesso sia in estensione, sia in profondità, è necessario concentrarsi su uno specifico aspetto alla volta, quello che è il soggetto dell'analisi corrente, ignorando esplicitamente tutti gli altri aspetti che non sono importanti per lo scopo attuale. In tal senso, astrarre significa eliminare i dettagli irrilevanti, amplificando gli aspetti essenziali.

🡒 RIFERIMENTI

1. Coad, P.; Yourdon, E. *Object-Oriented Analysis 2/E*. Prentice Hall, 1991. ISBN 0-136-29981-4

Astrarre significa ignorare selettivamente i dettagli inutili per amplificare ciò che resta: gli aspetti essenziali

Astrarre significa quindi buttare via, ignorare, *escludere selettivamente* informazione ritenuta non utile, per concentrarsi solo su ciò che è importante rispetto all'attività e agli obiettivi correnti. Stabilire cosa tenere e cosa scartare è probabilmente la scelta più difficile e importante che un'analista deve compiere. Se sottovalutiamo alcuni aspetti essenziali del problema, questi si manifesteranno prima o poi, costringendo l'analista a rivedere (talvolta anche pesantemente) il suo lavoro, con potenziali ricadute negative su design e implementazione. D'altro canto, se cerchiamo di includere fin da subito tutto, saremmo ben presto sopraffatti dalla complessità del mondo che cerchiamo di confinare all'interno del sistema.

Come osservano Coad e Yourdon, la maggior parte delle cose con cui ci scontriamo nel mondo reale sono intrinsecamente complesse al punto che non riusciamo mai ad afferrarle in un colpo solo. Utilizzando il principio di astrazione, piuttosto che cercare di comprendere il problema interamente, ne selezioniamo una parte. Sappiamo che esso contiene altri dettagli, ma decidiamo di non usarli, *per il momento*. Questa tecnica è molto importante per gestire la complessità. Nel mondo degli oggetti il principio generale di astrazione si manifesta in due forme che confluiscono nel tipo di dato astratto: l'astrazione procedurale e quella sui dati.

L'astrazione procedurale da sola è instabile perché si fonda sulla scomposizione funzionale

L'*astrazione procedurale* viene spesso caratterizzata da strutture di tipo "funzione – sottofunzione". Questo succedeva nel paradigma procedurale e continua ad accadere in quello ad oggetti. A differenza degli approcci strutturati, però, nella prospettiva OO organizzare l'analisi di un sistema software complesso mediante la scomposizione in processi (come prevederebbe l'astrazione procedurale) è in qualche modo arbitrario e instabile. **Il ruolo dell'astrazione procedurale nel Metodo OO è limitato alla specifica interna dei servizi, entro i confini di una singola classe, oppure entro quelli di una collaborazione tra *poche* classi coordinate per svolgere uno specifico compito.** In questo senso, diremo che nel mondo OO **la dinamica è subordinata alla struttura**.

PRINCIPIO 3.2
ASTRAZIONE
PROCEDURALE

Il *principio di astrazione procedurale* stabilisce che ogni operazione che ottiene un effetto ben definito possa essere considerata dai suoi utenti come un'entità singola, nonostante tale operazione sia effettivamente realizzata da una sequenza di operazioni di livello inferiore.

🡒 RIFERIMENTI

1. Coad, P.; Yourdon, E. *Object-Oriented Analysis 2/E*. Prentice Hall, 1991. ISBN 0-136-29981-4

L'astrazione dei dati da sola fornisce una descrizione parziale del "mondo", concentrata esclusivamente sugli aspetti strutturali

L'*astrazione dei dati* è un altro meccanismo molto importante e complementare rispetto all'astrazione procedurale, poiché sposta l'attenzione dalle azioni alle entità, definendo strutture aggregate di dati.

Il principio di astrazione procedurale ha caratterizzato per anni lo sviluppo del software attraverso il paradigma procedurale, mentre quello dei dati è stato il fulcro dei metodi basati sull'analisi dei dati e su quella dell'informazione.

L'approccio OO in un certo senso concilia questi due principi complementari, racchiudendoli all'interno di un costrutto unificante: il *tipo di dato astratto* (o, più brevemente, TDA). Si tratta, tuttavia, di una riconciliazione mediata da concetti chiave come la separazione tra interfaccia e implementazione, l'incapsulamento e la definizione di strutture gerarchiche di ereditarietà o di contenimento.

Tipi di dato astratto

PRINCIPIO 3.3
ASTRAZIONE DEI DATI

Il *principio di astrazione dei dati* permette di definire un tipo di dato aggregato e di considerarlo un'entità a sé stante, indipendentemente dalle sue operazioni che vengono quindi definite ed implementate altrove.

⊙ RIFERIMENTI

1. Coad, P.; Yourdon, E. *Object-Oriented Analysis 2/E*. Prentice Hall, 1991. ISBN 0-136-29981-4

L'idea principale sottostante un TDA è quella di nascondere ogni dipendenza funzionale che esiste tra i dati forniti dall'astrazione e i servizi che operano su di essi. Tali dipendenze (quale dato viene manipolato da quale servizio, come viene implementato uno specifico dato, ecc.) vengono relegate alla parte privata del TDA. Dal punto di vista dei suoi clienti (i moduli che lo utilizzano), un TDA è un oggetto che espone dei servizi pubblici, e tali servizi sono l'unico punto di accesso visto dall'esterno del TDA stesso (interfaccia pubblica).

Il nome (tipo di dato astratto) deriva dalla caratterizzazione del tipo [82], definita in termini dell'interfaccia e delle proprietà che contraddistinguono il tipo stesso, nascondendo ogni informazione relativa a una specifica implementazione (sia delle operazioni, sia dei dati). Applicati alle classi, i dati di un TDA corrispondono agli attributi, mentre le sue operazioni corrispondono ai servizi. Come vedremo, quindi, la classe nella terminologia del Metodo Orientato agli Oggetti altro non è che un tipo di dato astratto imperniato sulla separazione tra interfaccia e implementazione.

Applicando l'astrazione dei TDA, un analista definisce nel mondo degli oggetti sia gli attributi, sia i servizi di una classe. Non solo: egli definisce in particolare *tutti* i servizi che manipolano gli attributi. **L'unico modo per accedere agli attributi è attraverso uno dei servizi del TDA**. Ciò che, ancora una volta, distingue l'approccio OO dai suoi predecessori non è tanto quello di fornire uno specifico tipo di astrazione quanto il fatto che attributi e servizi non sono più aspetti separati (come avviene con la sola astrazione dei dati), ma considerati un tutt'uno nella prospettiva dei TDA (astrazione dei tipi).

L'implementazione interna del TDA definisce sia il modo in cui le informazioni di stato sono conservate, sia come i servizi pubblici manipolano tali informazioni al fine di esibire, attraverso l'interfaccia, il comportamento desiderato. La conseguente inaccessibilità dell'implementazione viene spesso identificata con un altro principio fondamentale del paradigma OO: l'*information hiding* (occultamento dell'informazione).

L'information hiding costituisce una prospettiva secondo la quale un TDA è simile a un iceberg: la parte emersa è visibile dall'esterno ed espone l'interfaccia pubblica, mentre quella sommersa rappresenta la parte segreta in cui è confinata l'implementazione (Figura 3.5). Nel termine "implementazione" confluiscono i seguenti aspetti di un TDA:

PRINCIPIO 3.4
ASTRAZIONE DEI TIPI

Il *principio di astrazione dei tipi* permette di definire un tipo di dato in termini delle operazioni applicabili agli oggetti di quel tipo, col vincolo che i valori dello stato di ciascun oggetto possano essere modificati e osservati solo ed esclusivamente utilizzando tali operazioni.

⊙ RIFERIMENTI

1. Meyer, B. *Object-Oriented Software Construction 2/E*. Prentice Hall, 1997. ISBN 0-136-29155-4

- La *rappresentazione interna* scelta per codificare gli attributi del TDA;

- La *definizione del corpo dei servizi* dichiarati nell'interfaccia pubblica del TDA;

- Eventuali dichiarazioni e definizioni di *servizi di supporto* necessari per implementare i servizi pubblici.

Tutta l'impalcatura dell'information hiding funziona perché il suo meccanismo di protezione si basa sull'assunto che **ogni TDA viene usato sempre e solo attraverso un'interfaccia pubblica che risulta più** *stabile* **dei dettagli implementativi nascosti. È**, di fatto, proprio la stabilità dell'interfaccia che protegge ogni cliente del TDA dai possibili cambiamenti a cui è soggetta l'implementazione sottostante.

Nei linguaggi OO l'information hiding viene implementato mediante la tecnica dell'incapsulamento (riprenderemo il concetto più avanti, in questa sezione).

>> **La stabilità dell'interfaccia di un TDA protegge i suoi clienti dalla propagazione incontrollata dei cambiamenti (effetto domino).**

PUBLIC INTERFACE
- List of services

SECRET PART
 - Internal representation
 - Service implementations
 - Internal support services

Il tipo di dato astratto visto dalla prospettiva dell'information hiding

FIGURA 3.5

ESEMPIO 3.8 INFORMATION HIDING NEL TIPO DI DATO ASTRATTO "PUNTO"

Consideriamo come esempio di TDA la modellazione di un punto in due dimensioni (`Point2D`). Quali sono le caratteristiche di stato che un punto deve memorizzare? Il primo attributo che probabilmente ci viene in mente è la sua *posizione* all'interno di un sistema di riferimento. Un'implementazione naïve fornirebbe le coordinate x e y come attributi, magari specificandone direttamente il tipo implementativo nell'interfaccia pubblica del TDA (ad esempio `double`). Questa, tuttavia, è già una particolare implementazione dell'attributo *posizione*, espresso in coordinate cartesiane. E non è certo la sola possibile. Se cambiassimo sistema di riferimento, un'alternativa potrebbe essere la rappresentazione del punto in coordinate polari (ossia in termini di modulo r e fase Φ).

Questo esempio evidenzia la differenza tra il concetto di *attributo* e la sua specifica, o *rappresentazione interna*. La specifica dovrebbe essere un dettaglio implementativo segreto, di modo che possiamo essere in grado di alterare la nostra scelta iniziale del sistema di riferimento (passando da coordinate cartesiane a coordinate polari) senza causare effetti collaterali sui moduli clienti del TDA `Point2D`. Ecco a cosa serve l'information hiding!

Se dotiamo l'interfaccia pubblica di `Point2D` dei servizi di accesso alle coordinate sia rispetto al sistema di riferimento cartesiano (`GetX`, `GetY`), sia rispetto a quello polare (`GetModule`, `GetPhase`), cambiare la rappresentazione interna avrà come unico impatto la modifica dell'implementazione di tali servizi. Per un modulo cliente, come sia effettivamente implementato l'attributo è ininfluente rispetto alla conoscenza dei servizi forniti da `Point2D`. Grazie a questo livello di protezione dai cambiamenti, i TDA risultano preferibili alle procedure per costruire i moduli architetturali di un sistema software complesso. I TDA, infatti, promuovono un maggior livello di disaccoppiamento nel sistema.

L'attributo fa parte dell'interfaccia pubblica di un TDA, la specifica dell'attributo va invece nascosta nella parte segreta

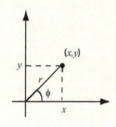

PRINCIPIO 3.5
PRINCIPIO DI INFORMATION HIDING

Le decisioni di design di un TDA che risultano maggiormente instabili vengono "nascoste" all'interno di una parte segreta, in modo da proteggere altre parti del sistema (altri TDA) da eccessive modifiche laddove tali decisioni dovessero effettivamente cambiare.

⊙ **RIFERIMENTI**

1. Coad, P.; Yourdon, E. *Object-Oriented Analysis 2/E.* Prentice Hall, 1991. ISBN 0-136-29981-4

⊙ **VEDI ANCHE**
Ritorneremo sui concetti di attributo e della sua rappresentazione nella distinzione tra attributi virtuali e variabili di istanza a pag. 97

La caratterizzazione data finora ai TDA, supportata dalla metafora dell'iceberg, rimane a un livello piuttosto intuitivo. Una caratterizzazione più formale è espressa nella Definizione 3.9. In essa, i servizi presenti nell'interfaccia pubblica del TDA vengono organizzati in tre categorie complementari, in base al tipo di comportamento generale realizzato. Di seguito tali categorie sono descritte brevemente.

- **Query (Q)**. Sono servizi che forniscono il valore di un attributo, senza alterare lo stato del TDA (ad esempio, il servizio `Point2D.GetX` è un esempio di query). Alcuni autori indicano questo tipo di servizi con il termine di servizi d'accesso (*"accessor"*).

- **Comandi (C)**. Si tratta di servizi capaci di alterare il valore di un attributo, causando la modifica dello stato del TDA (`Point2D.SetX` è un classico comando). Un termine alternativo per questa categoria di servizi è quello di servizi modificatori (*"modifier"*).

- **Servizi di Creazione (SC)**. È la categoria di servizi che creano istanze di TDA. Il servizio di creazione viene contraddistinto in molti linguaggi di programmazione OO dall'operatore new anteposto al nome del TDA da creare[15].

Nella Definizione 3.9 di tipo di dato astratto manca un qualsiasi riferimento agli attributi. Non si tratta di un fattore accidentale: *i dati per un TDA sono impliciti*, da cui deriva la buona pratica di non dotare mai gli attributi di una classe di visibilità pubblica. La specifica di un TDA viene fornita principalmente in termini dei suoi servizi. Qualunque tentativo di tirare in ballo gli attributi ci forzerebbe a decidere una rappresentazione interna, violando il principio di information hiding. Ma se gli attributi sono impliciti, come possiamo specificare il comportamento dei servizi, in particolare quando questi hanno un effetto sui dati? Entrano così in gioco nella caratterizzazione più tecnica dei TDA aspetti formali come le *precondizioni*. Che cosa succederebbe se provassimo a invocare il servizio `GetItem` su una pila vuota? Oppure se provassimo a calcolare la radice quadrata di un numero negativo? Entrambi questi

DEFINIZIONE 3.9 (TIPO DI DATO ASTRATTO)

Un *tipo di dato astratto* fornisce un modello matematico di un'astrazione attraverso la specifica delle seguenti caratteristiche: (a) un insieme di servizi, ripartiti in servizi di creazione, query e comandi; (b) un insieme di assiomi; (c) un insieme di precondizioni, necessarie poiché i servizi forniti dal TDA possono essere funzioni parziali.

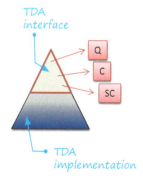

TDA interface

Q
C
SC

TDA implementation

---

15 Ad esempio, per creare un'istanza del TDA `Point2D` e assegnarla alla variabile p, si deve scrivere un'espressione simile a: `p = new Point2D()`, supponendo che nella definizione di `Point2D` sia presente il servizio di creazione `Point2D()` che non riceve parametri in input e fornisce in output un nuovo oggetto `Point2D`.

esempi rappresentano casi di *funzioni parziali*, ossia di operazioni che non sono sempre definite per ogni possibile valore dei propri argomenti o dello stato interno del TDA di cui fanno parte. Per proteggere sia la coerenza interna del TDA, sia quella dei moduli cliente, dall'invocazione di servizi che realizzano funzioni parziali, vengono impiegate le precondizioni.

Il fallimento di una precondizione segnala un comportamento indefinito. L'errore va ricondotto al codice chiamante che invoca il servizio in un contesto illegale e non al TDA in questione

Una *precondizione* **rappresenta le condizioni sugli argomenti di un servizio (ed, eventualmente, sullo stato interno del TDA) che devono essere soddisfatte affinché l'esecuzione del servizio stesso possa essere conforme alle sue specifiche**. Se una precondizione non viene soddisfatta, il comportamento del servizio è indefinito, indipendentemente da quale sia la sua formalizzazione. Tutti i moduli cliente di un servizio devono garantire le precondizioni di quel servizio prima di poterlo invocare.

🔻 **TERMINOLOGIA**
Precondizione

ESEMPIO 3.9 PRECONDIZIONI, FUNZIONI TOTALI E FUNZIONI PARZIALI NEL TDA "PILA"

Consideriamo il tipo di dato astratto `Stack` dotato dei servizi `GetItem`, `Put`, `Remove` e `IsEmpty`. `Put` e `IsEmpty` sono funzioni totali in quanto possono essere invocate in qualunque stato si trovi la pila. Esse non hanno precondizioni significative (proprietà logiche che non risultino banalmente vere). `GetItem` e `Remove` invece sono funzioni parziali, per cui *devono* essere dotate di precondizioni. A differenza delle funzioni totali, le funzioni parziali si basano su assunzioni che devono essere verificate per poter essere invocate (ad esempio, che la pila contenga almeno un elemento quando si accede ad essa per recuperare l'elemento di testa). Nello specifico caso di `GetItem` e `Remove`, entrambi i servizi richiedono che la pila non sia vuota, quindi la loro precondizione sarà l'espressione logica

```
Stack.IsEmpty(s) == false
```

dove `s` è l'istanza del TDA `Stack` su cui si vuole invocare i servizi `GetItem` e `Remove`.

Dai tipi di dato astratto alle classi

Perché i TDA sono rilevanti nel mondo degli oggetti? Come suggerisce Bertrand Meyer [47], i TDA sono essenziali per comprendere il paradigma OO in quanto ogni classe del modello a oggetti è riconducibile a un TDA.

La Definizione 3.10 mette in luce i tanti punti in comune tra la caratterizzazione dei TDA e le classi. **La programmazione OO è, infatti, basata su un'evoluzione del concetto di TDA, esteso attraverso incapsulamento, ereditarietà e polimorfismo**.

La presenza di una possibile parziale implementazione è riconducibile direttamente all'ereditarietà e ai servizi astratti. L'incapsulamento è riconducibile invece al principio di information hiding, che viene realizzato nelle classi sostanzialmente attraverso il modificatore di accesso `private`.

Tutti i servizi di una classe sono organizzabili in interrogazioni (query) e comandi. **Il servizio di creazione nelle classi si chiama** *costruttore* ed è invocabile in modo analogo ai TDA mediante l'operatore `new` o un suo costrutto equivalente, a seconda dell'ambiente e del linguaggio di programmazione adottato. Ogni servizio di una classe, infine, è almeno implicitamente dotato di una precondizione che stabilisce l'insieme delle condizioni che il modulo chiamante deve rispettare al fine di poter effettuare la chiamata.

La combinazione di costruttori, query, comandi e precondizioni forniscono l'impalcatura di base per i TDA, nonché per un approccio formale allo sviluppo del software con le classi chiamato Design by Contract [46].

I tipi di dato astratto si basano sul costrutto di modulo

La più importante differenza tra i TDA e le classi riguarda la sintassi degli oggetti. I TDA costituiscono un paradigma fondato sulla natura del modulo come contenitore di "dati e operazioni". Tutti i linguaggi che supportano tale costrutto possono fornire implementazioni valide di un TDA. In mancanza dell'astrazione d'oggetto, tuttavia, un'istanza di TDA in un linguaggio imperativo deve essere sempre passata come argomento del servizio invocato, altrimenti il modulo non saprebbe su quali valori specifici dei dati operare.

DEFINIZIONE 3.10 (CLASSE - VERSIONE TDA)

Una classe *è un particolare TDA, equipaggiato da una possibile, parziale implementazione.*

(Bertrand Meyer)

🔻 **TERMINOLOGIA**
Costruttore

ESEMPIO 3.10 Il TDA COME MODULO: UN "PUNTO" IN MODULA-2

Uno dei primi linguaggi a supportare pienamente i costrutti di modulo e di tipo di dato astratto fu MODULA-2. In tale linguaggio, il TDA Point2D avrebbe un aspetto simile a quello riportato nel Listato 3.1. Come prima cosa è stata scelta una rappresentazione interna per gli attributi che definiscono la posizione del punto in un sistema di riferimento. In questo esempio è stato adottato per il sistema di riferimento Cartesiano e una rappresentazione interna costituita da un array di numeri reali che memorizza i valori delle due coordinate. L'incapsulamento delle funzioni di accesso getX e getY sono una naturale conseguenza di questa scelta.

LISTATO 3.1   DEFINIZIONE DEL TIPO DI DATO ASTRATTO POINT2D IN MODULA-2

```
6   DEFINITION MODULE Point2D;
7
8   TYPE
9     Point = ARRAY [1..2] OF REAL;
10  PROCEDURE getX (p : Point) : REAL;
11    (*returns the first, x-coordinate of the point *)
12  PROCEDURE getY (p : Point) : REAL;
13    (*returns the second, y-coordinate of the poin *)
14  ...
15
16  IMPLEMENTATION MODULE Point2D;
17
18  PROCEDURE getX (p : Point) : REAL;
19  BEGIN
20    RETURN p[1];
21  END getX;
22
23  PROCEDURE getY (p : Point) : REAL;
24  BEGIN
25    RETURN p[2];
26  END getY;
27  ...
28  END Point2D
```

> Una classe è allo stesso tempo modulo e tipo: come modulo può implementare un TDA, come tipo può essere usata alla stessa stregua dei tipi predefiniti

Passare dal TDA nello stile dei moduli a quello degli oggetti significa programmare in termini di istanze. Non è più il modulo Point2D a essere invocato sullo specifico punto passato come argomento della chiamata, ma è lo stesso oggetto punto a fornire il servizio. Il costrutto di classe nel paradigma OO funge sia da tipo, sia da modulo. Implementativamente, tutto il codice dei servizi viene memorizzato nella classe, mentre gli attributi vengono duplicati in memoria per ciascun oggetto.

Affinché ciascun servizio di una classe possa accedere ai valori di stato dello specifico oggetto su cui viene invocato, è necessario conoscere l'indirizzo in memoria nel quale tali valori vengono salvati.

> Il riferimento this permette ad un modulo di "parlare" ad un oggetto

Attraverso il riferimento this, una sorta di puntatore nascosto che ciascun servizio riceve a run-time come argomento implicito, ogni riferimento a un attributo viene risolto rispetto all'oggetto corrente. L'equivalente codice del TDA Point2D scritto in Java è illustrato nel Listato 3.2.

> ● **VEDI ANCHE**
> L'esempio del TDA Punto è ispirato dalle slide del corso di Progettazione e Analisi Orientate agli Oggetti (PAOO), tenuto dal Prof. Stefano Mizzaro all'Università degli Studi di Udine:
> http://users.dimi.uniud.it/~stefano.mizzaro/dida/index.html

LISTATO 3.2   IL TIPO DI DATO ASTRATTO POINT2D IMPLEMENTATO IN JAVA

```
1   public class Point2D {
2     private double _x;
3     private double _y;
4
5   // constructor(s)
6     public Point(double x, double y)
7     {
8       this._x = x; this._y = y;
9     }
```

(continua)

```
10
11   // accessors
12     public double getX() {return _x;}
13     public double getY() {return _y;}
14
15   // modifiers
16     public void setX(double x) {this._x = x;}
17     public void setY(double y) {this._y = y;}
18     ...
19   }
```

Il programmatore di un ipotetico codice cliente non scriverebbe dunque:

LISTATO 3.3   UN UTILIZZO NELLO STILE PROCEDURALE DEI TDA

```
1    // TDA non OO: i servizi sono forniti a livello di moduli (static?)
2    // prendono come input la specifica istanza di TDA su cui lavorano
3    double xcoord = Point2D.GetX(p);  // p is an instance of Point2D
```

bensì:

LISTATO 3.4   UN UTILIZZO NELLO STILE OO DEI TDA

```
1    // TDA OO: i servizi sono forniti a livello di istanza (riferimento this nascosto)
2    // Non serve passare esplicitamente un parametro come argomento della chiamata
3    double xcoord = p.GetX();
```

Incapsulamento

L'incapsulamento definisce una capsula che protegge i clienti dalle modifiche interne e l'oggetto dalle intrusioni esterne

L'incapsulamento è quella tecnica che permette di applicare il principio dell'information hiding nei sistemi software orientati agli oggetti.

Ogni oggetto ben progettato è dotato di una *capsula* (Figura 3.6) **che nasconde le scelte implementative interne, proteggendo i propri clienti dalle modifiche e se stesso dalle intrusioni.**

Se una decisione implementativa (ad es. come rappresentare uno specifico attributo) non è nota all'esterno, nessun modulo cliente dell'oggetto dipenderà da tale decisione. Ciò lo protegge da eventuali modifiche (a patto che l'interfaccia pubblica dell'oggetto rimanga stabile).

Se un cliente non può manipolare lo stato interno di un oggetto, non può neanche alterarlo arbitrariamente, potendo utilizzare *solo* i servizi presenti nell'interfaccia pubblica di quest'ultimo. Quando tali servizi sono scritti preservando l'integrità del TDA, ogni interazione manterrà l'oggetto in uno stato coerente.

ESEMPIO 3.11 RESPONSABILITÀ DI UN OGGETTO E METODI "GET/SET"

Perseguendo l'idea di incapsulare i dati all'interno della parte privata di una classe, molti programmatori evitano l'utilizzo di attributi pubblici, salvo poi dotare sistematicamente quella stessa classe di servizi d'accesso "Get/Set".

Il senso di protezione offerto da tale forma di incapsulamento è però illusorio. L'implementazione della classe Point2D fornita nel Listato 3.2 ne è un chiaro esempio.

(continua)

🔴 **CATTIVA PRATICA**
Dotare sistematicamente le classi di metodi "Get/Set" indebolisce l'incapsulamento perché espone le scelte implementative relative alla rappresentazione interna dello stato del TDA.

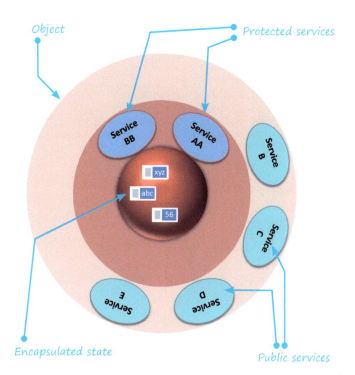

Object
Protected services
Service BB
Service AA
Service B
xyz
abc
56
Service C
Service E
Service D

Oggetti e incapsulamento
FIGURA 3.6
Encapsulated state
Public services

(Esempio 3.11 — continua da pag. 86)

Esporre un attributo attraverso un servizio "Get" significa indebolire la capsula protettiva dell'oggetto perché espone di fatto le decisioni sulle rappresentazioni interne degli attributi. I moduli clienti, infatti, finiscono per dipendere in questo modo da scelte implementative quali il tipo dell'attributo e il suo nome. Ogni cambiamento di rappresentazione si rifletterà negativamente su tutti i clienti (modifiche, ricompilazioni, ecc.). Ovviamente questa considerazione è valida nella misura in cui i metodi "Get/Set" si limitino effettivamente a esporre la rappresentazione interna degli attributi. Se, invece, effettuassero delle trasformazioni di rappresentazione, allora il discorso sarebbe diverso.

Raramente l'esposizione sistematica degli attributi coincide con i compiti che una classe deve svolgere. Per entità molto semplici e concepite prevalentemente per rappresentare informazioni come punti, colori, date, ciò può anche essere tollerato. Più in generale, esporre lo stato interno è un retaggio della programmazione procedurale, in cui un modulo Main accede ai dati dei vari moduli che gestisce, facendo poi convergere su di sé tutta la logica di controllo e di business.

Immaginiamo, ad esempio, di dover coordinare la stampa di un oggetto libro (Book). Supponiamo che il modulo libro sia formato da una collezione di capitoli (Chapter) e che ciascun capitolo sia costituito da un insieme di pagine (Page). Il modulo Main in una tipica implementazione procedurale chiederebbe al libro l'elenco dei suoi capitoli. Poi, a ciascun capitolo, chiederebbe l'elenco delle sue pagine. Per ciascuna pagina, infine, invocherebbe il servizio di stampa Page.Print().

Il Listato 3.5 illustra questa logica, mentre la Figura 3.7 descrive il sistema di dipendenze innescato dalle relazioni tra le classi coinvolte nello scenario di stampa del libro.

LISTATO 3.5   LA STAMPA DI UN LIBRO NELLO STILE PROCEDURALE

```
1   // main.cpp
2   int main(int argc, char * argv[]);
3   {
4     Book myBook;
5     ...
6      // retrieve all chapters
7     vector<Chapter> chapters= myBook.GetChapters();
8     for(i=0; i<chapters.size(); i++)
9     {
10       // for each chapter, retrieve all pages
11      Vector<Page> pages= chapters[i].GetPages();
12      for(j=0; i<pages.size(); i++;)
13      {
14         // for each page in a chapter, print it
15        Page p= pages[j].Print();
16      }
17    }
18  }
```

(continua)

(Esempio 3.11 — continua da pag. 86)

Già da una prima analisi del diagramma di Figura 3.7 si intuisce come le classi Book e Chapter siano "coreografi-che", o se preferiamo "stupide", in quanto non forniscono un servizio orientato a un compito. Espongono semplice-mente il loro stato interno "a uso e consumo" dei loro clienti. L'unica classe che "sa cosa fare" in questo design è la classe Page che fornisce il metodo di stampa (riga 15, Listato 3.5). Ma se il compito da svolgere è quello di stampa-re un libro, la singola pagina non sarà in grado di prendere tutte le decisioni importanti (ad esempio, stampare solo le pagine pari, stampare tutte le pagine, stampare solo un capitolo, stampare un intervallo di pagine, e così via.). Tali responsabilità ricadranno sul modulo Main che ben presto, per compiti più complicati della stampa di un libro, diventerà complesso da gestire.

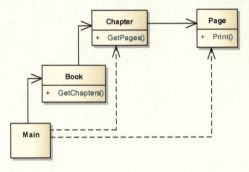

La filosofia degli Paradigma OO, invece, consiste nel costruire una comunità di oggetti che collaborano per svolgere un compito. La logica responsabile di prendere le "decisio-ni importanti" viene allocata su più oggetti. Anziché demandare all'esterno il servizio di stampa, la classe Book deve assumerne la responsabilità. I moduli cliente non devono essere interessati ad acquisire parti interne del libro (per farne cosa?). Nell'Analisi OO dobbiamo concentrarci sui servizi che il libro deve fornire e progettare l'interfaccia pub-blica del suo TDA in modo che vengano esposte proprio tali responsabilità. Utilizzando l'incapsulamento, proteggiamo i moduli clienti (Main in questo caso) dal conoscere la complessità relativa a com'è fatta una rete di oggetti. Attraverso il principio di delega dei compiti, sarà responsabilità della classe Book chiedere di collaborare alle classi Chapter e Page. Ciò che dobbiamo fare è dotare Book di tutti i servizi che forniscono i vari tipi di stampa (PrintAll, PrintOddPages, PrintEvenPages, PrintChpaters, ecc.). La delega dei compiti di Book alle altre classi è secretata nell'implementazione.

Stampa di un libro usando lo stile procedurale

FIGURA 3.7

La conseguenza diretta di questa ridistribuzione delle responsabilità si manifesta anche sul codice della classe Main che diventa più semplice poiché non deve conoscere tutti i dettagli implementativi dei servizi di stampa, né deve manipolare direttamente le "Parti" Chapter e Page dal contesto di Book.

LISTATO 3.6   IL CODICE DEL MODULO MAIN

```cpp
1   // main.cpp
2   int main(int argc, char* argv[]);
3   {
4   Book myBook;
5   ...
6   myBook.PrintAll();
7   }
```

Il nuovo diagramma di Figura 3.8 illustra questo diverso approccio. Individuato il vero compito che la classe Book deve svolgere, non c'è più alcuna necessità di esporre lo stato interno mediante servizi accessori "Get/Set". Il siste-ma di dipendenze inoltre mostra un debole accoppiamento tra Main e le altre classi coinvolte.

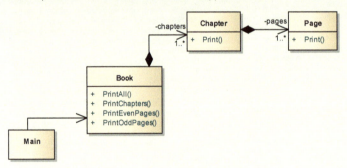

Stampa di un libro secondo lo stile orientato agli oggetti

FIGURA 3.8

L'attrattiva principale dell'incapsulamento come strumento di gestio-ne della complessità è legata al contenimento dell'effetto domino: se correttamente utilizzato, l'incapsulamento riduce le modifiche da fare per alterare un sistema esistente o per costruirne uno nuovo a partire da moduli pre-esistenti. Se un progettista incapsula la parte dell'analisi che ritiene più mutevole, allora (l'inevitabile) cambiamento dei requisiti minaccia molto meno lo sforzo complessivo. **L'incapsulamento diventa, quindi, uno strumento che il progettista ha a disposizione per localiz-zare le sorgenti di cambiamento, ossia le parti che si ritiene più fragili di un sistema software.** Se egli riesce a creare una sorta di muro di contenimento attorno a tale fragilità, allora sarà anche in grado di ridurne gli effetti collaterali. Attorno a questa strategia ruota gran parte della progettazione ad oggetti.

I Diagrammi di Classe e il Metodo Object-Oriented

A differenza dell'information hiding (che è un principio generale), l'incapsulamento è una tecnica nata con la nozione di modulo e che trova la sua massima espressione (oggi) nell'impalcatura degli oggetti. Da un punto di vista implementativo, ciascun linguaggio di programmazione stabilisce le regole e il supporto sintattico per definire la capsula. Il meccanismo generale che viene utilizzato praticamente in tutti i moderni linguaggi OO è quello di nascondere/proteggere le scelte implementative limitando la visibilità degli attributi e dei servizi, attraverso i *modificatori di visibilità* `private` e `public`.

L'introduzione dell'ereditarietà pone la questione di come trattare le classi derivate rispetto all'incapsulamento. Diversi linguaggi come Java e C++, pur con le loro diverse interpretazioni, forniscono il modificatore `protected` proprio per restringere l'accesso a un elemento di una classe base ai soli moduli che da essa derivano (direttamente o indirettamente). Più nello specifico, la filosofia di incapsulamento che sta dietro alle regole di visibilità imposte, ad esempio, dal linguaggio C++ è la seguente:

- Una qualsiasi classe può limitare la visibilità dei propri membri, adottando le regole discusse nella Sezione 3.2 a pag. 71. L'unica eccezione a tali regole è costituita dal costrutto `friend` che garantisce un accesso completo alle parti private di una classe da parte di un insieme controllato di altre classi o servizi. Ovviamente il costrutto `friend` è una chiara violazione all'incapsulamento, quindi andrebbe utilizzato con parsimonia e solo da programmatori esperti.

- Una classe derivata può ulteriormente restringere la visibilità dei membri di una sua classe base, ma non può mai aumentarla. In particolare, i membri privati a livello di classe base rimangono privati nelle classi derivate.

- Per quanto concerne la visibilità dei membri pubblici e protetti di una classe base, il discorso si fa un po' più complicato nel caso del C++ poiché tale linguaggio mette a disposizione del programmatore diverse forme di ereditarietà. Nel caso dell'*ereditarietà pubblica* (quella discussa finora), tali membri conservano nelle classi derivate il proprio livello di visibilità; viceversa, nel caso dell'*ereditarietà protetta*, entrambi i membri pubblici e protetti definiti nelle classi base diventano nelle classi derivate membri protetti; infine nel caso della *ereditarietà privata*, sia i membri pubblici, sia quelli protetti nella classe base diventano privati nelle classi derivate.

⊙ Vedi anche
Per ulteriori informazioni su tali aspetti consultare la scheda *"q Approfondimenti: Forme particolari di ereditarietà" a pagina 93.*

Altri linguaggi a oggetti definiscono regole leggermente diverse sulla visibilità, sia per l'assenza di determinati costrutti come l'ereditarietà protetta e privata, sia per il diverso livello di flessibilità fornita (Eiffel, ad esempio, permette a una classe derivata sia di ridurre, sia di aumentare la visibilità dei membri dichiarati a livello di classe base). Come regola generale, è buona norma pensare all'ereditarietà in termini di ereditarietà pubblica.

Associazione d'idee

L'associazione come metodo di gestione della complessità rappresenta l'unione o la connessione di idee e concetti. Quando analizziamo un sistema e iniziamo a pensare al suo dominio applicativo, usiamo l'associazione per legare insieme concetti che fanno parte di uno stesso contesto. Ad esempio, partendo da uno specifico evento come l'entrata di un velivolo nello spazio aereo supervisionato da un radar, finiamo per ragionare su altri eventi correlati che avvengono nello stesso istante di tempo o in circostanze simili, come l'identificazione della traiettoria del velivolo, della sua velocità, della traiettoria e velocità di altri velivoli nello stesso settore di spazio aereo, della possibilità di eventuali collisioni, e così via. **Questa associazione d'idee porta a creare dipendenze tra concetti che, secondo l'Analisi OO, devono trovare una corrispondenza nella struttura del sistema software**. Da un punto di vista notazionale, l'associazione viene rappresentata dall'omonima relazione UML introdotta in precedenza come semplice "link" e descritta più formalmente nella Sezione 3.4.4.

Ereditarietà e polimorfismo

L'ereditarietà non è soltanto un costrutto sintattico utilizzato nella scrittura di programmi orientati agli oggetti: è anche un altro dei principi essenziali di gestione della complessità che sta alle fondamenta del Metodo OO. Se impiegato correttamente, esso è infatti uno strumento potente per organizzare un insieme di concetti e relazioni in strutture di Generalizzazione - Specializzazione. **Dal punto di vista del design, inoltre, l'ereditarietà è un meccanismo ideale per nascondere** *variabilità* **(nuove classi derivate, simili ma con differenti implementazioni di uno stesso servizio, ecc.) all'interno di un'interfaccia comune, rappresentata dalla classe base e dal suo protocollo**.

Usata in questo modo, l'ereditarietà porta il principio dell'information hiding a un più alto livello: nascondere tutta la variabilità delle classi derivate e promuovere le collaborazioni rispetto alla la classe base (vista come interfaccia e "punto di contatto" verso il mondo esterno). Tutti i moduli cliente dovrebbero "parlare" solo con tale interfaccia, sfruttando le implementazioni sottostanti in modo trasparente. Questo meccanismo è reso possibile grazie al *polimorfismo* e al *Principio di Sostituibilità di Liskov*.

Il polimorfismo consente di scrivere codice molto compatto ed elegante. Immaginiamo di avere una collezione di figure geometriche, memorizzate all'interno di un array. Lo stile procedurale di accedere a ogni figura per disegnarla indurrebbe a scrivere un codice simile a quello del Listato 3.7, nel quale la procedura `drawShape` riceve in input una variabile `Shape` e la disegna. Poiché `Shape` è una classe astratta, per decidere quale figura disegnare effettivamente, nell'esempio proposto viene eseguito un *downcast*, ossia una conversione esplicita del riferimento s di classe base a ogni possibile classe derivata da `Shape`. Lo stile di programmazione è quello per casi. Maggiore è il numero di classi derivate presenti nella gerarchia, più si allunga la catena di `if-then-else`. Il codice cliente deve in questo modo nominare *esplicitamente* ogni singola classe derivata.

DEFINIZIONE 3.11 (POLIMORFISMO)

Il *polimorfismo* (dal greco "assumere molte forme") nella programmazione a oggetti indica la capacità di un nome (ad esempio una dichiarazione di variabile) di riferire uno specifico tipo (una classe base) ma di denotare a run-time oggetti appartenenti a diversi sottotipi (ossia classi derivate della classe base riferita). Per questa ragione, tale forma viene anche chiamata polimorfismo di sottotipo.

TERMINOLOGIA
Downcast e
"Programmazione per Casi"

CATTIVA PRATICA
Creare dipendenze esplicite verso le classi derivate di una gerarchia d'ereditarietà aumenta il livello generale di accoppiamento e riduce la manutenibilità del codice.

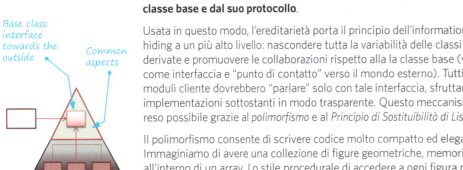

Base class: interface towards the outside — Common aspects — Derived classes — Client module

LISTATO 3.7 IL POLIMORFISMO NELLO STILE DI PROGRAMMAZIONE PROCEDURALE

Shape
- area
- perimeter
+ Draw()

Downcast

{...}

Triangle
- base
- height
+ Draw()

Rectangle
- height
- width
+ Draw()

```
1    // client.java
2    void drawShape(Shape s)
3    {
4      if (s instanceof Triangle) {
5        drawTriangle(s);
6      }
7      else if (s instanceof Rectangle) {
8        drawRectangle(s);
9      }
10     else ...
11   }
```

L'operatore `instanceof` indica se la variabile passata come primo argomento (s) è un'istanza del tipo specificato come secondo argomento (`Triangle` nell'istruzione di riga 4, `Rectangle` in riga 7). Ogniqualvolta aggiungiamo una nuova figura geometrica alla gerarchia `Shape`, dobbiamo rivedere *tutti* i moduli cliente che contengono del codice simile a quello del Listato 3.7 e aggiungere un ulteriore ramo di conversione esplicita. Avremmo quindi molte parti del sistema da controllare, con un'elevata possibilità di non identificarle tutte. Considerando, inoltre, che la logica implementata da ciascun ramo nei vari moduli è simile ma non *esattamente* la stessa rispetto agli altri rami, il sistema diventa molto fragile ai cambiamenti.

La soluzione polimorfa nello stile a oggetti, invece, non effettua conversioni esplicite e, quindi, non presenta questo problema. Il codice riportato nel Listato 3.8 evidenzia come ogni modulo cliente invochi un servizio generico `Draw`, attraverso l'interfaccia `Shape`. Ogni classe derivata ridefinisce tale servizio, fornendo una propria implementazione che verrà sfruttata "dietro le quinte", in modo trasparente rispetto al codice chiamante.

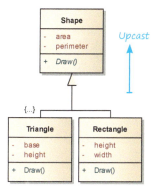

```
1    // Shape.java
2    class Shape {
3      void abstract Draw();   // abstract service: no implementation
4      ...
5    }
6    // Triangle.java
7    class Triangle extends Shape {
8      void Draw() {
9        System.out.println("Triangle.draw()");
10     }
11   }
12   // Rectangle.java
13   class Rectangle extends Shape {
14     void Draw() {
15       System.out.println("Rectangle.draw()");
16     }
17   }
18
19   // Client.java
20   // Drawing utility: draw a collection of shapes
21   public void drawShapes(Shape[] s) {
22     ...
23      // Make polymorphic call
24     for(int i = 0; i<s.length; i++) {
25       s[i].Draw(); // s[i] is an upcasting
26     }
27   }
28
29   public static void main(String [] args)
30   {
31     Shape[] theShapes;
32     ...
33      // shapes istantiation
34     Shape[0]= new Triangle(0,0,1,0,0,1);
35     Shape[1]= new Rectangle(0,0,0.5,0,1,0,0.5,1);
36     Shape[2]= new Triangle(1,0,2,0,5,6);
37     Shape[3]= new Triangle(3,6,5,6,7,8);
38
39      // shapes drawing
40     drawShapes(theShapes);
41   }
```

Il *polimorfismo di sottotipo* **si basa sulla (ri)definizione di un servizio di classe base nelle classi derivate** (*override*), **combinata a una** *conversione implicita* **del tipo di un oggetto da classe derivata a classe base** (*upcasting*), **cosicché il programmatore possa scrivere il codice come se stesse davvero invocando un servizio di classe base**. Per capire bene questo concetto, esaminiamo il Listato 3.9.

⊙ **TERMINOLOGIA**
Polimorfismo di sottotipo, override e upcast

LISTATO 3.9   UNA PROCEDURA GENERALE DI DISEGNO DI UNA FIGURA

```
1    // Client.java
2    // Drawing utility: draw a single shape
3    public void drawShape(Shape s) {
4      s.Draw();
5    }
```

Ciascun modulo cliente non conosce (nel proprio codice) gli oggetti che vengono riferiti attraverso una chiamata di servizio polimorfa. In contrapposizione alla programmazione per casi, questo approccio è noto anche col motto di "Programmazione Anti-If"

Quando scriviamo un'istruzione del tipo `s.Draw()`, stiamo manipolando un riferimento di `Shape` che punterà a run-time a una specifica classe derivata (ad esempio, `Rectangle`). Il modulo cliente che contiene la procedura `drawShape`, in generale, non è però a conoscenza dello specifico oggetto che riceve come parametro: l'unico tipo riferito nella procedura in esame è un riferimento a `Shape`.

Trattando un oggetto di classe derivata come se fosse a tutti gli effetti un riferimento a classe base, stiamo effettuando implicitamente l'upcasting che contraddistingue un codice polimorfo. Il modulo cliente "crede" quindi di invocare un servizio della classe base `Shape`. Ciò che avviene a run-time invece è più complicato. Scrivere:

```
s.Draw();
```

non è la stessa cosa che invocare *staticamente* un servizio di classe base:

```
Shape.Draw();
```

Nel secondo caso, stiamo legando la chiamata alla classe `Shape`, mentre nella prima scrittura il servizio `Draw` viene legato al tipo dell'oggetto "puntato" dalla variabile s. Ne consegue che la versione del servizio `Draw` effettivamente eseguita viene decisa a run-time, al momento dell'inizializzazione della variabile s. Questo codice potrebbe stare in un terzo modulo che utilizza sia il modulo client (Client2.java), sia la gerarchia di `Shape`, come illustrato nel Listato 3.10. In questo modo spostiamo le dipendenze di creazione in un modulo dedicato, rendendo la logica applicativa isolata rispetto a tale conoscenza.

LISTATO 3.10   UN PROGRAMMA CHE USA SIA Shape SIA Client

```
1   // Client2.java
2   Shape s= new Rectangle();   // create a new shape
3   Client c;
4   ...
5   Shape s= new Rectangle();   // draw the specific new shape
6                               // client c does not know the real shape instantiated
7   }
```

Il polimorfismo di sottotipo è la sintesi di due caratteristiche legate all'ereditarietà: l'upcasting e il late binding

A differenza dell'approccio procedurale, il codice che effettua il legame tra un riferimento a classe base e l'oggetto istanziato a run-time (appartenente a una classe derivata) non viene scritto esplicitamente dal programmatore, ma viene generato dal compilatore, sfruttando opportune strutture dati come la *v-table*, una tabella virtuale di puntatori alle specifiche versioni dei servizi sovrascritti o ridefiniti nelle classi derivate.

Questo "codice di supporto" (che sarebbe piuttosto pedante da scrivere e foriero di errori, visto che si tratta di una sorta di `switch/if-then-else` analogo alla versione procedurale discussa precedentemente) realizza il "legame ritardato" e, non a caso, dà il nome alla seconda caratteristica (dopo l'upcasting) correlata al polimorfismo: il *late binding* (o dynamic binding). Il polimorfismo di sottotipo, con le sue caratteristiche di upcasting e late binding, è espressione di un principio che viene associato alla solidità di una gerarchia d'ereditarietà: il *principio di sostituibilità di Liskov*.

Il principio di sostituibilità di Liskov è importante perché caratterizza una nozione di sottotipo (classe derivata) secondo la quale, se siamo in grado di stabilire la validità di una proprietà a livello di classe base, allora tale proprietà varrà su una qualsiasi istanza di classe derivata, indipendentemente dal programma che sta utilizzando la gerarchia. Si tratta di un risultato non banale, né ovvio, ma di fondamentale importanza nell'uso corretto dell'ereditarietà (pubblica)[16].

➜ VEDI ANCHE
I meccanismi per realizzare strutture di supporto come la v-table dipendono dallo specifico linguaggio di programmazione. Un esempio relativo al C++ è discusso in: Lippman, S.B. *Inside the C++ Object Model*. Addison Wesley Professional. 1996. ISBN: 0-201-83454-5

⬇ TERMINOLOGIA
Late binding (o dynamic binding)

➜ VEDI ANCHE
Per approfondimenti sul principio di sostituibilità si veda il Vol.1 del libro associato a queste dispense

---

16   Questi aspetti rientrano all'interno di una più vasta area riferibile ai cosiddetti contratti software e alla loro incarnazione nell'ereditarietà. Un approccio formale alla programmazione mediante i contratti è discusso in [46][47].

L'utilizzo del polimorfismo ha un importante effetto sul sistema di dipendenze in quanto sposta le relazioni tra i moduli cliente e le classi di una gerarchia d'ereditarietà dai livelli più bassi (classi concrete) a quelli più alti (classi base). **Si riduce così una fonte di variabilità, poiché il codice cliente dipende sempre e solo da un'espressione "costante" (un riferimento a classe base), indipendentemente dal numero di classi derivate presente nella gerarchia**.

Come illustrato in Figura 3.9b, la versione del design che sfrutta il polimorfismo nello stile OO è più semplice in termini di numero di dipendenze (una sola) rispetto a quella senza polimorfismo nello stile procedurale (Figura 3.9a). Quest'ultima è caratterizzata da un numero più elevato di dipendenze (una per ogni classe derivata), aumentando l'accoppiamento dei moduli cliente nei confronti della gerarchia Shape.

L'ereditarietà combinata al polimorfismo promuove la costruzione di sistemi software debolmente accoppiati

In conclusione, l'utilizzo attento dell'ereditarietà *combinata* al polimorfismo promuove sistemi debolmente accoppiati. Ciò non significa dover utilizzare a tutti i costi l'ereditarietà in ogni parte del sistema. Ricordiamoci che l'ereditarietà costituisce la relazione di accoppiamento tra classi più forte nel paradigma OO. La presenza di tante gerarchie, seppure utile per disaccoppiare le classi derivate dal resto, crea comunque del codice fortemente interdipendente (quello delle classi derivate rispetto alla classe base), con effetti a run-time non sempre ovvi se non viene rispettato il principio di Sostituibilità di Liskov. Si tratta di bilanciare, quindi, la complessità interna della gerarchia d'ereditarietà con i vantaggi ottenuti dal disaccoppiamento di questa rispetto al resto del sistema. **Una buona strategia consiste nell'individuare alcuni punti (concetti, "dimensioni", politiche, decisioni) che, se soggetti a cambiamento, potrebbero avere effetti collaterali su vaste parti dell'architettura**. È su ciascuno di questi punti che ci conviene progettare le gerarchie di ereditarietà più importanti, facendole diventare dei *punti di estendibilità by design*. Poiché si tratta spesso di "scommettere" su quali aspetti avrebbero il maggior impatto in caso di cambiamento, cerchiamo con le interfacce di isolare le fonti di cambiamento, piuttosto che lasciarle sparse nel sistema. La presenza di interfacce e polimorfismo sono una tecnica per ottenere questo effetto.

**Principio 3.6
Sostituibilità di Liskov**

In un qualsiasi programma P in cui sia presente un riferimento a classe base T, tale riferimento è sostituibile con un qualsiasi oggetto di classe derivata S senza che, per effetto di tale sostituzione, venga alterata la correttezza di P.

➔ Riferimenti

1. Liskov, B. (May 1988). *Keynote address - data abstraction and hierarchy*. ACM SIGPLAN Notices 23 (5): 17–34.
2. Liskov, B. H.; Wing, J. M. (November 1994). *A behavioral notion of subtyping*. ACM Trans. Program. Lang. Syst. 16 (6): 1811–1841.

⬇ Terminologia
Punti di estendibilità by design

Ereditarietà, polimorfismo e gestione delle dipendenze

Figura 3.9

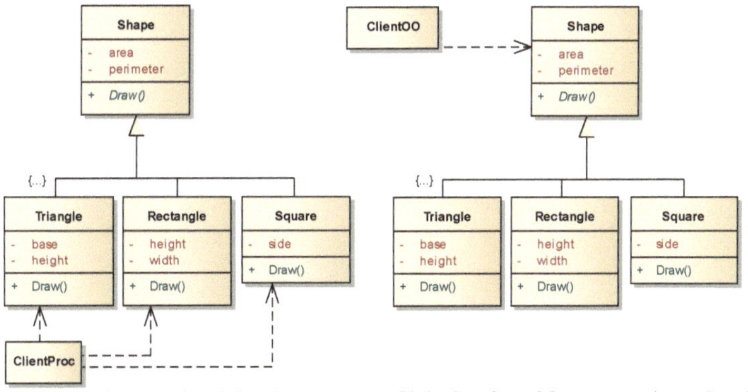

(a) Il polimorfismo simulato dallo stile procedurale incoraggia dipendenze nei confronti delle classi derivate

(b) Il polimorfismo OO promuove soltanto dipendenze a livello della classe base, isolando il codice cliente dalle modifiche interne alla gerarchia

❑ **Approfondimenti: Forme particolari di ereditarietà**

Come accennato in precedenza, alcuni linguaggi come il C++ mettono a disposizione delle forme complesse d'ereditarietà, come l'ereditarietà multipla, l'ereditarietà protetta e quella privata.

- *Ereditarietà multipla*. **Prevede la possibilità di ereditare funzionalità (servizi) e caratteristiche (attributi) da più di una classe base simultaneamente.**

- *Ereditarietà protetta*. **È ancora una forma di ereditarietà nel senso che descrive delle strutture di "Generalizzazione-Specializzazione" (è-un) per le quali vale il principio di sostituibilità di Liskov. Serve per ridurre la visibilità delle caratteristiche di classe base a livello di classe derivata. Tutti gli elementi pubblici ereditati assumono a livello delle classi derivate la visibilità protetta, mentre gli elementi protetti e privati della classe base mantengono le loro rispettive visibilità nelle classi derivate. In questo modo ciò che è pubblico a livello della classe base non risulta più accessibile dai clienti delle classi derivate (come, invece, accade per** i clienti delle classi base). Questa strategia si rivela preziosa quando si vuole elevare il livello di incapsulamento all'interno della classe derivata, nascondendo all'esterno un membro che, se manipolato attraverso la classe base, risulterebbe visibile. Se, ad esempio, la rappresentazione interna di tale membro cambiasse, i clienti della classe base risulterebbero fragili rispetto a tale modifica, mentre quelli della classe derivata rimarrebbero inalterati.

- *Ereditarietà privata*. È una forma di contenimento che sfrutta l'ereditarietà al posto della composizione per riutilizzare del codice. Ereditando in modo privato, non vengono ereditati i servizi della classe base e, pertanto, non si crea una relazione del tipo è-un (is-a). All'interno della classe derivata, possiamo, tuttavia, chiamare i metodi della classe base, sfruttandone l'implementazione senza esporne l'interfaccia, come se un oggetto di classe base fosse contenuto in quello di classe derivata.

Non essendo una vera ereditarietà (nel senso della Generalizzazione - Specializzazione), non è possibile scrivere codice polimorfo. Non vale, quindi, il principio di sostituibilità di Liskov. Analogamente falliscono anche i tentativi di utilizzare il late binding e l'upcasting. Tali forme di ereditarietà, seppure utili in determinati frangenti, sono discutibili come strumento di gestione della complessità.

Pur fornendo talvolta delle soluzioni eleganti per risolvere problematiche di riuso del codice, sono spesso forme soggette ad abusi, in parte legati alla non completa padronanza del costrutto. Si pensi, ad esempio, al problema della potenziale ambiguità causata dell'ereditarietà multipla in presenza di due classi base aventi ciascuna la propria implementazione indipendente dello stesso servizio: quale delle due versioni viene ereditata in presenza di una classe derivata comune a entrambe le classi base? Tale problema è noto come "configurazione a diamante" (o problema del diamante), proprio perché si presenta in sistemi di dipendenze in cui una classe base viene specializzata da due classi derivate che, a loro volta, vengono ereditate simultaneamente da un'ulteriore classe derivata. Alcuni approfondimenti su tali costrutti sono forniti, ad esempio, in [16][52]. ❑

Metodi di organizzazione della conoscenza

Per comprendere "la struttura del mondo", usiamo spesso delle tecniche di rappresentazione della conoscenza basate sulle seguenti distinzioni:

"Oggetti-Attributi". La differenziazione in oggetti e nei loro attributi (ad esempio quando distinguiamo un velivolo dalla sua velocità, oppure dalle sue relazioni spaziali con altri velivoli nello stesso spazio aereo);

Relazioni "Tutto-Parti". La distinzione tra oggetti interi e le loro parti (ad esempio, quando contrapponiamo il velivolo ai suoi propulsori);

"Classi di oggetti". La creazione di, e la distinzione tra, differenti classi di oggetti (per esempio quando da un lato formiamo la classe di tutti i velivoli, e dall'altro distinguiamo uno specifico tipo di velivolo).

L'identificazione degli oggetti e dei loro attributi, delle strutture Tutto-Parti e delle strutture Generalizzazione-Specializzazione sono i tre metodi che permeano l'approccio OO. La loro simultanea applicazione sul dominio del problema crea un modello concettuale più ricco rispetto a quello ottenibile con l'Analisi Strutturata, fornendo una migliore comprensione delle responsabilità del sistema.

Ignorando sistematicamente uno o due di questi metodi, riduciamo l'efficacia dell'Analisi OO. Ad esempio, l'Analisi dei Dati si basa prevalentemente sul metodo di identificazione di oggetti (entità a dir il vero) e attributi. Nessuna semantica relativa alle relazioni di contenimento o di Generalizzazione-Specializzazione viene rappresentata esplicitamente.

Il principio di scala

La scomposizione di grossi sistemi in parti più maneggiabili è stata perseguita fin dalle origini del Metodo Strutturato. Quando scomponiamo un processo in sottoprocessi mediante diagrammi DFD organizzati in livelli, stiamo già applicando un metodo di gestione della complessità. Né la notazione dei DFD, né quella degli structure chart, tuttavia, forniscono una sintassi per rendere esplicito tale partizionamento.

Il Metodo OO ovvia a questa mancanza, fornendo sia un costrutto per organizzare gli elementi di un modello, sia un principio che fornisce un criterio astratto di organizzazione. Il costrutto in questione è il package, discusso nella Sezione 3.4.3, mentre il principio di gestione della complessità è il *principio di scala*. Unitamente alla notazione che lo esprime,

PRINCIPIO 3.7
SCALA

Il *principio di scala* prevede la costruzione di modelli in cui il "Tutto" e le "Parti" siano armonizzati con un terzo elemento: l'osservatore. Tale relazione a tre termini, <Modello-Globale, Singola-Parte, Osservatore>, è chiamata relazione di scala.

🡢 RIFERIMENTI

1. Coad, P.; Yourdon, E. *Object-Oriented Analysis 2/E.* Prentice Hall, 1991.

il principio di scala aiuta un osservatore a mettere in relazione qualcosa di molto grande, ad esempio l'intero sistema informativo di una grande azienda, senza venir schiacciato dalla sua complessità.

Comunicazione tramite messaggi

Pensando alla dinamica, finora abbiamo descritto il supporto fornito dalla tecnologia OO in termini di servizi implementati da una classe. Il servizio è l'analogo nel mondo delle classi di un'operazione, di un processo o di una procedura nel dominio del problema. Ma in realtà c'è di più. Nel mondo degli oggetti, le classi non collaborano effettuando le tradizionali chiamate a procedure, bensì scambiandosi *messaggi*. Quale differenza esiste tra messaggi e procedure? Si tratta solo di una caratterizzazione tecnico linguistica? Sì e no.

⬇ TERMINOLOGIA
Messaggio

L'aspetto linguistico è certamente rilevante poiché serve a connotare un ambito paradigmatico: procedure e processi sono tipiche terminologie per identificare uno stile di ragionamento (analisi) e scomposizione funzionale (design) proprio del paradigma Strutturato. Oggetti e messaggi denotano, per contro, lo stile a oggetti.

Esiste però anche un aspetto tecnico. Il messaggio non corrisponde esattamente ad una chiamata: quando una procedura invoca una seconda procedura nel mondo strutturato, si crea un accoppiamento diretto tra chiamante e chiamato. Non c'è nessun intermediario che si frappone. Attraverso lo scambio di messaggi, invece, un servizio non "parla" direttamente ad un altro servizio, bensì è legato a un oggetto (il destinatario del messaggio). Solo indirettamente, attraverso la classe a cui appartiene quell'oggetto, il servizio "chiamante" viene legato a quello "chiamato". Il ruolo della classe è importante perché determina quali servizi sono visibili a un generico chiamante. Il sistema di dipendenze tra classi, poi, determina se un dato servizio, oltre a essere visibile, è anche raggiungibile da un chiamante. Solo se entrambe queste condizioni (visibilità e raggiungibilità) sono verificate, il chiamante è in grado di invocare un servizio, attraverso la spedizione del corrispondente messaggio. Quando scriviamo una chiamata del tipo:

```
r.CalculateArea(); // r is an instance of Rectangle
```

nel "mondo OO" assumiamo i seguenti fatti:

1. Il modulo chiamante sta manipolando un oggetto `r` di tipo `Rectangle` a cui ha accesso nel contesto di utilizzo corrente.

2. Il modulo chiamante sta mandando il messaggio `CalculateArea` all'oggetto `r`.

3. Il servizio `CalculateArea` identificato dall'omonimo messaggio è presente nell'interfaccia pubblica della classe `Rectangle`[17].

Combinato con l'ereditarietà, lo scambio di messaggi può essere sfruttato per effettuare *chiamate polimorfe*, per cui solo a tempo di esecuzione si conosce l'implementazione del metodo realmente legato alla chiamata. Questo tipo di legame ritardato è possibile proprio perché il codice chiamante non dipende direttamente dalla procedura invocata, ma passa per l'interfaccia di un oggetto, trasformando quella che sarebbe una dipendenza tra procedure in una dipendenza strutturale tra classi.

In conclusione, **lo scambio di messaggi nel paradigma OO implementa un modello di invocazione indiretta di procedure che ha una ripercussione sull'intero sistema di dipendenze nella tecnologia a oggetti: eleva i legami di dipendenza dalle procedure alle classi (e, in combinazione con il polimorfismo, dalle classi derivate alla classe base)**.

➡ VEDI ANCHE
Il concetto di messaggio verrà ulteriormente indagato nel Vol.2 del libro abbinato a queste dispense dove mostreremo come lo scambio dei messaggi viene documentato nei modelli a oggetti, con particolare riferimento ai diagrammi di sequenza UML.

---

17 Ci possono essere due eccezioni a questa assunzione: nel primo caso, il chiamante è un oggetto la cui classe è derivata da `Rectangle`, e in tal caso il servizio potrebbe essere dichiarato `protected`; il secondo caso riguarda un chiamante che coincide con un servizio della stessa classe `Rectangle`, e quindi il messaggio potrebbe identificare anche un servizio `private` di `Rectangle`. Non si contempla qui il caso del costrutto C++ `friend` poiché esso non rappresenta un buon esempio di approccio OO.

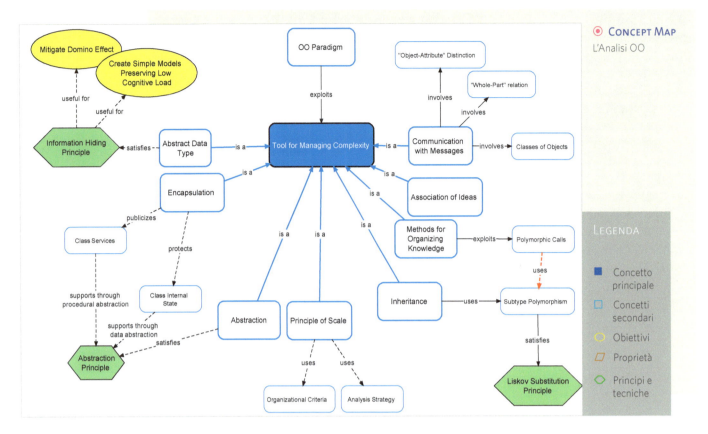

3.3.4. L'attribuzione delle responsabilità

Individuare dei buoni candidati a classe durante l'analisi significa innanzi-tutto ragionare sulla scelta del nome più appropriato per comunicare un significato o un concetto. Per progettare buone classi durante il design bi-sogna estendere questa attenzione anche agli attributi e ai servizi. Nel loro insieme, il nome (ciò che un oggetto evoca), gli attributi (le informazioni che l'oggetto "conosce") e i servizi (ciò che l'oggetto "sa fare") identificano le responsabilità di una classe.

Scegliere "buoni nomi" per le astrazioni di classe

Quando si sceglie il nome di una classe è necessario porre sempre molta cura: il nome deve veicolare il significato che la parte del sistema a cui il nome fa riferimento rappresenta rispetto al problema che si vuole risolvere. Gli esseri umani, infatti, tendono a mettere in relazione il nome di un oggetto con un insieme di concetti già noti singolarmente, indivi-duando (per effetto di questa associazione) un contesto in cui collocare il nuovo oggetto. Se, ad esempio, stiamo progettando un editor di testi con funzionalità di controllo ortografico, per effetto dell'associazione d'idee siamo indotti subito a pensare a un componente che descrive il dizionario delle parole riconosciute. Appena associamo il nome `Dictionary` (un buon candidato a essere una classe del sistema) al contesto dell'editor testuale, scopriamo ben presto nuove associazioni mentali: `Thesaurus`, `SpellChecker`, `Document`, `Page`, `Paragraph`.

L'associazione esprime un processo cognitivo manifestato da attiva-zioni logiche "sull'onda evocativa" di un nome

L'associazione tra nomi e concetti è il risultato di un processo cognitivo molto importante. Alcuni programmatori sottovalutano l'importanza di un buon nome. Se non attribuiamo con cura il nome a una classe, rischiamo di attivare "connessioni logiche" che poco ci aiutano a scoprire gli oggetti e a meglio distribuire l'intelligenza dell'intero sistema. Pensiamo alla scelta di un nome intimamente legato alla soluzione. Questa scelta rivela dettagli implementativi che dovrebbero restare segreti, come l'utilizzo di una struttura dati o di un particolare algoritmo. Se chiamassimo il nostro dizionario con il nome di `HashMapDictionary`, avremmo un nome che

VEDI ANCHE
L'attribuzione delle responsabilità è gui-data dal principio della Singola Responsabilità, discusso in [40][42]

CATTIVA PRATICA
Attribuire un nome orientato alla tecnolo-gia o ai dettagli imple-mentativi, anziché al problema, può attivare connessioni logiche fuorvianti, limitando la comprensione profonda del dominio.

> **Le connessioni di messaggio e le collaborazioni spostano l'attenzione del progettista dai dettagli implementativi di un servizio alla rete di dipendenze che si instaura per portare a termine il compito espresso dalla collaborazione.**

distoglie l'attenzione dal problema per spostarla invece sulla soluzione (hash map). Tale nome attiva associazioni legate solo in parte al dominio applicativo, riducendo l'efficacia dell'Analisi OO. Aspetto ancora più importante, tale nome dipende da una scelta realizzativa (usare una hash table) che può cambiare. Se un giorno si decidesse di usare una diversa rappresentazione interna del dizionario, né il nome dell'astrazione, né il codice cliente dovrebbero essere influenzati dalla modifica.

Stabilire ciò che un oggetto conosce: le responsabilità sugli attributi

Gli attributi esprimono le responsabilità di un oggetto legate alle sue informazioni di stato. Un attributo rappresenta un "singolo concetto atomico" del problema: spetta poi all'analista decidere se rappresentarlo in UML mediante un valore interno oppure con una relazione a un'altra classe. Una decisione tecnica riguardante gli attributi è se questi devono essere memorizzati permanentemente nello stato di un oggetto, oppure calcolati su richiesta. Trygve Reenskaug, inventore dello stile architetturale Model-View-Controller[18], propone una distinzione tra attributi e variabili d'istanza [61].

Un *attributo* **costituisce un'informazione *virtuale* in quanto designa la capacità del sistema di conoscere tale informazione.** Una *variabile d'istanza*, per contro, **corrisponde alla specifica implementazione (rappresentazione interna) di un attributo**. Questa distinzione serve per distinguere quando un attributo viene memorizzato nello stato dell'oggetto e quando invece è calcolato (attributo indiretto).

 ⊙ TERMINOLOGIA
Attributi virtuali e variabili di istanza

■ ESEMPIO 3.12 SECRETARE LE RAPPRESENTAZIONI INTERNE DEGLI ATTRIBUTI

La classe `Point2D` conosce la propria posizione, espressa in coordinate cartesiane o polari. In generale, nessuna delle due rappresentazioni è superiore all'altra. È bene, quindi, non fare assunzioni sulla conoscenza di tali dettagli implementativi da parte dei moduli cliente. `Point2D` potrebbe implementare i servizi `GetX`/`GetY` fornendo direttamente il valore delle coordinate `x` e `y`, oppure potrebbe ottenere tali valori dalle risposte dei servizi `GetModule`/`GetPhase`. Il modulo cliente dovrebbe conoscere solo la disponibilità dei servizi `GetX`, `GetY`, `GetModule`, e `GetPhase`. (Questa linea guida privilegia la manutenibilità rispetto all'ottimizzazione delle performance.)

Stabilire ciò che un oggetto sa fare: le responsabilità sui servizi

I servizi rappresentano "connessioni potenziali" tra oggetti: senza di essi non esisterebbero le *collaborazioni*. Una *collaborazione* **definisce la suddivisione dei compiti che vengono allocate negli oggetti, secondo una struttura imperniata sul principio di delega dei compiti**.

I servizi definiscono delle connessioni manifeste nello scambio di messaggi. Coad e Yourdon chiamano questo tipo di connessioni col termine di *connessioni di messaggio* [13]. **Una connessione di messaggio modella le dipendenze di un oggetto per quanto riguarda le proprie elaborazioni rispetto agli altri oggetti**, indicando la necessità d'invocare un determinato servizio fornito da questi ultimi per soddisfare le proprie responsabilità (Figura 3.10).

Le connessioni di messaggio e le collaborazioni spostano l'attenzione dai dettagli implementativi di un servizio alla rete di dipendenze che si instaura per portare a termine l'elaborazione identificata dal servizio stesso. Le connessioni di messaggio esistono solo per essere usate dai servizi. In una prima passata, tali connessioni definiscono le principali dipendenze di calcolo, dando forma alla struttura di una collaborazione. Solo successivamente ci si concentra sul singolo servizio e sui dettagli interni. Per attribuire le responsabilità sui servizi di una classe bisogna porsi alcune domande. Di quali calcoli sui propri valori (attributi) è responsabile un oggetto? Di quali controlli è responsabile per scoprire un cambiamento

⊙ TERMINOLOGIA
Collaborazioni e suddivisione dei compiti

⊙ TERMINOLOGIA
Connessioni di messaggio

⊙ TERMINOLOGIA
Collaborazioni e rete di dipendenze tra oggetti

---

18 Il *Model-View-Controller* è un tipo di architettura molto diffuso nello sviluppo di interfacce grafiche di sistemi software OO. Esso si basa sulla separazione dei compiti fra i componenti software che interpretano tre ruoli principali: il *Model* implementa la componente riusabile di dominio, fornendo dati e servizi richiesti dall'applicazione, la *View* descrive la componente di interazione con l'utente, e il *Controller* smista sia i comandi dell'utente verso il *Model*, sia i risultati dei servizi richiesti a quest'ultimo verso la *View*.

di stato in un sistema o dispositivo esterno? Qual è il comportamento atteso in risposta a un evento esterno? Quali altri oggetti sono necessari per fornire tale risposta? Quali altri oggetti necessitano dello specifico servizio in esame? Tutte queste domande sono utili per assegnare precise responsabilità ai servizi di un oggetto.

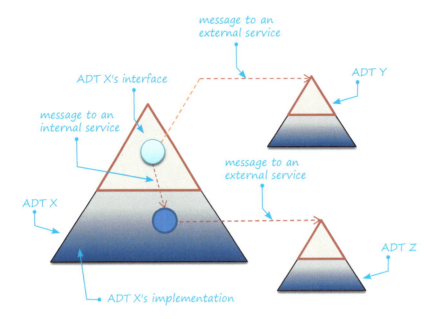

Connessioni di messaggio all'interno di una collaborazione tra ADT

FIGURA 3.10

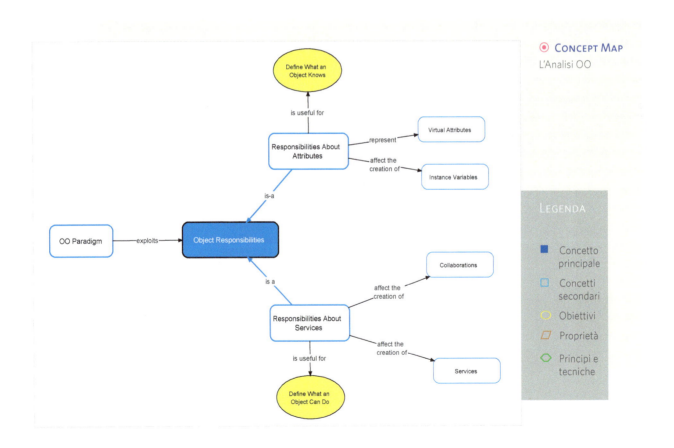

I Diagrammi di Classe e il Metodo Object-Oriented

3.3.5. L'identificazione dei soggetti

Il nome di un soggetto deve evocare le responsabilità del sistema inerenti i compiti del problema

L'identificazione dei soggetti è un'attività svolta a cavallo tra Analisi e Design OO guidata da un'estensione della relazione Tutto-Parti usata qui per esprimere il principio di scala. I soggetti sono uno strumento essenziale in chiave di gestione della complessità: infatti essi forniscono una vista d'insieme di un modello OO più grande. Rispetto ai criteri di partizionamento del Metodo Strutturato, tuttavia, il nome di un soggetto sposta l'attenzione sul dominio del problema in quanto dovrebbe evocare responsabilità del sistema inerenti attività e/o concetti presenti nel contesto in cui esiste il problema stesso.

Incorporando sia la struttura Tutto-Parti, sia il principio di scala, i soggetti costituiscono un primo criterio per guidare la comprensione di un modello, per assegnare i compiti agli sviluppatori, per guidare i test. La base per identificare i soggetti è la complessità del dominio del problema. In tal modo, i soggetti sono *parti* utilizzate per comunicare un *tutto* che rappresenta il dominio analizzato e le sue conseguenti responsabilità.

DEFINIZIONE 3.12 (SOGGETTO)

Un *soggetto* è un meccanismo per guidare un lettore (analista, esperto di dominio, dirigente, cliente, ecc.) attraverso un modello grande e complesso. I soggetti sono anche utili per suddividere il lavoro relativo a grandi progetti, sulla base di uno studio iniziale, risultato dell'Analisi OO.

(Peter Coad, Edward Yourdon)

Passando dall'analisi al design (e, contestualmente, dal problema alla soluzione), i soggetti vengono tipicamente implementati mediante *package*. Graficamente, un package in UML è espresso con il simbolo di cartella, similmente alle directory in un file system. In conclusione, **l'Analisi OO attraverso i soggetti crea un livello di osservazione del modello che guida l'attenzione del lettore nella comprensione del sistema complessivo.**

Package name

Package symbol

PRACTICE TIME

Se state scrivendo del codice, provate a riconoscere dei potenziali aggregati delle classi in modo che costituiscano una sorta di macro-struttura del progetto. Riuscite a individuare delle aree che hanno una corrispondenza con il problema?

Se invece siete analisti, sforzatevi di scomporre il dominio in aree logiche o concettuali significative.

In che modo, secondo voi, l'identificazione di tali aree permette di meglio gestire la complessità del sistema, sia a livello di analisi, sia a livello di implementazione?

ESEMPIO 3.13 INDIVIDUAZIONE DEI SOGGETTI

Riprendiamo l'esempio del sistema di controllo del traffico aereo e cerchiamo i soggetti principali a partire dalle classi che abbiamo individuato nell'Esempio 3.6 a pag. 74. Il nostro obiettivo ora consiste nel raggruppare tali classi all'interno di aree concettuali che permettono di suddividere il dominio del problema in sottosistemi.

Per contestualizzare concretamente l'esempio, supponiamo che il centro di controllo aereo sia collocato all'interno di una base aeroportuale. A una prima analisi riconosciamo tre grandi aree corrispondenti a tre macro componenti del sistema:

- Il controllo del traffico aereo fornito dalla stazione a terra della base (GroundATC);
- Il velivolo (Aircraft), con tutte le sue strumentazioni e il piano di volo corrente;
- Il sistema di sorveglianza del traffico aereo attivo in prossimità della stazione di terra dell'aeroporto (Surveillance).

La stazione di terra può essere ulteriormente partizionata in due sottoaree: l'aeroporto (Airport) e il centro di analisi e controllo del traffico (ATC). Ora rimappiamo le classi all'interno dei rispettivi soggetti. Le mutue relazioni tra classi inducono relazioni di dipendenza tra i soggetti. Poiché l'aeroporto è collegato al centro di controllo (AirTrafficControlCenter, ne consegue che il soggetto Airport dipenderà dal soggetto ATC). La Figura 3.11 illustra i soggetti individuati in questo esempio.

Scomposizione del dominio in soggetti

FIGURA 3.11

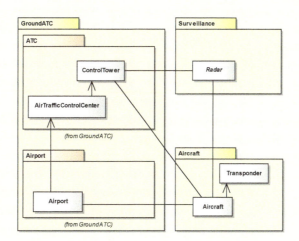

Con i soggetti, chi legge il modello può esaminare da un punto di vista più astratto le varie parti. Si può capire meglio ciò che sta dentro al dominio per differenziarlo da ciò che invece non rientra nelle responsabilità del sistema e che deve essere scartato.

3.3.6. Cinque livelli per organizzare la complessità

Durante questi primi passi nell'Analisi OO abbiamo iniziato a identificare concetti, informazioni e funzionalità che dal dominio del problema sono poi state ricondotte a quello della soluzione. Per svolgere questo passaggio, abbiamo identificato le classi, caratterizzandole con gli attributi e i servizi essenziali; abbiamo creato alcune strutture di ereditarietà e di contenimento; abbiamo infine raggruppato il tutto in soggetti.

A partire dalle classi che costituiscono il tipico "punto di ingresso" nell'Analisi OO, possiamo individuare due linee d'indagine complementari:

L'Analisi OO si muove lungo due direzioni complementari: definire nel dettaglio la struttura interna di una classe e organizzare un insieme di classi in strutture e soggetti

1. *Microstruttura* — Approfondire i dettagli, aggiungendo alle classi uno o più attributi e servizi;

2. *Macrostruttura* — Semplificare, organizzare, separare le classi in strutture (ereditarietà e contenimento) e soggetti.

Queste linee d'indagine individuano cinque livelli concettuali attorno a cui si svolge l'Analisi OO (Figura 3.12). Si tratta di un'applicazione del principio di scala. Questi livelli concettuali possono poi convergere tutti all'interno di un unico diagramma, oppure possono originare diagrammi diversi in cui il livello di dettaglio viene di volta in volta adattato rispetto al livello concettuale in cui ci si pone.

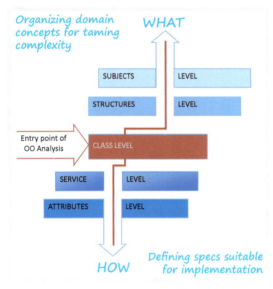

I cinque livelli dell'Analisi Orientata agli Oggetti

FIGURA 3.12

❏ **Approfondimenti: Costruire buoni modelli di analisi**

Per creare un buon modello di analisi è importante preservare la giusta prospettiva orientata al dominio del problema. Di seguito sono riepilogate alcune raccomandazioni utili per non trasformare precocemente i diagrammi di classe in strumenti di design.

- **Evitare di cadere nella tentazione di introdurre subito il massimo livello di dettaglio nella definizione di classi e relazioni; usare relazioni semplici (associazioni e Generalizzazioni/Specializzazioni).**

- **Sfruttare più strategie per identificare classi e servizi. Non basarsi solo su verbi e sostantivi.**

- **Non tentare di mappare subito le classi in tabelle di una base di dati: la scelta del modello di persistenza non riguarda l'analisi e non fa solitamente parte del dominio del problema.**

- **Utilizzare nomi intuitivi anche per il personale non tecnico coinvolto nel progetto; evitare l'utilizzo di convenzioni sui nomi legate a scelte implementative come l'uso di suffissi che codificano il tipo impiegato per implementare un determinato dato.**

- **Evitare l'utilizzo di costrutti tipici della soluzione, come eccezioni e tipi parametrici (template in C++). ❏**

3.4. Diagrammi di classe UML: notazione essenziale

In questa sezione viene descritta la notazione essenziale dei diagrammi di classe UML, a partire dai costrutti di classe, interfaccia e package, per approfondire poi alcuni aspetti relativi alle relazioni. Molti dei concetti qui espressi sono in realtà già stati introdotti nel corso del capitolo, con l'obiettivo di presentare il paradigma OO. Di seguito, essi vengono riproposti e discussi questa volta dal punto di vista principale del linguaggio grafico, illustrando notazione e semantica intuitiva. Nell'assemblare queste due parti, si è comunque cercato di ridurre al minimo l'inevitabile ridondanza di termini e notazioni.

3.4.1. Classi

La costruzione dei *diagrammi delle classi* costituisce la tecnica di modellazione centrale in tutto il Metodo OO poiché descrive i tipi degli oggetti appartenenti al sistema, unitamente ai diversi tipi di *relazioni strutturali* che possono legare questi ultimi.

Una classe in UML è rappresentata da un rettangolo, eventualmente suddiviso in più *compartimenti*. Il nome della classe è l'unico elemento obbligatorio. Una classe può essere adornata da stereotipi, ossia da speciali etichette racchiuse tra *guillemets* (o parentesi angolari). **Lo** *stereotipo* **è un meccanismo di estensione di UML che permette di fornire all'elemento a cui viene applicato un significato più specifico.** Applicato al nome di una classe, lo stereotipo ne fornisce una connotazione particolare, spesso legata ad aspetti tecnici. Ad esempio, lo stereotipo «enum» indica una classe che rappresenta un tipo enumerato, «entity» specifica un'entità di dominio o in una base di dati, e «interface» indica un'interfaccia (Sezione 3.4.2). Lo stereotipo viene visualizzato sopra il nome della classe all'interno del medesimo compartimento.

◯ TERMINOLOGIA
Stereotipo

Stereotype name

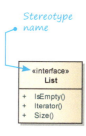

Una classe nei rispettivi diagrammi viene rappresentata a diversi livelli di dettaglio, in base allo scopo del diagramma stesso. Martin Fowler, noto autore ed esperto di modellazione agile, propone nel suo famoso libro *"UML Distilled"* [21] tre prospettive di descrizione:

La prospettiva concettuale è utilizzata per costruire modelli di analisi

Prospettiva concettuale. È la prospettiva tipica dell'analisi ed, eventualmente, del design di alto livello. Essa viene utilizzata per descrivere i concetti del dominio in esame. L'approccio OO, come abbiamo visto, incoraggia una naturale correlazione tra questi concetti e le classi che costituiscono il sistema software, anche se UML non impone alcun criterio di mappatura. Il modello concettuale derivante dall'utilizzo di tale prospettiva dovrebbe essere indipendente da assunzioni legate a linguaggi di programmazione, sistemi operativi, o altri elementi tecnici tipici della specifica soluzione informatica. A questo livello le classi vengono descritte mediante il solo nome, o con l'aggiunta di poche informazioni essenziali (il nome di qualche servizio o attributo particolarmente significativo nel contesto analizzato). Tutte le classi disegnate finora in questo capitolo sono conformi a tale prospettiva.

La prospettiva di specifica è utilizzata per costruire modelli di design

Prospettiva di specifica. È la prospettiva tipica del design di dettaglio. Le entità del sistema vengono descritte in base agli elementi d'interfaccia, ossia quelli che formano la parte pubblica di una classe. (Non si confonda qui il termine generale di interfaccia con quello associato alla parola chiave `interface`, di cui parleremo tra poco.) Questa prospettiva è detta *prospettiva dei tipi*: infatti nei diagrammi le classi vengono descritte con metodi e attributi, corredati dai rispettivi tipi (per i parametri, il "valore di ritorno", le variabili d'istanza).

La prospettiva di implementazione è utilizzata per costruire modelli di analisi

Prospettiva di implementazione. È la prospettiva tipica dell'implementazione. A questo livello di dettaglio si tende rappresentare ogni elemento presente nel codice. Una classe è descritta con tutti i suoi servizi e attributi (pubblici, protetti e privati), specificando tutti i tipi e i nomi delle variabili coinvolti nelle dichiarazioni. Tale prospettiva è spesso risultato del reverse engineering automatico del codice sorgente.

La Figura 3.13 evidenzia queste tre prospettive, illustrando come una stessa classe, nella fattispecie il volo (`Flight`) associato a un aereo che fa scalo in un aeroporto oggetto dell'analisi, apparirebbe a seconda della prospettiva scelta.

(a) Classe descritta dalla prospettiva concettuale

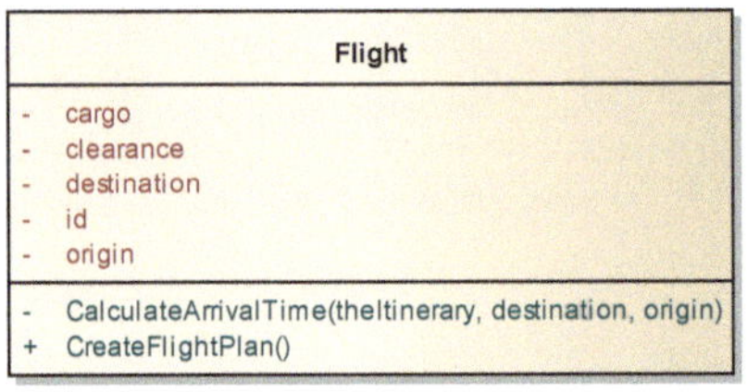

(b) Classe descritta secondo la prospettiva di specifica

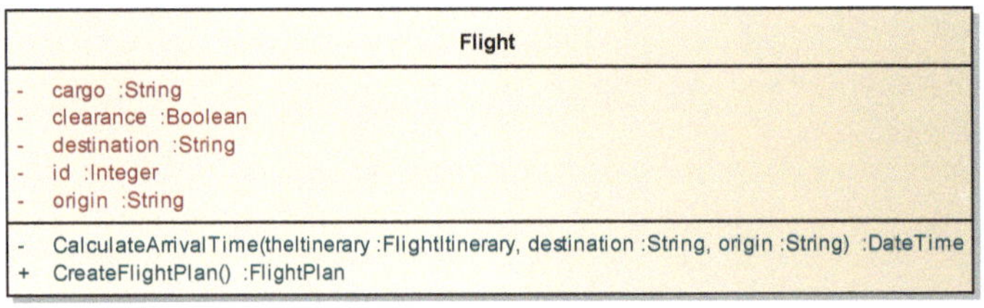

Classi nelle diverse forme di rappresentazione in base alla specifica prospettiva adottata

FIGURA 3.13

(b) Classe descritta secondo la prospettiva di implementazione

Capire queste prospettive è fondamentale sia per disegnare, sia per leggere un diagramma delle classi. Purtroppo la separazione tra di esse non è così netta. È possibile, cioè, disegnare un diagramma delle classi a livello implementativo, senza che per questo siano riportati tutti i metodi, oppure disegnarne un altro a livello di specifica in cui sono presenti dei servizi privati.

Se non prestiamo molta attenzione all'obiettivo che vogliamo raggiungere con un diagramma e a che tipo di informazioni sono davvero necessarie per perseguire l'obiettivo, rischiamo di confondere anche utenti esperti (fornendo informazione superflua, nascondendo aspetti essenziali, oppure omettendo dettagli importanti). Ciò vale soprattutto quando i nostri diagrammi tendono a sconfinare da una prospettiva all'altra, e in particolare da quella di specifica a quella di implementazione. Questa situazione è pericolosa in quanto lo scopo ultimo di un diagramma dovrebbe essere di *sintetizzare* informazioni da comunicare al lettore attraverso un processo di comprensione a basso carico cognitivo.

Scivolando verso l'implementazione, arricchiamo i nostri diagrammi di così tanti dettagli tecnici che rischiamo di trasformarlo in una (irrilevante) versione grafica del codice. Che vantaggio abbiamo a guardare un simile modello rispetto al codice sorgente? Vale lo sforzo di creare prima, e mantenere poi allineati nel tempo, due artefatti separati? Quanto costa mantenere questo allineamento nella prospettiva implementativa? Quanto più conveniente è la manutenzione su prospettive meno ricche di dettaglio? Queste sono le domande che un progettista esperto deve tenere presenti quando costruisce rappresentazioni (grafiche) alternative al codice.

Secondo il principio di elisione possiamo sopprimere dei dettagli all'interno del modello UML senza per questo minarne la coerenza globale

Un aspetto chiave che emerge passando da una prospettiva ricca di dettaglio a una più astratta è il cosiddetto *principio di elisione*. In UML si può sopprimere un elemento da un diagramma senza per questo compromettere la coerenza del modello. Se visualizziamo una classe con un attributo senza specificare il nome del tipo, non significa che tale attributo sia privo di tipo. Semplicemente nella prospettiva adottata, la presenza dell'informazione di tipo è stata giudicata *non rilevante*.

🖊 CATTIVA PRATICA
Creare diagrammi delle classi secondo la prospettiva implementativa produce modelli difficili da comunicare e soggetti a continua manutenzione per mantenere l'allineamento con il codice a causa dei tanti dettagli esposti. Preferite le altre prospettive per la maggior parte dei diagrammi presenti nei vostri modelli.

I Diagrammi di Classe e il Metodo Object-Oriented

3.4.2. Interfacce e realizzazioni

Un'interfaccia è un meccanismo astratto utilizzato per dichiarare un insieme di servizi, privi di una specifica implementazione, raggruppandoli per formare un *protocollo*. In un protocollo (di classe), le operazioni corrispondono ai servizi disponibili, mentre le regole possono riferirsi ad assunzioni di utilizzo come l'ordine d'invocazione delle singole operazioni in uno specifico ordine.

Definizione 3.13 (Protocollo)

Il *protocollo* di una classe è un insieme di operazioni e di regole che definiscono la comunicazione tra le sue istanze e il resto del sistema.

Ogni modulo che implementa un'interfaccia deve sempre fornire una propria versione di tutti i servizi presenti nell'interfaccia stessa. A differenza del costrutto di classe, **nelle interfacce non possono essere presenti attributi, né altre forme di implementazione** (ad esempio il codice di uno o più servizi). Le interfacce, infatti, servono per definire un *protocollo astratto di comunicazione*, ossia un insieme di operazioni che indicano solo la funzionalità generica fornita e la cui implementazione è demandata alle classi implementatrici.

Esempio 3.14 Protocollo di serializzazione

Pensiamo alla funzionalità astratta di rendere persistenti dei dati su file. Normalmente questa operazione viene riferita nei corsi di programmazione col nome di serializzazione. Salvare un'immagine, però, può essere molto diverso dal salvare un documento testuale o, ancora, un file audio. Se questi tipi di dati fossero oggetti, per poterli salvare su disco dovremmo, ad esempio, dotarli di un servizio di serializzazione. Ci piacerebbe che tale servizio fosse conforme a un protocollo uniforme (sfruttando cioè un servizio avente sempre lo stesso nome), in modo che un modulo cliente possa salvare degli oggetti diversi invocando la stessa operazione. Per fornire un simile protocollo potremmo pensare a un'interfaccia `SerializableObject` dotata del servizio astratto `Serialize`. Ogni implementazione di `SerializableObject` deve fornire una sua versione di `Serialize`. A questo punto, un codice cliente che manipola un'implementazione di `SerializableObject` sa che essa disporrà del servizio `Serialize`, indipendentemente dal suo specifico tipo. Potrà quindi invocare `Serialize` ignorando l'implementazione specifica (le interfacce, similmente alle classi base, si conformano al principio di Sostituibilità di Liskov).

Esempio 3.15 Protocollo di persistenza

Nell'esempio precedente, il protocollo è costituito da un unico servizio. Protocolli più complessi necessitano dell'interazione di diverse operazioni, rispettando specifiche regole.

Immaginiamo di dover salvare un oggetto non più sul file system ma su una base di dati (parleremo in tal caso di persistenza anziché di serializzazione). Dobbiamo allora creare un'interfaccia, che chiamiamo `StorableObject`, dotata dei servizi astratti `OpenConnection`, `PrepareQueryStatement`, `ExecuteQuery` e `CloseConnection`. L'insieme di tali servizi definisce il protocollo dell'interfaccia `StorableObject`. Questi servizi vengono inoltre forniti assieme a una regola che prestabilisce uno specifico ordine di esecuzione affinché la persistenza venga effettuata correttamente:

1. Ottenere (aprire) una connessione al database (`OpenConnection`);
2. Predisporre la query da eseguire (`PrepareQueryStatement`);
3. Eseguire la query (`ExecuteQuery`);
4. Chiudere la connessione col database una volta ottenuti i risultati della query (`CloseConnection`).

L'ordine di esecuzione appena illustrato rappresenta la regola di utilizzo del protocollo. Se essa viene violata, il sistema non garantisce la correttezza dell'operazione di persistenza (potrebbero, ad esempio, venir sollevate delle eccezioni a run-time, per cui altri moduli potrebbero non essere in grado di salvare i loro oggetti).

Le interfacce sono importanti perché incoraggiano uno stile di programmazione (chiamato appunto *programmazione per interfacce*) in cui gli aspetti di interfaccia di un oggetto vengono separati da quelli implementativi. In alcuni linguaggi come Java, tale separazione è esplicita, attraverso l'utilizzo della parola riservata `interface`. Attraverso tale costrutto, viene creato un modulo che definisce solamente il protocollo fornito. Tutte le specifiche implementazioni del protocollo sono fisicamente separate dall'interfaccia e vengono realizzate nei moduli implementatori, attraverso il meccanismo della realizzazione (che in Java si esprime mediante la parola riservata `implements`).

Questo stile è molto "pulito" poiché consente di far variare le implementazioni (nuovi requisiti? Correzioni di bachi? Nuove versioni del protocollo?)

senza alterare la definizione del protocollo. La separazione tra interfaccia e implementazione consente di evitare l'effetto domino. In alcuni linguaggi, invece, tale separazione è affidata a convenzioni, più che a costrutti espliciti. È il caso, ad esempio, del C++ in cui una classe base astratta che dichiara solo metodi pubblici puramente virtuali e priva di attributi equivale ad un'interfaccia. Come tutte le convenzioni, questo stile si presta ad una certa fragilità d'uso. Cosa succederebbe, infatti, se a un certo punto aggiungessimo una variabile d'istanza a tale classe base? Essa rimarrebbe ancora astratta, per cui non causeremmo errori di compilazione, ma il protocollo mescolerebbe aspetti di interfaccia con altri aspetti legati a una particolare implementazione.

Lo stile delle classi base astratte in C++, a differenza di Java, incoraggia (non impedisce) l'introduzione sia di informazione di stato, sia quella relativa a una qualche implementazione di default del protocollo. Il modulo cliente, ereditando dalla classe base, erediterà tali aspetti. **Il costrutto della classe, in conclusione, combina al suo interno interfaccia e implementazione; solo la disciplina del programmatore permette di mantenere separati questi aspetti complementari. Con l'introduzione del costrutto esplicito di interfaccia, invece, si sposta questa responsabilità dal programmatore al linguaggio di programmazione, incoraggiando uno stile migliore.**

>> Il costrutto esplicito di interfaccia permette di aumentare il livello di separazione tra i dettagli implementativi incapsulati all'interno di un modulo e le sue informazioni pubbliche visibili e accessibili, seppure in modo controllato, dall'esterno.

Notazione grafica di un'interfaccia

Dal punto di vista grafico, un'interfaccia è rappresentata con la notazione rettangolare della classe, stereotipata dall'etichetta `interface` (Figura 3.14a). Alternativamente, può essere descritta da un cerchietto nella cosiddetta notazione "lollipop" (lecca-lecca), come illustrato in Figura 3.14b. Quando siamo interessati ai dettagli dell'interfaccia (i servizi forniti ai moduli cliente), la prima rappresentazione è senz'altro preferibile. Se invece vogliamo darne una rappresentazione più compatta, ad esempio perché l'attenzione viene spostata sui moduli implementatori anziché sul protocollo, allora la versione a lollipop è probabilmente più indicata.

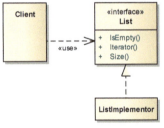 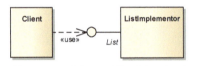

(a) Notazione nella forma rettangolare (classe)   (b) Notazione nella forma a "lollipop" (lecca-lecca)   (c) Notazione nella forma a socket

Interfacce nelle diverse forme di rappresentazione in base alla specifica prospettiva

FIGURA 3.14

La realizzazione si utilizza solo nel caso in cui siano coinvolte le interfacce: in tutti gli altri casi l'ereditarietà viene denotata dalla generalizzazione

In base al tipo di notazione scelta, la relazione di ereditarietà viene mostrata in modi diversi. Se optiamo per la rappresentazione rettangolare, un implementatore dell'interfaccia `List` (che chiameremo `ListImplementor`) deve essere collegato all'interfaccia mediante la relazione di realizzazione. La *realizzazione* **è riservata esclusivamente per denotare l'implementazione di un'interfaccia** e non va confusa con la generalizzazione. In tutti i casi di ereditarietà tra classi, si usa la generalizzazione (le due relazioni sono molto simili: l'unica differenza risiede nello stile della freccia che è tratteggiato nel primo caso e continuo nel secondo). Se utilizziamo invece la notazione lollipop, è sufficiente collegare il cerchietto (etichettato col nome dell'interfaccia implementata) alla sua implementazione, mediante una linea continua.

⊙ **TERMINOLOGIA**
Realizzazione

Anche la relazione di dipendenza tra un generico cliente e l'interfaccia cambia in base alla notazione scelta. Nel caso della notazione a classe, possiamo utilizzare una dipendenza «use» orientata verso l'interfaccia `List` (Figura 3.14a). Nella notazione a lollipop, abbiamo due alternative:

mostrare una dipendenza che connette il generico modulo cliente e l'interfaccia (Figura 3.14b), oppure sfruttare la notazione "socket" (Figura 3.14c).

Da un punto di vista programmatico, l'interfaccia può essere utilizzata esattamente come una classe base per quanto concerne il polimorfismo. All'interno di un codice cliente, infatti, è possibile manipolare un qualsiasi oggetto che implementa l'interfaccia attraverso un riferimento ad essa, anziché mediante un riferimento esplicito al particolare oggetto in questione.

3.4.3. Package

Il package svolge all'interno di un modello OO lo stesso ruolo svolto dalla scomposizione funzionale in un modello dei processi secondo la Scuola Strutturata. Il *package* **è, infatti, il principale elemento strutturale utilizzato in UML per organizzare gli elementi di un modello secondo un criterio di omogeneità, coesione e/o correlazione**. Ma esso funge allo stesso tempo anche da *namespace* (o "spazio dei nomi"). Grazie al package, si ottengono due risultati contemporaneamente: si identificano le categorie che consentono di partizionare un modello in parti più piccole e, allo stesso tempo, si definisce uno schema di nomenclatura dei vari elementi del modello in modo da risolvere eventuali conflitti sui nomi. Un *conflitto di nome* si verifica quando **due elementi distinti del modello (ad esempio due classi diverse) hanno lo stesso nome e non è possibile disambiguarne l'utilizzo**. Poiché il nome del package viene tipicamente considerato come parte integrante del nome completo di ciascun elemento in esso contenuto, elementi posti in package diversi sono sempre univocamente identificati, anche se avessero lo stesso nome. In base a questa regola, quindi, un package identifica uno *spazio dei nomi* che **definisce l'ambito di visibilità (scope) di tutti gli elementi in esso contenuti**. I nomi definiti all'interno di un package costituiscono un insieme di identificatori locali: essi sono visibili all'esterno del package solo se dotati di opportuni modificatori di visibilità (tipicamente attraverso dichiarazioni public).

□ **Approfondimenti: Package nei linguaggi OO**

I linguaggi di programmazione supportano il concetto di package mediante costrutti diversi. In C++, ad esempio, il meccanismo di spazio dei nomi viene definito dal costrutto namespace, mentre in Java si utilizza la parola riservata package. □

■ **Esempio 3.16 Namespace e gestione dei conflitti sui nomi**

Consideriamo il seguente codice C++ che definisce due identificatori aventi lo stesso nome (FlightPlan):

```
1  namespace ATC {
2     class FlightPlan {...}; // definizione del nome esteso ATC::FlightPlan
3  }
4
5  namespace Aircraft {
6     class FlightPlan {...}; // OK: definizione del nome esteso Aircraft::FlightPlan
7  }
```

In realtà FlightPlan è solo il "*nome breve*" assegnato a ciascuna classe all'interno del contesto locale (package) in cui essa è collocata. Se le due classi stessero nello stesso ambito di visibilità, avremmo un conflitto. Poiché sono collocate in ambiti diversi, il conflitto viene risolto. Le due classi, infatti, vengono identificate rispettivamente dai "*nomi completi*" (*fully qualified name*) ATC::FlightPlan e Aircraft::FlightPlan, in base al rispettivo package che le contiene.

È importante, comunque, sottolineare che l'attribuzione di uno stesso nome a più elementi di un modello va considerata in generale una cattiva pratica, indipendentemente dalla presenza di un meccanismo di namespace in grado di disambiguarne il riferimento. Tale pratica risulta utile (e più accettabile) solo quando i potenziali conflitti di nome si verificano per effetto dell'integrazione di librerie o componenti esterni, sviluppati indipendentemente gli uni dagli altri (e spesso anche da gruppi di lavoro diversi). Senza un meccanismo di namespace, tali conflitti non sarebbero facilmente risolvibili.

(continua)

(Esempio 3.16 — continua da pag. 105)

Nell'esempio in questione, se avessimo pieno controllo sul codice sorgente, dovremmo cercare di ragionare sul significato profondo dei nomi attribuiti a ciascun elemento del modello, sia rispetto al singolo ambito locale, sia rispetto all'intero progetto. Qualora la presenza dello stesso nome sia giustificata dal fatto che le due classi rappresentano (in ambiti diversi) lo stesso concetto, sarebbe più corretto scegliere un unico ambito in cui definire la classe, e importare questa definizione all'interno dell'altro ambito, così da non introdurre duplicazioni concettuali. Tra l'altro, in questo modo aumenteremmo anche il livello di riuso interno.

```
1   namespace ATC {
2     class FlightPlan {...}; // definizione del concetto FlightPlan
3   }
4   namespace Aircraft {
5     using ATC::FlightPlan; // uso del concetto FlightPlan definito in ATC
6                            // nessuna duplicazione di definizioni risulta necessaria
7   }
```

Viceversa, se i due nomi identificano entità simili ma distinte, è preferibile attribuire a ciascuna di esse un nome univoco e sufficientemente espressivo da eliminare ogni fonte di ambiguità. Lo scopo di `FlightPlan` in `Aircraft`, ad esempio, potrebbe essere quello di definire un piano di volo per un velivolo, piano che poi non è detto venga sempre rispettato durante ogni volo. In `ATC`, invece, potremmo voler tener traccia in tempo reale proprio dell'effettiva traiettoria seguita dal velivolo durante il suo volo (per poi, eventualmente, confrontarla sia con quella pianificata, sia con quella di altri velivoli presenti sullo stesso spazio aereo). Un nome più adeguato a questo secondo scopo potrebbe allora essere `FlightRoute`. `FlightPlan` e `FlightRoute` farebbero in tal modo riferimento a concetti diversi (il piano e la rotta) e riconducibili al dominio del problema. Tali ambiti dovrebbero poi essere facilmente riconoscibili dal nome dei package (`Aircraft` per il velivolo e `ATC` per il centro di controllo del traffico aereo).

A prescindere dalle notazioni grafiche, l'insieme di queste assunzioni sul significato dei vari termini andrebbero sempre documentate in un glossario di progetto allegato al modello UML, similmente all'uso dei dizionari nei DFD.

Un package viene applicato su larga scala nei modelli OO: ciò significa che non solo gli elementi strutturali più importanti come le classi possono farne parte, ad esempio per rappresentare i soggetti identificati durante l'Analisi o il Design OO. Anche elementi non strutturali, come gli use case, vengono normalmente organizzati in package[19]. Non è quindi importante solo il tipo di elementi contenuti nel package, ma anche il criterio di organizzazione utilizzato, ossia quell'euristica che ci permette di identificare e riconoscere le diverse categorie corrispondenti ai vari package. Senza una chiara euristica, il raggruppamento diventa arbitrario, riducendo la comprensibilità dell'intero modello.

La notazione grafica utilizzata per disegnare un package consiste in un rettangolo a forma di cartella. All'interno del rettangolo viene visualizzato il nome del package stesso. È possibile, tuttavia, mostrare il contenuto del package al suo interno, come illustrato in Figura 3.11.

La relazione più usata in un diagramma dei package è la dipendenza, eventualmente stereotipata

La relazione più usata per collegare due package è la *dipendenza*. Una dipendenza si disegna mediante una freccia aperta e tratteggiata. **Ogni dipendenza tra package è indotta dalla corrispondente dipendenza tra i rispettivi elementi contenuti al loro interno**. In altri termini, tra i package A e B esiste una dipendenza solo se esiste *almeno* un elemento in uno dei due package dipendente da un elemento contenuto nell'altro package. Laddove questa situazione risulta speculare in entrambi i package, avremo un ciclo (una dipendenza in entrambe le direzioni) tra i package.

In UML i package non godono della proprietà transitiva rispetto alla relazione di dipendenza. Una dipendenza esiste tra due elementi di un modello OO quando un cambiamento alla definizione di un elemento potrebbe causare un cambiamento all'altro. L'effetto domino (ossia la propagazione dei cambiamenti tra gli elementi del modello) è causato da modifiche alle interfacce (pubbliche e/o protette) di ciascun elemento che generano effetti collaterali a cascata nelle interfacce dei loro utilizzatori.

Riconsideriamo la Figura 3.11. Il sistema di dipendenze tra i package indotto dalle relazioni tra le classi in essi contenute è illustrato in Figura 3.15. La classe `Airport` dipende dalla classe `AirTrafficControlCenter`, per-

---

19   Si noti che un package può, a sua volta, contenere altri package.

I Diagrammi di Classe e il Metodo Object-Oriented

tanto anche il package Airport dipende dal package ATC. Lo stesso ragionamento vale tra Airport e Aircraft e tra Airport e Surveillance. Ciò non significa che se cambia un elemento all'interno del package Aircraft, anche ATC debba essere cambiato (ATC, infatti, non dipende direttamente da Aircraft). Solamente se la modifica di Aircraft causa una modifica dell'interfaccia pubblica di Surveillance, allora il package ATC andrà esaminato per verificare la possibilità di effetti collaterali.

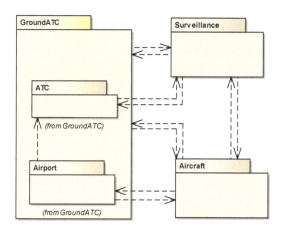

La Figura 3.15 non è certamente un esempio di buon design, a giudicare dalla presenza di molti cicli nel sistema di dipendenze evidenziato. Questo livello di accoppiamento è dovuto in buona misura alla presenza di associazioni bidirezionali nel modello iniziale di analisi. È ragionevole supporre che tali relazioni vengano successivamente isolate in modo da eliminare il maggior numero possibile di cicli durante il design.

I package non forniscono particolari strumenti per ridurre il livello di accoppiamento espresso dalle dipendenze tra i vari elementi del modello.

Dipendenze tra package
FIGURA 3.15

Essi servono per evidenziare tale sistema di dipendenze, in particolare alle scale più grandi, laddove la propagazione delle modifiche ha un costo considerevole. Grazie al principio di scala, è infatti possibile costruire un diagramma di alto livello in cui far emergere solo la struttura dei package e delle loro mutue dipendenze, elidendo altri dettagli superflui (la Figura 3.15 ne è un buon esempio).

3.4.4. Associazione, aggregazione, composizione

Un'associazione tra classi descrive una relazione tra le loro corrispondenti istanze presenti in una configurazione valida a run-time. Consideriamo il diagramma di Figura 3.16. Se tale figura rappresenta una parte del dominio applicativo, possiamo dedurre che clienti (Customer) e ordini di acquisto (Order) sono concetti correlati. Questa caratterizzazione si addice in particolare a modelli costruiti secondo la prospettiva concettuale.

Associazione tra classi
FIGURA 3.16

Spostandoci dall'analisi verso il design e la codifica, l'associazione assume connotazioni più tecniche. Nella prospettiva di specifica, ad esempio, essa rappresenta una precisa *responsabilità* relativamente alle classi coinvolte. Sempre con riferimento alla Figura 3.16, ogni cliente ha almeno un servizio o un attributo che fornisce informazioni sui suoi ordini. Analogamente, a partire da ciascun ordine possiamo, ad esempio, sapere (attraverso i servizi di Order) qual è l'acquirente che lo ha effettuato. La prospettiva implementativa, aggiunge ulteriori dettagli: le informazioni di stato memorizzate in ciascuna classe, tutti i servizi, unitamente alle loro segnature complete (nome del servizio, tipo di ritorno se previsto, nome e tipo di tutti i parametri).

Notazione grafia di un'associazione

Un'associazione è rappresentata graficamente da una linea continua, arricchita eventualmente da un verso di navigazione e da etichette testuali. La navigazione viene definita da una freccia aperta diretta verso l'estremo raggiungibile da un'istanza presente sul lato opposto. L'assenza di un verso per convenzione viene interpretata come una navigabilità bidirezionale. Le etichette testuali, se poste agli estremi di un'associazione, sono sempre riferite alla classe più vicina e vanno intese sempre in relazione alla classe situata all'estremo opposto della relazione. Tali etichette indicano le seguenti informazioni:

- **Ruolo**. Indica il ruolo svolto da ciascuna classe nella relazione con l'altra. Un cliente (Customer) svolge il ruolo di acquirente (buyer) rispetto all'ordine di acquisto (Order). Nelle prospettive di specifica e implementazione, tuttavia, un ruolo assume un ulteriore significato: quello di denotare la presenza di un attributo in ciascuna classe associata. Un oggetto Customer ha un attributo orders (una Collection di Order), un oggetto Order ha un attributo buyer di tipo Customer. La prospettiva implementativa mostra tipicamente anche la visibilità di tali attributi (nell'esempio sono tutti privati, in quanto denotati dal segno "meno").

- **Molteplicità**. Indica il numero di oggetti (istanze) della classe posta alla stessa estremità che possono essere in relazione con un *singolo* oggetto (istanza) della classe posta all'estremo opposto. Un oggetto Customer è in relazione con uno o più oggetti Order (molteplicità 1..*). Viceversa, un oggetto Order è in relazione con esattamente un oggetto Customer (molteplicità 1).

❏ **Approfondimenti: Molteplicità nelle associazioni UML**

Le molteplicità tipiche che possiamo incontrare in un'associazione sono:

1	*Attributo obbligatorio*: alla relazione deve partecipare esattamente un'istanza.
0..1	*Attributo opzionale*: alla relazione potrebbe non partecipare alcuna istanza.
0..*	*Collezione* di istanze, *possibilmente vuota*.
1..*	*Collezione* di istanze che non può mai essere vuota.
*	Abbreviazione per la molteplicità 0..*.
2..4	*Intervallo*: nella relazione sono coinvolte sempre non meno di 2 e non più di 4 istanze.
2,4..6,8	*Insieme di intervalli disgiunti*: nella relazione sono presenti 2, oppure da 4 a 6, oppure ancora 8 istanze. ❏

Il nome di un'associazione viene rappresentato mediante un'etichetta testuale posta al centro della relazione

L'ultima etichetta testuale che può adornare un'associazione è quella del *nome*. Si tratta di un'informazione di carattere concettuale che sintetizza il significato della relazione. Ci sono due convenzioni frequentemente utilizzate nella scelta del nome. La prima prevede che il nome sia costituito dall'unione delle classi poste agli estremi dell'associazione (Customer_orders, nel nostro caso). La seconda, per rendere più efficace la lettura del modello, suggerisce l'utilizzo di un verbo che dovrebbe evocare il significato intuitivo della collaborazione tra le rispettive classi associate. Nell'esempio di clienti e ordini, un buona scelta per il verbo da utilizzare come nome è places (nel senso di "effettuare"). L'associazione andrebbe letta come "un cliente effettua uno o più ordini".

Per rafforzare ulteriormente il modo in cui l'associazione va letta rispetto al suo nome, è possibile disegnare a fianco di quest'ultimo un piccolo triangolino nero. Questa notazione viene utilizzata esclusivamente a fini documentativi: non ha particolari significati semantici, per cui non viene solitamente utilizzata nei modelli costruiti con le prospettive di specifica o di implementazione (dove viene raramente usato anche il nome stesso).

Aggregazione e composizione indicano in UML la semantica di contenimento

L'associazione non esprime una semantica specifica, al di là di una collaborazione tra ruoli. Nel caso volessimo descrivere una relazione di contenimento Tutto-Parti, UML mette a disposizione due varianti dell'associazione: l'aggregazione e la composizione.

L'*aggregazione* **identifica una forma di contenimento debole, nella quale la "Parte" e il "Tutto" hanno un ciclo di vita indipendente**. Ciò significa che un oggetto "Parte" può essere messo in condivisione con altri oggetti. **La** *composizione*, **invece, designa un contenimento forte**: tutti gli oggetti "Parte" vengono creati nel costruttore dell'oggetto "Tutto" e vengono distrutti nel distruttore. Ogni istanza di una "Parte" non può mai essere condivisa da altri oggetti. Parleremo, in questo caso, di una *ownership forte* (proprietà) esercitata dalla classe "Tutto" nei confronti delle sue "Parti".

🔻 **TERMINOLOGIA**
Aggregazione e composizione

Da un punto di vista grafico (Figura 3.17), l'aggregazione viene rappresentata con un'associazione adornata da una losanga bianca posta sull'estremo della classe "Tutto". La composizione differisce graficamente dall'aggregazione per il colore (nero) della losanga. La composizione introduce inoltre un vincolo sulle molteplicità relative alla classe "Tutto". Poiché un oggetto "Parte" non può essere condiviso, deve esistere sempre esattamente un oggetto "Tutto" ad esso associato. Tale molteplicità, essendo fissata a priori per ogni relazione di composizione, viene solitamente omessa nei diagrammi di classe (non viene cioè indicata esplicitamente da un numero).

ESEMPIO 3.17 AGGREGAZIONE E COMPOSIZIONE

Consideriamo nuovamente l'esempio delle figure geometriche. Facendo uso dell'ereditarietà, rappresentiamo la gerarchia di figure attraverso la classe base `Shape` e le classi derivate `Triangle`, `Square`, `Circle` e `Polygon` (Figura 3.17). Vogliamo ora evidenziare la relazione esistente tra queste figure geometriche e il concetto di punto, espresso dalla classe `Point2D`. Poiché ogni figura è composta da una serie di punti (il centro per il cerchio, i vertici per le altre figure), appare naturale usare una relazione di composizione. Ogni (istanza di) punto appartiene esclusivamente a una sola (istanza di) figura. Se il centro di un cerchio coincidesse nel sistema di coordinate scelto con un vertice di un triangolo, avremmo come conseguenza diretta di questa ownership forte *due* istanze uguali ma distinte di `Point2D`.

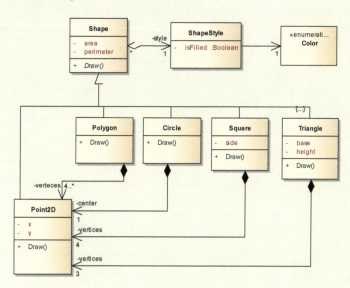

Aggregazione e composizione nei modelli delle classi UML

FIGURA 3.17

Questa rappresentazione, apparentemente "sprecona", in quanto utilizza due oggetti per rappresentare le stesse coordinate geometriche, è invece coerente con l'effetto di molte operazioni che si possono compiere sulle figure. Immaginiamo, infatti, di traslare il cerchio lungo l'asse delle ascisse. In tal caso, dovremmo alterare la posizione della sola istanza di punto corrispondente al centro del cerchio, lasciando inalterato il vertice del triangolo. Se avessimo usato l'aggregazione, non avremmo potuto ottenere il cambiamento del centro del cerchio *senza* cambiare altresì il vertice del triangolo. Ciò che differenzia le due istanze di `Point2D` non è tanto lo stato interno (possono avere, come abbiamo visto, lo stesso valore di coordinate), quanto il concetto di identità. È proprio l'identità (che in un modello Entità-Relazioni corrisponderebbe a una chiave primaria) a determinare l'appartenenza di ciascun punto alla corrispondente figura geometrica.

Un esempio di aggregazione può invece essere considerato quello che lega ciascuna figura con il proprio stile di disegno. Se ipotizziamo che ciascuna figura può essere colorata, possiamo rappresentare questa informazione in una classe stile (`ShapeStyle`) che contiene un attributo booleano `isFilled` per indicare se quell'istanza è colorata, e un colore di riempimento (si veda l'associazione con il tipo enumerato `Color`). In questo caso non c'è motivo di distinguere due istanze diverse di stile poiché si tratta di oggetti generalmente non modificabili (detti anche *value objects*, oggetti per i quali non è interessante mantenere un'informazione d'identità oltre a quella del valore degli attributi in quanto sono entità puramente descrittive).

Non è sempre ovvio distinguere tra associazione e aggregazione e, talvolta, neanche tra aggregazione e composizione. Pensiamo banalmente alla relazione esistente tra un veicolo e le sue ruote. Intuitivamente diciamo che un'auto è composta da quattro ruote, e tale relazione appare una composizione. Tuttavia possiamo togliere una ruota dall'auto in questione e spostarla in un'altra auto "compatibile". La ruota non sarebbe comunque condivisa in senso stretto tra le due auto. In un dato momento essa apparterrebbe esclusivamente a una sola istanza di auto. Ciononostante, non abbiamo una ownership forte come nel caso della composizione (le ruote possono essere sostituite, ma l'auto rimane la stessa...). Viste queste difficoltà, molti esperti suggeriscono una linea guida pragmatica: se non riusciamo a convincerci in 30 secondi sulla natura di un'aggregazione (o composizione), utilizziamo al suo posto un'associazione.

3.4.5. Commenti, note e vincoli

A volte è utile aggiungere dei commenti all'interno di un diagramma, allo stesso modo cui commentiamo il codice sorgente. I *commenti* possono descrivere aspetti generali legati al diagramma, come il suo autore, la data di creazione, la data dell'ultima modifica e il titolo del diagramma stesso. Un commento, tuttavia, viene di solito usato soprattutto per chiarire alcuni aspetti specifici del modello, attraverso l'impiego di note e vincoli.

Una nota rappresenta un commento non strutturato espresso in linguaggio naturale

Una *nota* è un commento non strutturato di solito scritto in linguaggio naturale. La sua rappresentazione grafica è quella di un foglietto rettangolare con l'angolo in alto a destra piegato verso l'interno. La nota viene poi collegata all'elemento a cui è associata mediante una linea tratteggiata.

Un vincolo rappresenta una proprietà (espressa in linguaggio naturale o in un linguaggio di specifica apposito) che deve essere soddisfatta da qualsiasi istanza del modello

Un *vincolo* è qualcosa di più di un semplice commento: è una regola che descrive una proprietà del modello che deve essere sempre verificata. Non si tratta quindi solo di un chiarimento ma di un aspetto tecnico che restringe lo spazio delle possibili istanziazioni valide di un modello. La più recente specifica relativa allo standard UML allo stato attuale (OMG Document Number: ptc/13-08-17, ver. 2.5) definisce un vincolo come un'asserzione che indica una restrizione (sui valori che costituiscono lo stato) di ogni valida realizzazione del modello a cui il vincolo si riferisce [49].

➔ **VEDI ANCHE**
Una discussione delle *asserzioni* nel contesto della progettazione per contratto (Design by Contract) è presente nel Vol. 1 del libro associato a queste dispense

I vincoli sono di solito espressi mediante un linguaggio strutturato e formale. In UML il linguaggio standard per esprimerli è Object Constraint Language (OCL) [48]. È facile individuarli nei modelli UML poiché sono sempre racchiusi tra parentesi graffe. Essi possono essere inseriti sia dentro una nota, sia come adornamento di un elemento grafico del modello (ad esempio in un compartimento di una classe), come in Figura 3.18.

ESEMPIO 3.18 VINCOLI NEI DIAGRAMMI UML

Consideriamo il dominio di gestione degli ordini di un negozio online. Abbiamo già visto (Figura 3.16) come cliente (`Customer`) può essere associato all'insieme di tutti i suoi ordini (`Order`). Quel modello, tuttavia, non garantisce che tale insieme di ordini sia unico, né che sia ordinato (ad esempio in base alla data di acquisto). Per fare ciò è necessario adornare l'associazione che lega `Customer` a `Order` mediante il vincolo OCL `{ordered, unique}`, posto in corrispondenza dell'elemento UML a cui tale regola si applica, ossia la classe `Order` puntata dalla relazione `customer_orders` (Figura 3.18).

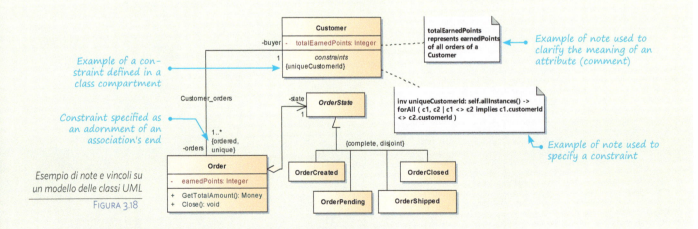

Esempio di note e vincoli su un modello delle classi UML

FIGURA 3.18

3.5. Sintesi dei concetti fondamentali

Il paradigma ad oggetti si basa sull'astrazione di classe per descrivere un sistema software. Ogni classe definisce la struttura delle corrispondenti istanze (oggetti) presenti in una configurazione valida del sistema. Un oggetto è un'entità fisica o concettuale dotata di stato interno, di comportamento e di interfaccia. Lo stato interno è rappresentato dagli attributi. Il comportamento è definito dall'implementazione dei suoi servizi (o metodi). L'interfaccia (dell'oggetto) è costituita dai servizi pubblici e determina il protocollo della classe: un insieme di regole e convenzioni sui modi con cui la classe può essere utilizzata. Un oggetto può essere manipolato solo attraverso la sua interfaccia.

Ogni oggetto può essere legato agli altri attraverso diverse relazioni. **Nel Metodo Strutturato la relazione dominante nell'analisi è il flusso di dati tra processi, mentre nel design è la dipendenza di chiamata tra i moduli (procedure). Nel Metodo OO la gamma di relazioni è più ampia, ma rimane invariata passando dall'analisi al design**. Le relazioni tra classi sono l'ereditarietà, il contenimento (nelle forme forti della composizione o in quelle più deboli dell'aggregazione) e la dipendenza generica (che può rappresentare sia dipendenze di chiamata, sia dipendenze di creazione, passaggio di parametri, valori di ritorno). Proprio per questa sua varietà di relazioni, il paradigma OO è sostanzialmente più complesso da padroneggiare rispetto al paradigma strutturato.

Diventare esperti progettisti o programmatori OO è difficile non solo a causa del numero di relazioni da imparare. Il Metodo OO comporta un nuovo modo di pensare. Dati e processi non rimangono più aspetti separati di una specifica. Gli analisti si focalizzano sullo stato di un oggetto (i dati) e sul suo comportamento (le operazioni) insieme. Grazie al concetto di tipo di dato astratto, nel mondo OO dati e operazioni vengono incapsulati all'interno di un tutt'uno: la classe. L'interfaccia della classe fornisce precise responsabilità inerenti la capacità di conoscere delle informazioni (gli attributi) e di saper eseguire dei compiti (i servizi). Come la classe implementi tali compiti e rappresenti tali informazioni è un segreto, un aspetto interno che non viene comunicato ai suoi utilizzatori. Quale sia il codice che implementa un servizio o quali siano le variabili d'istanza di una classe è un aspetto secondario, se non irrilevante, nel modo di pensare a oggetti. Ciò che invece guida sia la comprensione del modello, sia il comportamento esibito dal sistema è l'insieme dei messaggi che una classe è in grado di ricevere, e quali risposte sa fornire. Tutto il resto viene protetto all'interno di un guscio fornito dall'incapsulamento.

Ogni sistema nel paradigma OO è visto come una comunità di oggetti che collaborano tra loro per fornire le funzionalità per cui esso è stato progettato). Passando dall'analisi al design, il sistema viene ancora visto come la stessa comunità di oggetti, descritta però con maggiore dettaglio ed eventualmente estesa con nuove istanze (nuove classi, infatti, vengono tipicamente "scoperte" nel design). In questa transizione, la natura reticolare del modello a oggetti non cambia, come invece accadeva nel Metodo Strutturato, passando dai diagrammi DFD (reticolari) agli structure chart (gerarchici). Ciò costituiva un problema perché spostandosi verso l'implementazione si raggiungeva una struttura gerarchica che rifletteva astrazioni artificiose, legate in modo non naturale alla struttura reticolare dell'analisi. A parte ciò, raramente il mondo reale è strutturato in modo puramente gerarchico. Il motivo fondamentale per identificare classi e oggetti diventa, quindi, quello di rendere la rappresentazione tecnica di un sistema (design e codifica) più vicina alla visione concettuale del mondo per come viene visto dalla prospettiva del problema in esame (analisi), almeno in prima approssimazione. Il Metodo OO, se correttamente applicato, si pone quindi l'obiettivo di ridurre la frattura tra analisi e design, tra problema e soluzione.

L'astrazione è uno dei capisaldi del paradigma OO. Astrarre significa eliminare gli aspetti irrilevanti, amplificando quelli essenziali. Questi ultimi confluiscono nell'interfaccia delle classi. L'astrazione di classe è una combinazione dell'astrazione procedurale e di quella sui dati. Il ruolo delle classi dal punto di vista della gestione delle dipendenze strutturali è centrale nella visione OO. La dinamica (ossia i meccanismi interni, le implementazioni) è solitamente più soggetta a cambiamenti, per cui viene considerata subordinata rispetto alla struttura. La struttura viene così impiegata per incapsulare, nascondere, proteggere al suo interno ogni tipo di dipendenza che può derivare dalla dinamica, mitigando le eventuali conseguenze dell'effetto domino. Le architetture software vengono fondate sugli elementi più stabili, le classi, riducendo i costi di manutenzione poiché ogni modifica tende a essere confinata all'interno di un singolo modulo o un gruppo di moduli disaccoppiato dal resto del sistema. La manutenibilità e testabilità generale vengono incrementate rispetto a un analogo sistema sviluppato secondo lo stile procedurale.

Grazie allo scambio di messaggi, le dipendenze di chiamata vengono spostate dalle procedure agli oggetti. L'utilizzo combinato del polimorfismo e dell'ereditarietà, infine, conduce al significativo indebolimento del livello di accoppiamento generale. Le dipendenze vengono, infatti, elevate dal livello delle (tante) classi derivate a quello delle (poche) classi base. In tal modo, i sistemi OO risultano costituiti da programmi scritti per manipolare interfacce anziché specifici oggetti. Grazie al principio di Sostituibilità di Liskov, il tipo specifico di oggetti manipolati non solo non è noto staticamente, ma risulta del tutto irrilevante, purché l'interfaccia attraverso cui si manipola ciascun oggetto sia compatibile con quella specificata nella sua classe d'appartenenza. L'ereditarietà, senza il polimorfismo, diventa un costrutto poco utile e potenzialmente pericoloso. L'obiettivo dell'ereditarietà è di semplificare la comunicazione tra oggetti, incapsulando implementazioni diverse di uno stesso servizio all'interno di un'interfaccia comune.

Costruire un "buon" modello a oggetti non è, tuttavia, banale. Trovare le "giuste" classi è un compito non ovvio come potrebbe sembrare applicando tecniche meccaniche quali la sottolineatura dei nomi e dei verbi contenuti nelle varie forme di documentazione disponibili in un progetto. L'analisi richiede un'esperienza che va oltre la conoscenza sintattica di un linguaggio di modellazione. Servono capacità di astrazione, di comunicazione verbale e scritta, di sintesi.

Per quanto concerne, invece, la rappresentazione dei modelli a oggetti, con l'introduzione di UML la guerra delle notazioni (OO) è terminata. UML oggi è uno standard ISO utilizzato per documentare i modelli a oggetti, i requisiti di sistema e gli aspetti architetturali. UML consente, inoltre, di rappresentare la complessità di un sistema software creando diverse viste dalle quali esso viene osservato.

3.6.   Bibliografia ragionata e riferimenti

La trattazione del Metodo OO presentata in questo capitolo si basa sui lavori di alcuni "pionieri" del settore, primi fra tutti Peter Coad [13] e Grady Booch [8]. Coad descrive i concetti di base che costituiscono il nucleo primitivo dell'orientamento agli oggetti: l'astrazione, l'incapsulamento, l'ereditarietà, il polimorfismo, i messaggi. A livello architetturale, pur non definendo (ancora) un archetipo generale, Coad introduce alcuni elementi chiave come i soggetti, il principio di scala e la stratificazione in cinque livelli principali. Booch, a sua volta, caratterizza gli oggetti in termini di ulteriori caratteristiche essenziali: l'identità, lo stato interno, il comportamento.

Seppure ben fondati, gli approcci di Coad e Booch rimangono spesso ad un livello intuitivo o semi formale. Bertrand Meyer ha invece il merito di ricondurre gli oggetti e le classi all'interno di un apparato più formale che parte dai tipi di dato astratto per confluire nella formulazione della tecnica della progettazione per contratto (*Design by Contract*) [23]. L'utilizzo delle asserzioni nel contesto dei contratti software permette di fornire una specifica più completa e precisa dei costrutti dell'Object-Orientation, con particolare riferimento all'utilizzo dell'ereditarietà e del polimorfismo.

Altri autori descrivono le caratteristiche dell'approccio OO rispetto alle notazioni e ai processi. Rumbaugh, Blaha, et al. [66] rileggono a loro volta il paradigma ad oggetti nell'ambito di una metodologia che promuove un linguaggio di modellazione grafico uniforme per tutto il ciclo di vita del software e che risulta indipendente dai singoli linguaggi di programmazione. Seppur con una prospettiva più orientata verso la modellazione dei dati, il metodo proposto da Rumbaugh (OMT - *Object Modeling Technique*) assieme a quello di Booch e ai casi d'uso di Jacobson [28] sarà alla base di quello che oggi è il linguaggio di modellazione standard per rappresentare sistemi OO: UML [49].

Dalla fine degli anni '90 a oggi sono state scritte svariate decine di libri su UML. Tra i più significativi ricordiamo i testi degli autori originali: il manuale di riferimento [9], il manuale utente [10] e il manuale di processo [29]. Un altro testo autorevole su UML, noto per la sua essenzialità, è il "manuale distillato" di Martin Fowler, una sorta di "Bignami" sugli aspetti notazionali più importanti [21].

Fowler è un apprezzato membro della comunità di progettisti, sviluppatori, consulenti e mentori dell'approccio agile e spesso i suoi interventi nelle conferenze internazionali così come nella carta stampata e nel suo blog forniscono suggerimenti ed esperienze d'uso industriale dell'UML e del Metodo OO. L'approccio agile intrecciato con UML conduce verso un modo "leggero" di fare modellazione che viene chiamato appunto *Agile Modeling*. Scott Ambler è forse l'autore che meglio di tutti ha sintetizzato i principi della modellazione agile sia nel contesto del modello di processo Unified Process [2], sia nell'ambito più generale del *Model-Driven Development* [3]. Sempre dello stesso autore, va menzionato anche un tentativo di definire delle linee guida di stile sull'utilizzo della notazione UML [4]. Interessanti infine i video e i post di Adriano Comai sull'uso di UML, disponibili presso il sito http://www.analisi-disegno.com/.

Se da un lato gli aspetti stilistici sono utili per definire alcune caratteristiche di qualità dei modelli, identificare i pattern di riferimento utilizzati con successo dalla comunità di progettisti è non di meno importante al fine di portare la modellazione del software a un livello crescente di maturità industriale. Questa maturità viene oggi spesso documentata attraverso un insieme di pattern, chiamato "linguaggio dei pattern", o *pattern language* in inglese. Il lavoro seminale di Christopher Alexander sui design pattern [1] nelle architetture civili prima, e della "Gang Of Four" [24] nel mondo del software poi, hanno aperto la strada alla nascita di un intero movimento dei pattern del software. Anche la modellazione con UML è stata oggetto di interessa di questa comunità, nonostante ad oggi (2015) pochi sono i testi di riferimento che codificano in modo formale o semi formale l'utilizzo di pattern riconducibili espressamente a UML. Uno di questi testi è il lavoro scritto da Paul Evitts che identifica un intero linguaggio di pattern [18], seppure ancora piuttosto primitivo.

Relativamente agli aspetti più formali, OCL (*Object Constraint Language*) [48] ha iniziato a raggiungere una certa visibilità, anche se tuttora viene impiegato sistematicamente solamente in ambiti limitati. Due validi testi sono stati scritti da Jos Warmer. Il primo [74], introduce il linguaggio come strumento per rendere i diagrammi UML precisi, mentre il secondo [37] propone OCL come "linguaggio ponte" per trasformare una specifica UML in una specifica eseguibile.

Per quanto concerne, invece, le tecniche di analisi associate al Metodo OO, le CRC card sono discusse in [6][76]. Questa tecnica pone l'enfasi sull'individuazione delle responsabilità di una classe. Un altro approccio che parte dalla stessa idea è quello del *Responsibility-Driven Design*, ideato da Rebecca Wirfs-Brock [77][78]. Nel secondo testo, in particolare, il concetto di responsabilità viene avvicinato a quello di stile di controllo, un tema che influenza il modo con cui, su più larga scala, vengono progettate le architetture software. La tecnica di sintesi dei modelli, infine, è discussa da Trygve Reenskaug nel libro che introduce l'approccio OO attraverso il metodo OOram [61].

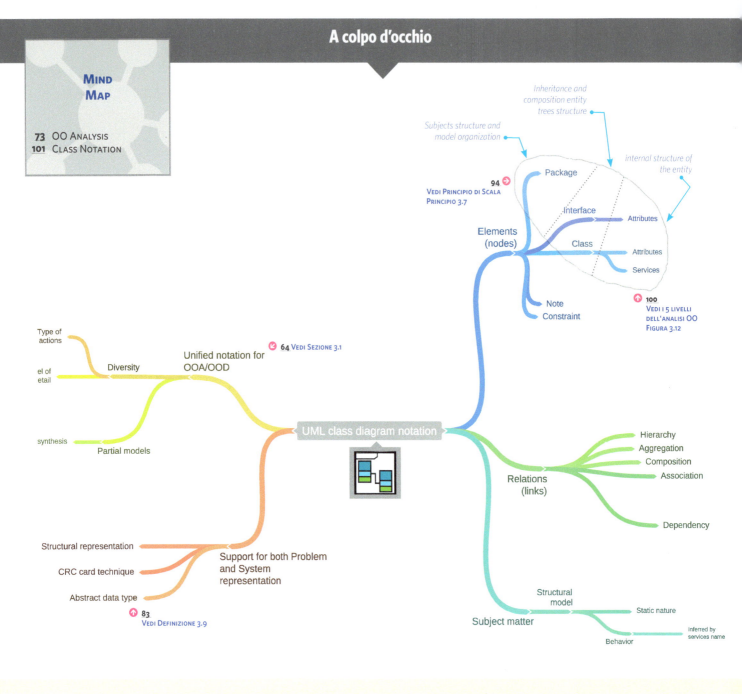

Principi di Design OO
Per comprendere i principi fondamentali del design OO, il Design by Contract e il SysOOD

I Diagrammi dei Componenti e il Metodo Component-Based
Per comprendere il passaggio dalle classi ai componenti e per misurare la qualità di un design OO

APPROFONDIMENTI NEL LIBRO DI PROSSIMA PUBBLICAZIONE

METODI TECNICHE

NOTAZIONI TECNICHE

NOTAZIONI METODI TECNICHE

La Modellazione delle Classi: Approfondimenti
Per approfondire alcuni aspetti della notazione delle classi e per conoscere le tecniche del Domain-Driven Design e della modellazione UML col colore

Esercizi

1. Considerate il dominio applicativo di una lavanderia a secco industriale i cui clienti sfruttano un servizio di prenotazione per richiedere il ritiro dei capi, il lavaggio e la stiratura, il confezionamento e la riconsegna. La lavanderia prende in carico sia capi normali, sia capi delicati. A fronte di un piano d'abbonamento trimestrale, infine, i clienti della lavanderia godono di uno sconto sull'acquisto di prodotti accessori (profumatori, detergenti, ecc.). Applicate l'Analisi OO per trovare le entità principali, collegandole con le più opportune relazioni. Per ogni entità, assegnate le responsabilità, quindi identificate gli attributi e i servizi essenziali.

2. Considerate un editor di testi dotato di strumenti per la composizione del testo, l'inserimento di immagini e tabelle, il salvataggio e la stampa, la correzione ortografica e la gestione delle revisioni. Create un modello, identificate almeno una gerarchia d'ereditarietà e assegnate le responsabilità a ogni classe.

3. Un centro per la gestione delle emergenze sanitarie territoriali si vuole dotare di un sistema automatico per la gestione delle chiamate d'emergenza. Tale sistema deve ricevere una chiamata e smistarla a un operatore libero, registrare la conversazione, fornire indicazioni sulla struttura più idonea alla presa in carico del paziente e, infine, allertare la suddetta struttura affinché vengano inviati i soccorsi al richiedente. Quali soggetti si possono individuare per descrivere il dominio appena illustrato? Quali entità principali attribuireste a ciascun soggetto?

4. Un negozio online offre ai suoi clienti degli sconti basati sui quantitativi di prodotti comprati per ciascun ordine, con la seguente politica: per ogni ordine contenente almeno 5 prodotti viene corrisposto un buono sconto del 10% valido per un successivo ordine da effettuare entro un mese. Come modellereste il modulo di analisi dei costi che attribuisce il costo finale all'ordine del cliente? Quali astrazioni individuate? Quali relazioni? Quali servizi?

5. Modificate il sistema descritto nell'Esercizio 4 in modo da aggiungere una validazione dell'ordine basata sulle seguenti politiche: (a) ogni ordine deve superare un importo minimo configurabile da sistema; (b) ogni ordine può essere spedito in tutto il mondo ma gli sconti sono applicati solo per le spedizioni sul territorio nazionale; (c) ai clienti che sottoscrivono un programma di fidelizzazione a punti viene conteggiato ciascun ordine in modo che ogni 10€ di importo viene attribuito 1 punto.

6. Estendete il modello dell'Esercizio 5 in modo che ogni trimestre (marzo, giugno, settembre e dicembre) sia fornita ai clienti che completano un ordine la possibilità di riscattare i punti accumulati consultando il catalogo dei premi. Il premio scelto verrà spedito contestualmente all'ultimo ordine effettuato.

MY REVIEW PLAN — IL PENSIERO CRITICO DEL PROFESSIONISTA

MY ASSESSMENT

Quali principi o tecniche discusse nel capitolo ritengo più importanti nella mia professione?

Quali di questi principi e/o tecniche applico spesso nella mia attività lavorativa?

MY ACTION PLAN

Qual è il mio piano d'azione per migliorare la padronanza degli argomenti trattati nel capitolo?

MY CURRENT APPROACH

Il mio approccio corrente quando analizzo un dominio applicativo è...

Il mio approccio corrente quando attribuisco le responsabilità a una classe è...

Il mio approccio corrente quando devo organizzare la complessità di un sistema software è...

CASO DI STUDIO
ACME LOGISTICS

120

ACME Logistics è un'azienda di trasporto merci recentemente costituita e che ha visto nella sua breve vita una forte espansione del proprio mercato, fin da subito improntato nel soddisfare richieste dei clienti sia a livello locale, sia a livello internazionale. Ciò è stato possibile grazie ad accordi con altre compagnie di spedizione dislocate in tutti i Paesi serviti da ACME Logistics.

Inizialmente il grosso delle spedizioni era basato su viaggi che sfruttavano i mezzi di spedizione quasi esclusivamente su ruota, in aggiunta a un accordo particolarmente vantaggioso con partner per il trasporto su rotaia. Grazie alla forte espansione iniziale, i partner sono stati successivamente estesi anche al trasporto marittimo e aereo.

Per coordinare la crescente complessità di gestione dell'organizzazione di un trasporto e fornire ai propri clienti un servizio tempestivo, personalizzato e ottimizzato sulle loro preferenze, la direzione di ACME Logistics ha deciso di perfezionare il proprio sistema di gestione online dei viaggi. Il caso di studio descritto in questo capitolo descrive una parte di questa attività di perfezionamento, analizzata mediante il Metodo Strutturato.

TOOL UTILIZZATI

Analisi Strutturata

Diagrammi di contesto

Diagrammi Data-Flow (DFD)

Stratificazione dei processi in livelli logici

CASO DI STUDIO
ACME SHOPPING

125

L'azienda ACME Shopping è stata fondata nel 1990 e inizialmente ha avuto un discreto successo nel territorio locale. Seguendo l'onda del fenomeno e-commerce, si è espansa costantemente fino ai primi anni 2000 quando ha vissuto la crisi del commercio elettronico. Contestualmente alla contrazione del mercato derivante dalla suddetta crisi, la direzione ha potuto constatare la difficoltà tecnica di aggiornare un sistema software diventato complesso, fragile e ingombrante. In particolare l'azienda non riusciva più ad attuare quell'agilità necessaria per rispondere in tempi rapidi a cambiamenti dei requisiti, all'introduzione di politiche di sconto aggiornate in un mercato sempre più aggressivo e alla fornitura di un servizio sempre più personalizzato. Questi aspetti, già di per sé importanti in tempi normali, diventano cruciali in tempi di crisi.

Consci di queste difficoltà, ma ancora decisi a rafforzare la propria presenza sul Web come canale di vendita complementare rispetto alla catena tradizionale di negozi fisici distribuiti sul territorio nazionale, ACME Shopping vara una nuova iniziativa di ammodernamento del proprio portale di vendita Web.

Il rinnovamento non riguarda solo la veste grafica ma tutta una serie di funzionalità messe a disposizione dei clienti, come la gestione degli sconti con politiche diverse in base al singolo prodotto, alla specifica categoria merceologica, offerte a tempo, offerte sulla quantità acquistata, ecc. Il caso di studio discusso in questo capitolo illustra parte di questa iniziativa, analizzata mediante il Metodo Orientato agli Oggetti.

TOOL UTILIZZATI

Analisi Orientata agli Oggetti

Interviste a esperti di dominio

Attribuzione delle responsabilità

Principio della Singola Responsabilità

Principio dell'Aperto-Chiuso

Diagrammi delle classi UML

Definizione delle politiche applicative e loro chiusura

Isolamento del dominio applicativo dall'infrastruttura di persistenza

CASI DI STUDIO:
DALLA TEORIA ALLA PRATICA

Soluzioni a problematiche complesse nascono spesso dalla sintesi di compromessi, di molteplici tecniche applicate e anche di qualche regola infranta. Sapere quando e come "rompere le regole" è una delle caratteristiche distintive del progettista esperto.

L'ingegneria del software e la modellazione in particolare sono discipline con una componente esperienziale importante. Se da un lato è essenziale acquisire la "conoscenza formale" di principi, metodi e notazioni, dall'altra è indispensabile interiorizzare la teoria per applicarla in modo sistematico e speculativo alle problematiche industriali, dove vincoli di tempo e di budget limitano le possibili opzioni di intervento.

Capitolo 4

CASI DI STUDIO

Il capitolo introduce due casi di studio. Il primo, denominato ACME Logistics, è relativo a un sistema di spedizioni in ambito internazionale. Il secondo, ACME Shopping, è relativo alla gestione di un negozio online. L'analisi del primo sistema viene svolta mediante la prospettive dei processi mentre il secondo viene analizzato con la tecnica degli oggetti. Entrambe queste prospettive catturano aspetti strutturali del sistema. Nel primo caso, attraverso l'Analisi Strutturata, viene descritta la struttura di alcuni processi essenziali nell'ambito delle attività di logistica svolte da ACME Logistics. Nel secondo caso, invece, viene eseguita l'Analisi Orientata agli Oggetti, attraverso la quale vengono identificate e caratterizzate le classi con il loro sistema di mutue dipendenze.

Entrambi i tipi di analisi discusse in questo capitolo sono possibili e talvolta anche auspicabili. Spesso questi due tipi di analisi si intrecciano con altri approcci (casi d'uso, storie, feature, ecc.), coinvolgendo figure professionali diverse. Ciò non deve stupire, né far supporre che una notazione sia "per elezione" superiore all'altra. La complessità dei moderni sistemi software è talmente vasta che, per affrontarla adeguatamente, sono necessarie prospettive differenti. Osservando come l'analisi funzionale e quella ad oggetti si intreccino nella modellazione degli stessi concetti, il lettore potrà iniziare a sviluppare quella sensibilità che, unita alla familiarità con una notazione, lo aiuterà a costruire modelli più completi ed efficaci.

4.1.   Introduzione al sistema ACME Logistics

ACME Logistics è un'azienda di trasporto merci costituita cinque anni fa e che ha visto nella sua ancor breve vita una forte espansione del proprio mercato, fin da subito improntato nel soddisfare richieste dei propri clienti sia a livello locale, sia a livello internazionale. Ciò è stato possibile grazie ad accordi con altre compagnie di spedizione dislocate in tutti i Paesi serviti da ACME Logistics.

Inizialmente il grosso delle spedizioni era basato su viaggi che sfruttavano i propri mezzi di spedizione, quasi esclusivamente su ruota, e un accordo particolarmente vantaggioso con partner per il trasporto su rotaia. Grazie alla forte espansione iniziale, i partner sono stati estesi anche al trasporto marittimo e aereo.

Per coordinare la crescente complessità di gestione dell'organizzazione di un trasporto e fornire ai propri clienti un servizio tempestivo, personalizzato e ottimizzato sulle preferenze del cliente stesso, la direzione di ACME Logistics ha deciso di perfezionare il proprio sistema di gestione online dei viaggi. Il caso di studio descritto in questo capitolo (alla Sezione 4.3) descrive una parte di questa attività di perfezionamento, analizzata mediante il Metodo Strutturato.

4.2.   Introduzione al sistema ACME Shopping

L'azienda ACME Shopping è stata fondata nel 1990 e inizialmente ha avuto un discreto successo nel territorio locale. Seguendo l'onda del fenomeno *e-commerce*, si è espansa molto fino a una decina di anni fa quando ha poi conosciuto la crisi del commercio elettronico. In particolare la direzione ha potuto constatare la difficoltà ad aggiornare il sistema preesistente, consentendo quell'agilità necessaria per rispondere in tempi rapidi a cambiamenti dei requisiti, all'introduzione di politiche di sconto aggiornate in un mercato sempre più aggressivo e alla fornitura di un servizio sempre più personalizzato.

Consci di queste difficoltà, ma ancora decisi a rafforzare la propria presenza sul Web come canale complementare di vendita rispetto alla catena di negozi fisici distribuiti sul territorio nazionale, ACME Shopping vara una nuova iniziativa di ammodernamento del proprio portale di vendita Web.

Il rinnovamento non riguarda solo la veste grafica ma tutta una serie di funzionalità messe a disposizione dei clienti, come la gestione degli sconti con politiche diverse in base al singolo prodotto, alla specifica categoria merceologica, offerte a tempo, offerte sulla quantità acquistata, ecc. Il caso di studio discusso in questo capitolo (alla Sezione 4.4) illustra parte di questa iniziativa.

4.3. La modellazione dei processi nel sistema ACME Logistics

In questa sezione viene descritto l'esito di una sessione di analisi secondo il Metodo Strutturato, con l'obiettivo di costruire una rappresentazione dei processi essenziali di organizzazione di una spedizione attraverso la tecnica dei Data-Flow Diagram (DFD). Il caso di studio è organizzato in tre parti: il contesto del problema che introduce i requisiti da modellare, la soluzione richiesta che specifica il tipo di rappresentazione da creare e, infine, la soluzione proposta che discute il modello elaborato.

4.3.1. Contesto del problema

La società di servizi ACME Logistics fornisce diversi servizi di logistica per il trasporto internazionale di container. Le spedizioni, in particolare, avvengono attraverso mezzi di trasporto terrestre, ferroviario e marittimo. Il modello di business di ACME Logistics prevede, tra gli altri, un canale di vendita dei propri servizi attraverso un portale Web. Tale canale costituisce il contesto del problema da analizzare nel seguito. I clienti contattano la società attraverso il sistema software online per organizzare un trasporto di merci in una specifica data. Dopo l'autenticazione, il cliente specifica l'origine e la destinazione del viaggio, eventuali scali intermedi per il carico/scarico delle merci, oltre al carico stesso da trasportare. Opzionalmente, ogni cliente può anche inserire eventuali preferenze associate al trasporto (tragitto più breve, più economico, più veloce, eccetera).

Sulla base di queste informazioni, la società effettua una serie di controlli sul cliente e sulla disponibilità dei mezzi di trasporto. Se i controlli vanno a buon fine, il sistema individua il percorso ottimale che soddisfa le preferenze di viaggio fornite dal cliente. Tale percorso è definito in termini di tratte (non necessariamente servite attraverso lo stesso tipo di vettore). A partire da queste, infine, viene proposta al cliente un'offerta economica per il viaggio.

Nel caso in cui una delle tratte previste sia marittima, la società propone, laddove possibile, anche un percorso alternativo con tratte aeree o terrestri al posto di quelle marittime. Se invece il cliente non viene riconosciuto perché non presente negli archivi della società, viene invitato a registrarsi. Se infine una o più località fornite dall'utente come parte del viaggio non sono al momento servite da alcun vettore di ACME Logistics, la società si mette in contatto con alcune compagnie di spedizione esterne con le quali essa collabora per tentare di fornire ugualmente il servizio al proprio cliente. Solo se, anche dopo queste ulteriori verifiche il viaggio non può essere effettuato, viene inviato al cliente un messaggio di errore che lo invita a modificare la sua richiesta.

4.3.2. Soluzione richiesta

Si vuole affrontare il contesto del problema appena descritto mediante l'Analisi Strutturata. Si costruisca un diagramma di contesto per il sistema ACME Logistics. Si costruisca poi un diagramma DFD di primo livello per i processi più importanti fin qui descritti.

4.3.3. Soluzione proposta

Per disegnare un diagramma di contesto piazziamo il sistema, in questo caso ACME Logistics, al centro del diagramma, rappresentandolo mediante un'ellisse. A questo punto dobbiamo identificare tutte le entità esterne che comunicano col sistema. Il cliente (`Customer`) è il naturale iniziatore delle interazioni con il sistema. Possiamo quindi supporre che per prima cosa egli inserisca le proprie credenziali di accesso (`userId`), quindi fornisca le preferenze relative al viaggio (`customerPreferences`), i dati del viaggio (`tripData`) e quelli relativi al carico da trasportare (`payloadData`).

➡ **VEDI ANCHE**
I diagrammi di contesto sono descritti nella Sezione 2.3.3

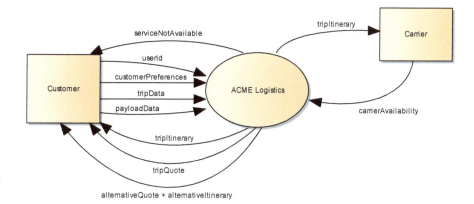

Customer

serviceNotAvailable

userId

customerPreferences

tripData

payloadData

ACME Logistics

tripItinerary

tripQuote

alternativeQuote + alternativeItinerary

tripItinerary

Carrier

carrierAvailability

Il diagramma di contesto per il sistema ACME Logistics creato mediante l'Analisi Strutturata

FIGURA 4.1

Il sistema analizza queste informazioni e, se è in grado di erogare il servizio richiesto, fornisce al cliente sia il preventivo del viaggio (`tripQuote`), sia l'itinerario (`tripItinerary`). Qualora l'itinerario relativo al viaggio contenga almeno una tratta marittima e, al contempo, esistano percorsi alternativi per giungere a destinazione privi di tratte marittime, il sistema fornisce un secondo preventivo (`alternativeQuote`), unitamente al corrispondente itinerario (`alternativeItinerary`).

Per gestire le eccezioni relative all'impossibilità di fornire una proposta di viaggio che rispetti le richieste fornite dal cliente, introduciamo un ulteriore flusso che va dal sistema al cliente, che denominiamo `service-NotAvailable`.

Ci rimangono, infine, da modellare le interazioni con le compagnie di spedizione esterne che forniscono alla società un supporto di mezzi di trasporto per coprire delle tratte che altrimenti non potrebbero essere servite. Introduciamo quindi un'entità esterna che chiamiamo `Carrier`. Questa entità riceverà come input un flusso di dati contenente l'itinerario del viaggio che si sta cercando di organizzare (`tripItinerary`), mentre come output immaginiamo che la compagnia di trasporto fornisca le proprie disponibilità sulle singole tratte dell'itinerario proposto (`carrierA-vailability`). Sarà poi la società ACME Logistics a decidere se sfruttare una compagnia esterna e per quali tratte, producendo eventualmente il dato `serviceNotAvailable`. Quest'ultimo aspetto, tuttavia, non viene catturato dal diagramma di contesto, né verosimilmente dai diagrammi di primo livello[1]. Il diagramma di contesto appena descritto è illustrato dalla Figura 4.1.

Una volta costruito il diagramma di contesto, "esplodiamo" l'ellisse centrale rappresentante il sistema definendo, attraverso un diagramma DFD di primo livello, i processi più significativi che emergono dalla descrizione del problema. Iniziamo con l'autenticazione che modelliamo attraverso un flusso di dati per identificare il cliente (`userId`) fornito in input all'attività `CheckUserCredentials`.

Possiamo immaginare che l'interfaccia utente del sistema Web fornisca dei campi come username e password (o e-mail e password) che vengono poi codificati dall'applicazione nel dato `customerId`. Queste informazioni vengono poi confrontante con il database dei clienti, mediante il flusso `customerRecords`.

Se il controllo dà un esito positivo, l'attività `CheckUserCredentials` conferma l'identificazione dell'utente (`customerIdentified`). Se invece questi ha inserito le credenziali sbagliate oppure ha ignorato i campi d'identificazione (era il suo primo accesso?), viene mostrato un messaggio d'errore modellato dal flusso di dati `customerIdentificationFailed`. A questo punto l'utente reinserirà le proprie credenziali oppure si dovrà registrare (`RegisterNewCustomer`) fornendo al sistema tutte le informazioni necessarie (`customerInfo`), a seconda del caso.

⊙ **VEDI ANCHE**
Le entità esterne sono definite nella Sezione 2.3.3 a pagina 30

⊙ **VEDI ANCHE**
Le notazione dei diagrammi DFD è descritta nella Sezione 2.3 da pagina 29

---

1   Perché questi aspetti non emergono naturalmente in un diagramma DFD? Quale potrebbe essere il modo migliore per descriverli, nell'ambito degli strumenti messi a disposizione dal Metodo Strutturato?

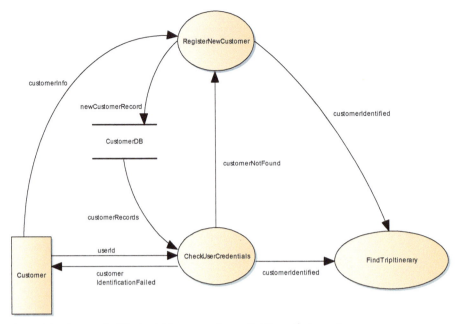

Autenticazione e registrazione di un cliente del sistema
ACME Logistics

FIGURA 4.2

La registrazione sarà attivata dal flusso customerNotFound[2] che avrà, come effetto collaterale, il conseguente inserimento all'interno degli archivi della società di un nuovo record (newCustomerRecord) e la corrispondente identificazione confermata del nuovo cliente (customer-Identified).

Per come l'abbiamo modellata, l'attività CheckUserCredentials deve gestire un flusso di dati tipico (tutto è andato a buon fine) e un flusso di dati anomalo (l'utente non è stato identificato). Utilizziamo quindi la tecnica illustrata nella Sezione 2.5.4 per rappresentare più esiti possibili di un processo.

Ora tutto è pronto per l'esecuzione dell'attività principale che implementa la richiesta di un preventivo di viaggio da parte del cliente, ossia la definizione di un itinerario per il viaggio stesso (FindTripItinerary). Le attività discusse finora sono illustrate nella Figura 4.2.

Definiamo ora il contratto di interfaccia (per la componente di input/output) del processo FindTripItinerary. Riprendendo il diagramma di contesto di Figura 4.1, è ragionevole supporre che FindTripItinerary produca un itinerario per il viaggio richiesto dal cliente (tripItinerary), unitamente al preventivo (tripQuote), oppure l'indicazione che il servizio non è disponibile per le località richieste (serviceNotAvailable). Rappresentiamo queste informazioni con dei flussi uscenti da FindTrip-Itinerary ed entranti nell'entità esterna Customer.

Per modellare il calcolo del preventivo introduciamo invece l'attività Make-TripQuote che prenderà in input l'itinerario e fornirà in output il preventivo, rappresentati dai flussi tripItinerary e tripQuote, rispettivamente. Possiamo supporre che la medesima attività, con analoghi input e output, venga utilizzata anche dalla procedura di formulazione dell'itinerario alternativo (FindAlternativeItinerary), il cui scopo consiste nel fornire un viaggio alternativo con relativo preventivo nel caso in cui l'itinerario originale contenesse delle tratte marittime (nauticalLegs) rimpiazzabili mediante tratte aeree o terrestri. Questo secondo raffinamento ci porta a costruire il diagramma illustrato in Figura 4.3.

Osservando più attentamente il nostro modello DFD, possiamo notare come ci siano poche informazioni relative ai repository: è ragionevole pensare che, una volta definite le varie proposte di viaggio con i relativi preventivi, questi vengano memorizzati in un archivio, che chiamiamo

VEDI ANCHE
Il concetto di contratto di interfaccia è definito nella Sezione 2.3.5 a pagina 39

---

2   Anche qui ci si può immaginare che tale flusso sia il risultato dell'azione corrispondente alla parte di interfaccia utente del sistema che permette all'utente di registrarsi, ad esempio attraverso la pressione di un pulsante o il click su un link. I dettagli relativi a come avviene questa interazione esulano dal progetto del diagramma DFD.

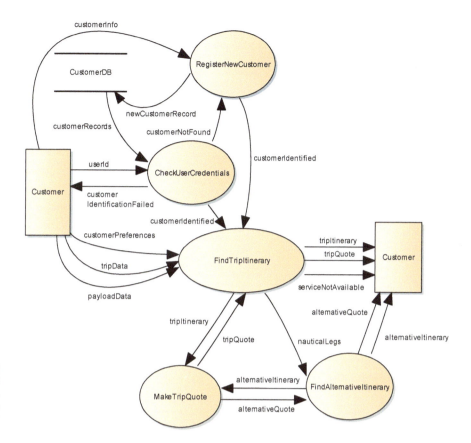

Creazione del viaggio relativo al trasporto del carico richiesto dal cliente ed emissione del corrispondente preventivo

FIGURA 4.3

CustomerTripsDB. Viaggi e preventivi vengono rappresentati mediante il flusso `customerTrips`. Nel nostro dizionario, quindi, `customerTrips` sarà così definito:

```
customerTrips= tripItinerary + tripQuote +
               alternativeItinerary + alternativeQuote
```

Allo stesso modo, introduciamo un archivio delle località gestite internamente dalla società (`LocationDB`), dal quale sia il processo `FindTripItinerary`, sia il processo `FindAlternativeItinerary` ricevono il flusso di dati `availableLocations`. Queste informazioni verranno sfruttate dalle rispettive attività per verificare se una specifica tratta (una parte di itinerario) è servita o meno dalla società, cioè se ci sono dei mezzi che consentono il trasporto delle merci per quella tratta.

Con la stessa ottica rivolta ad aggiungere repository nel modello, è ragionevole immaginare che l'attività `MakeTripQuote` riceva in input il listino prezzi di tutte le tratte gestite da ACME Logistics. Creiamo quindi il repository `TripPriceList` e lo colleghiamo a `MakeTripQuote` mediante il flusso `priceList`.

A questo punto ci manca ancora un contributo importante alla soluzione, ossia rappresentare le interazioni tra il sistema e le compagnie di spedizione esterne. Introduciamo quindi l'entità `Carrier`. Per mantenere la corrispondenza dei flussi rispetto al diagramma di contesto di Figura 4.1, introduciamo l'attività `CheckCarrierAvailability` che fornisce alle compagnie di spedizione un itinerario (sia esso quello proposto dalla funzionalità `FindTripItinerary`, sia quello alternativo senza tratte marittime) e ottiene da queste la loro corrispondente disponibilità (carrierAvailability) nel servire le tratte presenti nell'itinerario proposto. Sarà poi la logica interna di `FindTripItinerary` (o, equivalentemente, quella di `FindAlternativeItinerary`) a stabilire se il viaggio richiesto dal cliente è nella sua totalità coperto, oppure se ci sono delle tratte non servibili per cui il servizio generale non è disponibile. A questo proposito, una decisione di progetto che si può prendere consiste nel centralizzare tutta la gestione delle eventuali eccezioni a livello dell'attività principale `FindTripItinerary`.

Sia `CheckCarrierAvailability`, sia `FindAlternativeItine-`
`rary` sono attività che rappresentano due funzionalità "orchestrate" da
`FindTripItinerary`: ogni errore o eccezione in esse viene passata a
quest'ultima. Si pensi ad esempio all'impossibilità di coprire un determinato itinerario per mancanza di mezzi di trasporto. Il dato `carrierAvai-`
`lability` viene analizzato da `FindTripItinerary` che, in caso di tratte
"scoperte", è in grado di produrre il flusso `serviceNotAvailable`. Lo
stesso flusso, inoltre, può essere prodotto anche dal processo `FindAl-`
`ternativeItinerary` in quanto potrebbe non esistere un itinerario alternativo privo di tratte marittime. Per quanto assunto precedentemente,
tale eccezione dovrebbe essere passata al processo `FindTripItinerary`
che la gestisce uniformemente ad altre eccezioni, diventando il processo
centrale rispetto alle attività di input/output verso il cliente[3].

La Figura 4.4 mostra la versione finale del diagramma DFD elaborato in
questo esempio.

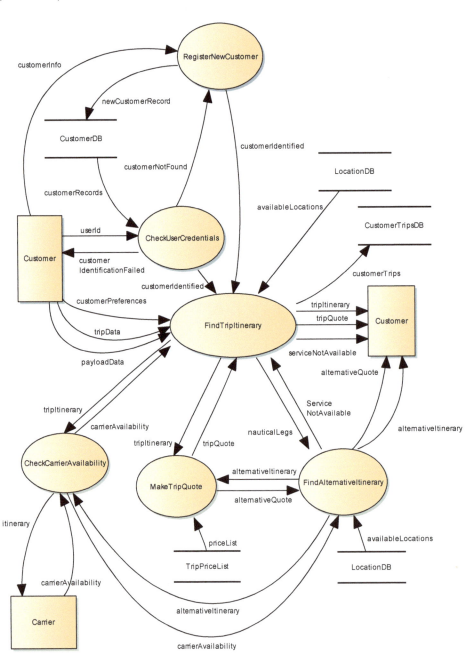

Il diagramma DFD finale per il servizio di trasporto fornito dalla società ACME Logistics

FIGURA 4.4

---

3   Applicando la tecnica della *Transform Analysis* discussa nella Sezione 2.5.6, il processo `FindTripItinerary` sarebbe un ottimo
     candidato a diventare il modulo padre della trasformazione centrale attorno alla quale costruire lo structural chart.

4.4. L'analisi a oggetti e il modello delle classi nel sistema ACME Shopping

In questa sezione viene descritto l'esito di una sessione di analisi condotta mediante Metodo Orientato agli Oggetti, con l'obiettivo di costruire una rappresentazione delle classi essenziali nell'ambito del problema in esame. Anche questo secondo caso di studio è organizzato in tre parti: il contesto del problema che introduce i requisiti da modellare, la soluzione richiesta che specifica il tipo di rappresentazione da creare e, infine, la soluzione proposta che discute il modello elaborato.

4.4.1. Contesto del problema

La società di servizi ACME Shopping che vende prodotti di varia natura decide di ampliare la propria presenza sul mercato creando un sito Web di *e-commerce* predisposto alla gestione degli ordini online. Tale sistema deve permettere a un cliente di consultare il catalogo dei prodotti, effettuare delle ricerche, inserire dei prodotti nel carrello ed infine, previa eventuale registrazione nel caso del primo acquisto, concludere l'ordine pagando la merce selezionata. Una volta completata con successo la transazione, la merce viene inviata all'indirizzo di spedizione fornito dal cliente stesso.

Sulla base di questi requisiti generali, si considerino ora le seguenti politiche di validazione dell'ordine e gestione degli sconti.

1. *Validazione dell'ordine cliente*. Un ordine può essere spedito solo se per ogni linea d'ordine la disponibilità del corrispondente prodotto a magazzino è sufficiente a soddisfare l'ordine stesso; se per effetto di un ordine cliente, tale disponibilità scende al di sotto di una soglia preimpostata, il prodotto va riordinato presso il fornitore.

2. *Applicazione di uno sconto sulle tipologie di prodotti*. Per ogni linea d'ordine va applicato uno sconto se previsto dallo specifico prodotto.

3. *Applicazione di uno sconto per gli acquisti di più unità dello stesso prodotto*. Per ogni linea d'ordine va applicato lo sconto del 30% se vengono acquistate più unità del prodotto stesso.

4.4.2. Soluzione richiesta

Si vuole affrontare il contesto del problema appena descritto mediante l'Analisi Orientata agli Oggetti. In particolare, si intende modellare il sottosistema che rappresenta la logica di business, ossia il cosiddetto modello di dominio (o modello di business) per il sistema di gestione degli ordini del negozio online. Si cerchi di modellare esplicitamente i concetti chiave del dominio applicativo, prestando attenzione al vocabolario utilizzato. (*Suggerimento*: può essere utile immaginare che il modello delle classi sia in questo caso il risultato dell'espressione della conoscenza comunicata da esperti del dominio attraverso interviste, casi d'uso, scenari d'interazione.)

4.4.3. Soluzione proposta

Ciò che viene richiesto in prima analisi consiste nella modellazione di un sistema di gestione degli ordini relativi a un catalogo di prodotti consultabile online dai clienti del negozio. Le astrazioni essenziali del problema possono essere ricondotte ai concetti di prodotto (`Product`) e di ordine (`Order`). Questi termini dovrebbero "risuonare" frequentemente nelle conversazioni con esperti di dominio, potenziali clienti e altri stakeholder. Immaginiamo di aver assistito ad alcune di queste conversazioni. Dopo svariati incontri incominciamo a dar forma ad un modello concettuale. Le prime bozze di tale modello illustreranno concetti primitivi come il prodotto, il suo costo unitario necessario per calcolare l'importo totale di un ordine, oppure aspetti legati all'ordine quali le informazioni sul cliente (l'indirizzo di spedizione, quello di fatturazione, ecc.). In questa prima fase, orientata a esprimere gli aspetti strutturali piuttosto che quelli comportamentali (dinamica), la modellazione non sembra molto distante da quella che conduce a un modello Entità-Relazione. Un modello naïve del frammento del dominio applicativo considerato è descritto dallo schema di Figura 4.5 in cui ogni ordine è associato ad uno o più prodotti e ha sempre una "scheda" relativa alle informazioni sul cliente (CustomerInfo).

Immaginiamo ora una conversazione tra l'analista e un addetto alla qualità di ACME Shopping. Supponiamo che da questo dialogo emerga la necessità di modellare non solo il legame tra ordini e prodotti, ma anche tra ordini e quantità. Segue una traccia di tale conversazione.

> *Addetto alla Qualità*: "… Quindi un possibile scenario di test potrebbe essere quello di un cliente che accede al sistema, sceglie un prodotto da acquistare, lo aggiunge all'ordine corrente e poi specifica al sistema che vuole acquistare per quel particolare prodotto due unità anziché una sola, come invece proposto di default dall'interfaccia Web del sistema."

> *Analista*: "Esattamente. In tal caso il sistema permetterà all'utente sia di visualizzare in ogni momento la composizione dell'ordine, sia (a partire da quest'ultima) di intervenire su ciascuna linea d'ordine per specificare il numero di unità da acquistare per quello specifico prodotto. Automaticamente verrà poi ricalcolato il costo totale dell'ordine che verrà infine mostrato al cliente, in modo che sia sempre chiaro cosa viene acquistato, in che quantità e a quale costo."

Già sulla base di questo frammento di conversazione, capiamo subito che il modello di Figura 4.5 non è sufficientemente espressivo per fornire informazioni sul concetto di quantità acquistata di ogni *singolo* prodotto all'interno dell'ordine. Diremo che il modello è poco espressivo, ossia è "opaco" rispetto a questo aspetto. Come facciamo allora a renderlo meno opaco? Una prima idea potrebbe essere quella di includere l'attributo quantità (quantity) all'interno della classe prodotto. Desistiamo dal farlo! La quantità (di che cosa? … di un prodotto acquistato) non è una proprietà del prodotto stesso, bensì del legame tra prodotto e ordine. Un prodotto in astratto non ha una quantità. Solo nel momento in cui viene associato ad un ordine, avrà una quantità. Questo è un passaggio chiave per capire quando un attributo *non* è responsabilità di una specifica astrazione. Serve quindi una classe indipendente che modelli questa associazione "prodotto-ordine". Spostare la quantità al di fuori del concetto di prodotto ha un altro vantaggio: permette di distinguere tra diversi tipi di quantità. La quantità di prodotto che fa parte delle giacenze di magazzino, ad esempio, è sempre una quantità associata al prodotto, ma in un contesto diverso: il magazzino al posto dell'ordine. Un'ulteriore riprova che un attributo quantità interno a prodotto non servirebbe a distinguere queste due tipologie di unità che dipendono invece dal contesto d'utilizzo della classe Product.

Ascoltando il linguaggio utilizzato dall'addetto alla qualità, partiamo dai concetti di prodotto e quantità per riflettere sull'associazione "prodotto-ordine" e giungere alla conclusione che è quest'ultimo aspetto che dobbiamo modellare. Creiamo quindi la classe linea d'ordine (OrderLine): per ogni prodotto ordinato è presente una linea d'ordine che indica quante unità del prodotto medesimo fanno correntemente parte dell'ordine (si veda la Figura 4.6). Il nuovo diagramma permette ora di variare la quantità di prodotto da acquistare e ricalcolare il costo della singola linea d'ordine (CalculateOrderLineCost) e dell'ordine (GetTotalCost).

→ VEDI ANCHE
La notazione delle classi è descritta nella Sezione 3.4

→ VEDI ANCHE
L'attribuzione delle responsabilità di una classe è descritta nella Sezione 3.3.4 a pagina 96

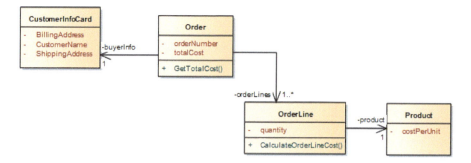

Modello di dominio modificato con
l'introduzione dei concetti di linea
d'ordine e di quantità di prodotto
acquistato

FIGURA 4.6

Immaginiamo ora una seconda conversazione tra il team di analisi e gli esperti di dominio. Dopo una lunga discussione con un altro esperto, l'analista incaricato dell'analisi nota che molte affermazioni fatte sul sistema riportavano l'utilizzo del termine "costo" anziché del termine "importo" per definire quanto viene addebitato al cliente a fronte dell'acquisto. Questa ambiguità pone degli interrogativi all'analista, in quanto l'uso di due termini diversi può sottintendere una prassi di sinonimi in uso all'interno dell'azienda, oppure due concetti differenti la cui distinzione è (per gli esperti!) implicita nel contesto del discorso. Poiché le ambiguità sulla terminologia sono spesso indici di problemi di comunicazione, quanto meno tra esperti di dominio e tecnici informatici, l'analista richiede un chiarimento. Alla fine della discussione, viene negoziato di utilizzare il termine "costo" al posto del termine "importo", in quanto l'ordine è un ordine cliente e non vi è possibilità di confusione con il costo di approvvigionamento del prodotto sostenuto dal negoziante. Si è quindi deciso di usare lo stesso termine, costo, per riferirsi all'ordine di un cliente (CustomerOrder) piuttosto che ad un ordine di approvvigionamento di magazzino (ProvisionOrder). In altri termini, si è deciso di uniformare il trattamento di diversi tipi di ordine come se fossero un unico concetto generale.

Questa decisione comporta la modifica del modello di dominio applicativo che non prevedeva tipologie di ordine specifiche. Il nuovo modello deve definire un *punto di estensione* per il concetto *astratto* di ordine. L'ordine cliente diventa un tipo specifico di ordine, così come lo è l'ordine di approvvigionamento magazzino. La distinzione tra i due tipi di ordine è rilevante nel contesto corrente in quanto i requisiti del sistema specificano chiaramente che, laddove la giacenza a magazzino di un prodotto ordinato sia inferiore ad una soglia prestabilita, viene effettuato un "ordine concomitante" al fornitore del prodotto stesso.

Nella nuova struttura del "mondo" rappresentato dal modello di dominio, la classe astratta Order definisce le informazioni comuni a tutti gli ordini (numero d'ordine e costo totale), mettendo a disposizione il servizio Get-TotalCost che viene poi ridefinito per ogni singola tipologia di ordine. La Figura 4.7 illustra il modello di dominio così aggiornato.

Per completare la rappresentazione nel modello di dominio, dobbiamo ora introdurre sia i concetti di magazzino e di giacenza di un prodotto a magazzino, sia il servizio di controllo di disponibilità di un prodotto (per la quantità specificata) inserito nell'ordine cliente. La soluzione più veloce consiste nell'inserire nella classe CustomerOrder un servizio per il controllo di disponibilità (CheckForProductAvailability) che prende

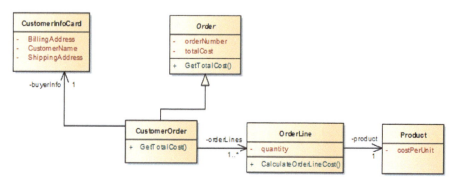

Ricalcolo del costo di un ordine al
variare della quantità di prodotto
ordinato

FIGURA 4.7

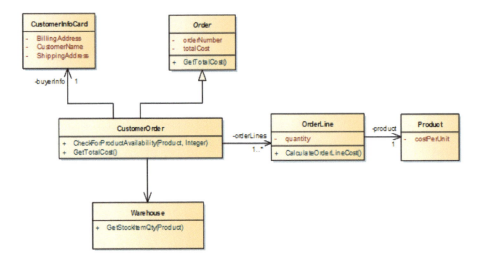

Primo tentativo di introdurre il controllo di disponibilità nella gestione degli ordini

FIGURA 4.8

come argomento un prodotto e una quantità e chiede al magazzino (`Warehouse`) se la giacenza è sufficiente a soddisfare la linea d'ordine del prodotto in questione. Ragionevolmente, l'implementazione di `Warehouse` metterà a disposizione un servizio interno, invocato da `CheckForProductAvailability`, che chiamiamo `GetStockItemQty` e che interrogherà la base di dati per recuperare l'informazione relativa alla giacenza dello specifico prodotto richiesto (Figura 4.8). Se tale giacenza è superiore alla quantità specificata nella linea d'ordine, l'ordine viene approvato. In caso contrario, il cliente deve essere avvisato che la disponibilità a magazzino del prodotto richiesto non è sufficiente a soddisfare l'ordine.

Il modello di Figura 4.8 presenta un grosso problema nell'ottica della modellazione OO: la componente di dominio (nella fattispecie la classe `CustomerOrder`) dipende da una componente (`Warehouse`) contenente codice di infrastruttura, poiché `GetStockItemQty` effettuerà (ragionevolmente) delle query alla base dati. Un buon principio di progettazione OO consiste nel dotare un'astrazione di una *singola responsabilità*. Ne consegue che `CustomerOrder` dovrebbe rappresentare il concetto di ordine cliente, non l'infrastruttura tecnica per salvare lo stesso su una base di dati. Un altro principio di progettazione, più orientato all'architettura che al design di dettaglio, consiste nell'isolare il più possibile la componente di dominio dagli aspetti tecnologici, la persistenza in primis. L'idea di fondo è sempre quella di gestire al meglio le dipendenze in chiave di manutenibilità e stabilità del design: se cambia un aspetto del dominio, è naturale che tale modifica possa avere delle ripercussioni sulla persistenza. Se, però, dovesse cambiare solo la tecnologia di persistenza, non sarebbe ottimale dover rivedere, eventualmente ricompilare e collaudare nuovamente anche i moduli del dominio applicativo. Ecco perché vogliamo isolare tale livello dalle astrazioni infrastrutturali.

Per le ragioni appena esposte (singola responsabilità e migliore gestione delle dipendenze), l'approccio OO incoraggia l'inserimento di un'interfaccia tra il modello di dominio e quello dell'infrastruttura tecnica. Tale interfaccia, che chiamiamo `WarehouseRepository`, è preposta a non far propagare nel modello di dominio le dipendenze derivanti dalla conoscenza degli aspetti di persistenza. Spostiamo in `WarehouseRepository` il servizio `GetStockItemQty`.

Notate che, se ci limitassimo solo a rinominare la classe `Warehouse`, continueremmo ovviamente ad avere aspetti legati alla persistenza all'interno del modello di dominio. Spostare questa classe fuori dal dominio non risolverebbe il problema, poiché avremmo semplicemente introdotto una dipendenza esterna ai medesimi aspetti di persistenza. Il modello di dominio non risulterebbe comunque isolato. Ciò che invece dobbiamo fare è *invertire le dipendenze*, facendo in modo che il modello di dominio dipenda da un'interfaccia repository (una classe astratta) il cui unico scopo è di definire un protocollo di persistenza. Il protocollo è costituito da una serie di servizi astratti. Deriveremo poi dei moduli concreti per il repository

> **VEDI ANCHE**
> Il principio della Singola Responsabilità è discusso in Martin, R.C. *The Single Responsibility Principle*. C++ Report. 1998.

> **NOTE**
> Non si confonda qui l'astrazione di repository, usata negli oggetti per accentrare in un singolo modulo tutti i servizi di persistenza, con il costrutto di repository nei DFD

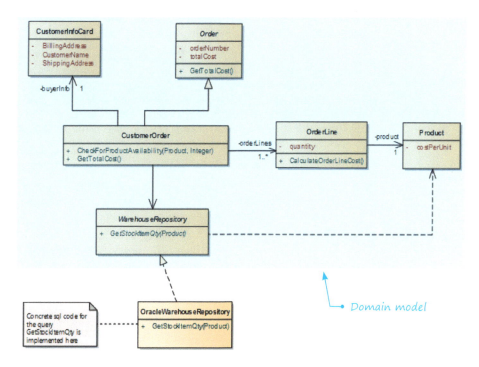

Domain model

Interfaccia `WharehouseReposi-` `tory` *e separazione degli aspetti di persistenza dal dominio applicativo*

FIGURA 4.9

▣ NOTE

Le componenti di dominio sono moduli che descrivono astrazioni che fanno parte della concettualizzazione del problema e che, per definizione, sono prive di aspetti tecnologici

astratto, specifici per ogni singolo database, con lo scopo di implementare i servizi astratti. Le componenti di dominio potranno quindi invocare le implementazioni dei servizi definiti nel protocollo attraverso chiamate polimorfe, senza per questo introdurre dipendenze esplicite rispetto all'effettivo codice chiamato (ossia all'effettiva versione del protocollo invocata). Supportare in un secondo momento un altro database significa derivare un nuovo repository concreto e fornire un'implementazione per ogni servizio astratto presente nell'interfaccia repository.

La Figura 4.9 mostra il modello di dominio separato dalla gestione della persistenza tramite l'interfaccia `WarehouseRepository`. Da questa è stata derivata una versione del repository specifica per il database Oracle (solo a titolo esemplificativo).

Per concludere l'analisi dei requisiti, dobbiamo affrontare l'aspetto della validazione dell'ordine cliente. A tal fine, dobbiamo introdurre il riordino di un prodotto al fornitore dello stesso laddove la disponibilità scendesse al di sotto di una soglia minima prestabilita. Ragioniamo in termini di responsabilità. A chi assegniamo il compito di effettuare il riordino? Con la struttura del modello che abbiamo creato finora, i candidati più prossimi sono due: `CustomerOrder` oppure `WarehouseRepository`.

Inserire una politica di riordino all'interno dell'ordine cliente significa esporre questo a più compiti (sapere come gestire le parti di un ordine e conoscere "effetti collaterali" di gestione del magazzino). Ancora una volta, il principio della singola responsabilità appare violato. Non solo, il compito del riordino, in particolare, appare slegato rispetto alle responsabilità che dovrebbe avere un ordine, poiché coinvolge un contesto più ampio (il magazzino e le sue giacenze, in aggiunta al cliente e ai prodotti ordinati).

Proviamo allora a inserire tale responsabilità all'interno di un repository. In tal caso dovremmo modificare il servizio `GetStockItemQty` per introdurre l'effetto collaterale legato alla gestione della giacenza ma il repository può essere utilizzato da altri moduli e questa nuova versione del servizio `GetStockItemQty` potrebbe non essere più adeguata. `GetStock-` `ItemQty` infatti dovrebbe essere neutra rispetto al modulo chiamante e limitarsi a fornire in risposta una quantità. Nessuna delle due opzioni proposte risulta, in definitiva, ottimale. Ciò significa che o manca un concetto che dobbiamo introdurre, oppure dobbiamo ripensare alla struttura del modello. Il problema di fondo nel nostro caso nasce dalla decisione di introdurre a livello di `CustomerOrder` la responsabilità di controllare la disponibilità del prodotto. Come abbiamo già osservato, la nostra "soluzione veloce" è afflitta alla base dal difetto di introdurre compiti che coinvolgono un contesto più ampio dell'ordine stesso.

Una soluzione migliore consiste nel dare sufficiente struttura al modello per *separare esplicitamente* l'ordine da tutte le politiche di validazione. Qual è allora il "giusto contesto" in cui inserire questi controlli? Quale oggetto è responsabile della gestione di un ordine cliente? Immaginiamo un'altra discussione tra l'analista e un esperto di dominio.

> *Analista*: "Quando nasce un ordine?"
>
> *Esperto di dominio*: "Quando il cliente decide di procedere con i prodotti inseriti nel carrello e sceglie di concludere l'ordine. In quel momento. e solo allora, nel processo di acquisto viene effettivamente creato l'ordine."
>
> *Analista*: "Come il processo di acquisto tiene traccia di eventuali regole interne che rendono un ordine valido, oppure ancora come vengono registrate le informazioni di tracciamento sia del pagamento, sia della spedizione?"
>
> *Esperto di dominio*: "Nel momento in cui viene creato un ordine viene aperta anche una transazione. La transazione lega l'ordine a tutti gli eventi che possono verificarsi".
>
> *Analista*: "È corretto quindi dire che l'ordine viene effettivamente creato all'interno della transazione e che questa è responsabile di gestire ogni informazione inerente l'ordine rispetto alle politiche di validazione? Se una politica di validazione non è soddisfatta, la transazione fallisce e l'ordine non viene portato a compimento. Potrebbe anche non venir neppure creato."
>
> *Esperto di dominio*: "Si, è corretto."

Dopo questa conversazione, decidiamo di introdurre nel modello un'astrazione per rappresentare il concetto di *transazione*. Un ordine cliente avviene all'interno di una specifica transazione con il sistema. La validazione è uno dei passi previsti dalla transazione per "portare" un ordine dalla creazione iniziale alla chiusura. Un ordine chiuso è inteso come un ordine validato con successo, pagato dal cliente e già spedito a quest'ultimo. Un ordine, una volta chiuso, non è più modificabile.

Il nuovo design rivisto (Figura 4.10) ruota ora attorno al nuovo concetto di transazione, espresso dalla classe `OrderTransaction`. Questa classe crea un ordine solo se esso è validato. La validazione si realizza attraverso una politica che effettua il controllo di disponibilità e, se serve, riordina il prodotto al fornitore. In questo modo, il contesto in cui viene effettuato il riordino è limitato alla validazione dell'ordine cliente.

Separare la transazione dall'ordine e dalla politica di validazione permette di isolare opportunamente questi concetti, creando il minimo accoppiamento necessario per implementare le funzionalità richieste al sistema e riusare in modo indipendente ciascuna astrazione.

La transazione è in questo caso un oggetto di dominio perché "spiega" una parte importante del processo di acquisto. Esso è un ottimo punto del design in cui inserire i cosiddetti *"cross-cutting concern"*, ossia degli aspetti trasversali all'ordine. La transazione potrebbe quindi, limitatamente al suo ordine, prendersi carico delle responsabilità di gestione della sicurezza, di politiche di validazione più generali, oppure ancora di aspetti legati alla spedizione e al tracciamento dei prodotti inviati. L'astrazione "transazione" non va confusa con il concetto tecnico di transazione della base di dati. La transazione di cui parliamo è parte di un processo (astratto) di acquisto. Potrebbe implicare (far scattare) diverse transazioni di persistenza, ma queste ultime sono (e devono restare) un dettaglio tecnico non rappresentato all'interno del modello di dominio. Sarà compito dello specifico repository, di sue classi di supporto, o ancora di un'apposita infrastruttura

⊙ **Vedi anche**
I *"cross-cutting concern"* fanno parte della programmazione per aspetti; il lettore può trovare utili informazioni ad esempio nel seguente testo Groves, M.D. *AOP in .NET: Practical Aspect-Oriented Programming*. Manning Publications. 2013.

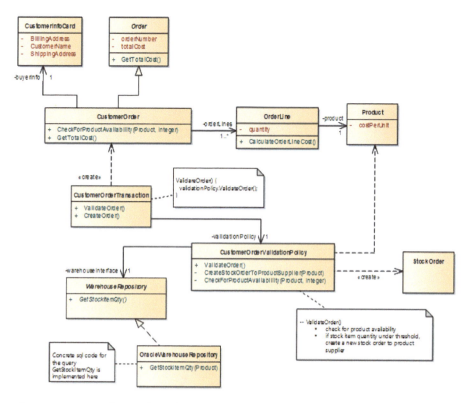

Transazione di un ordine cliente e conseguente separazione delle politiche di validazione dell'ordine

FIGURA 4.10

di persistenza specificare i dettagli implementativi di questa tipologia di transazioni. Con l'introduzione di `CustomerOrderTransaction` e di `StockOrder` abbiamo modellato i vari aspetti richiesti, introducendo sia le politiche di validazione legate al controllo di disponibilità di un prodotto, sia l'eventuale riordino.

Occupiamoci ora del primo requisito di gestione degli sconti:

> *Applicazione di uno sconto sulle tipologie di prodotti.* Per ogni linea d'ordine va applicato uno sconto se previsto dallo specifico prodotto.

Riconsideriamo il frammento di modello che descrive i concetti di ordine, linea d'ordine e prodotto. Un semplice modello per il calcolo dell'importo di un ordine consiste nel recuperare dal carrello (`Basket`) tutti i prodotti (`Product`) inseriti dal cliente e salvati nell'ordine (`Order`) per mezzo di una o più linee d'ordine (`OrderLine`). Ad ogni linea d'ordine corrisponde un prodotto, con il suo costo unitario e la quantità acquistata. L'importo totale dell'ordine viene calcolato sommando i contributi di tutte le sue linee d'ordine, come illustrato in Figura 4.11. Le modifiche apportate rispetto al diagramma di Figura 4.10 sono minime e riflettono una conoscenza del dominio che si affina man mano che i vari requisiti vengono sviscerati. Nella fattispecie, in questa ulteriore iterazione viene deciso in accordo con gli esperti di dominio che il costo è un parametro del solo prodotto, men-

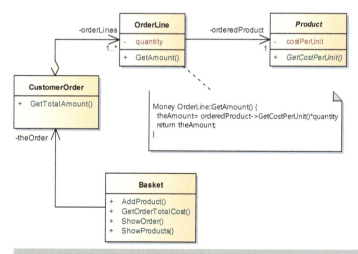

Modello base per il calcolo dell'importo di un ordine effettuato nel negozio online

FIGURA 4.11

tre quando si parla di linea d'ordine e di ordine è più opportuno riferirsi all'ammontare dell'importo totale. Un concetto del tutto nuovo inserito nel modello è invece quello del carrello che modella l'attività di inserimento dei prodotti e la configurazione delle relative quantità che un cliente effettua durante la procedura d'acquisto online. Ancora una volta, si tratta di un raffinamento che emerge durante lo sviluppo del modello.

Il codice che andremo a scrivere per la funzionalità di calcolo dell'importo di un ordine sarebbe simile a quello del Listato 4.11.

LISTATO 4.11   CALCOLO DELL'IMPORTO TOTALE DI UN ORDINE

```
1   Money Basket::GetOrderTotalCost() {
2     Money totalCost= the_order.GetTotalAmount();
3     return totalCost;
4   }
5
6   Money CustomerOrder::GetTotalAmount() {
7     Money theCost = 0;
8     for(Iterator<OrderLine*> i(orderLines); i; i++) {
9       theCost += (*i)->GetAmount();
10    }
11    return theCost;
12  }
```

L'obiettivo di questo design consiste nel *chiudere* (rispetto alle modifiche) il modulo che effettua il calcolo dell'importo dell'ordine. Tale compito viene svolto dal servizio `CustomerOrder::GetTotalAmount` che, di fatto, si limita a iterare sulle sue linee d'ordine, invocando il servizio `OrderLine::GetAmount`. Di conseguenza, `CustomerOrder::GetTotalAmount` sarà chiuso nella misura in cui riusciamo a chiudere anche `OrderLine::GetAmount`.

L'aspetto strutturale determinante per la chiusura di un modulo è la presenza di una chiamata polimorfa, nel nostro caso quella che ragionevolmente `OrderLine::GetAmount` farà a `Product::GetCostPerUnit` (non mostrato nel listato). Il codice cliente, la classe `OrderLine`, non è a conoscenza dell'esatta implementazione che viene invocata, in quanto `Product::GetCostPerUnit` è un servizio astratto che sarà (ri)definito a livello delle classi concrete derivate da `Product` (si veda la Figura 4.12).

L'uso dell'ereditarietà (per definire nuovi prodotti) e del polimorfismo (per invocare una versione specializzata del servizio `GetCostPerUnit`) consentono di aprire alle estensioni il modulo `OrderLine`, pur mantenendolo chiuso rispetto alle modifiche. Tale chiusura si estende poi anche a `CustomerOrder` e `Basket` (limitatamente ai rispettivi servizi `GetTotalAmount` e `GetOrderTotalCost`), in quanto essi implementano solo una delega dei compiti che conduce al servizio `OrderLine::GetAmount`.

Chiudere una funzione rispetto alle modifiche è una proprietà importante del design perché consente d'invocare un servizio senza sapere quale implementazione verrà effettivamente eseguita. Tale ignoranza rende il modulo cliente *indipendente* dai dettagli interni del servizio invocato, il quale può quindi cambiare liberamente senza produrre effetti sul modulo chiamante[4]. Ce ne rendiamo conto considerando che l'implementazione di `OrderLine::GetAmount` non è soggetta a cambiamento aggiungendo nuovi prodotti e/o cambiando il modo con cui calcolare il costo di un prodotto. Tali modifiche si riflettono esclusivamente nella scrittura di nuovo codice relativo alle classi derivate da `Product`.

Possiamo sempre chiudere tutte le funzionalità rispetto a qualsiasi tipo di modifica? Sfortunatamente, la risposta è negativa. Pragmaticamente, possiamo chiudere una funzionalità solo rispetto ad alcuni tipi di modifiche. Uno degli aspetti più critici del design consiste proprio nello stabilire (scommettere?) rispetto a quali aspetti tentare di chiudere un modulo.

VEDI ANCHE
Il principio dell'Aperto-Chiuso è discusso in Meyer, B. Object-Oriented Software Construction 2/E. Prentice Hall. 1997. ISBN 0-136-29155-4

---

4   Ciò in realtà non è del tutto vero: ogni versione specializzata di un servizio astratto deve garantire *anche* il rispetto del Principio di Sostituibilità di Liskov affinché la sua sostituzione a run-time non crei effetti collaterali indesiderati.

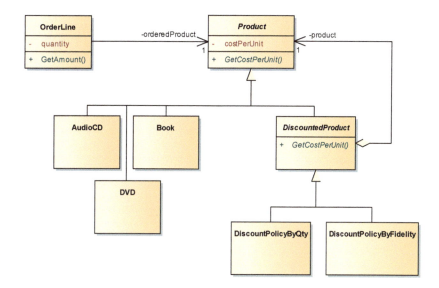

Chiusura del costo di una linea d'ordine rispetto alle politiche di sconto

FIGURA 4.12

Purtroppo non possiamo chiudere tutti i moduli rispetto a tutte le sorgenti di cambiamento per una questione di costo. Dobbiamo infatti creare gerarchie di classi per ogni aspetto considerato, spostando al loro interno la funzionalità da chiudere. Serve, inoltre, progettare il modulo da chiudere in modo che le chiamate alla funzionalità avvengano attraverso il polimorfismo. Già essere in grado di *anticipare* due o tre aspetti variabili richiede uno sforzo di progettazione non banale.

A complicare ulteriormente la situazione, va considerato che un modulo *inizialmente* chiuso può venir "compromesso" durante l'evoluzione del sistema. Immaginiamo, infatti, che il requisito relativo agli sconti per quantità non emerga immediatamente, ma solo in un secondo momento, quando parte del sistema è già stata sviluppata (e magari rilasciata). Supponiamo che, ad un certo punto, il negozio vari una politica di sconti per cui tutti i clienti che effettuano un ordine contenente due o più prodotti di un singolo tipo (OrderLine.quantity > 1) riceveranno uno sconto pari al 30%. Tale modifica potrebbe essere così implementata:

LISTATO 4.12 INCLUSIONE DI UNA POLITICA DI SCONTI NEL MODULO ORDERLINE

```
1   Money OrderLine::GetAmount() {
2     theAmount= orderedProduct->GetCostPerUnit()*quantity;
3     if (quantity > 1) {          // for 2 or more units
4       theAmount= theAmount*0.7; // 70% discount
5     }
6     return theAmount;
7   }
```

Tale soluzione è certamente poco raccomandabile se volgiamo chiudere il calcolo dell'importo di un ordine rispetto alla politica di sconto per quantità. Il servizio OrderLine::GetAmount implementato nel Listato 4.12 ha una conoscenza diretta dei dettagli relativi a tale politica (righe 3 e 4). Se anche uno solo di questi dettagli dovesse nel futuro cambiare, sarebbe necessario modificare tale servizio. Come fare per chiuderlo anche rispetto a questa tipologia di sconto?

Siamo già sulla buona strada poiché la gerarchia di classi di Figura 4.12 prevede come punto di estensione il concetto di prodotto scontato (DiscountedProduct). Basterà sfruttare il polimorfismo, nascondendo alla linea d'ordine la natura del prodotto inserito (un prodotto non scontato, oppure un prodotto scontato in base ad una specifica politica, modellata a livello delle classi derivate di DiscountedProduct). Il design di Figura 4.12 e il Listato 4.13 mostrano un possibile modo di isolare la dimensione relativa alle politiche di sconto dal calcolo del costo di una linea d'ordine. Come avviene sempre nel caso del polimorfismo, stiamo spostando da un'altra parte (controller? coordinatori? gestore dell'evento "aumenta la quantità del prodotto"?) le dipendenze di creazione degli oggetti rispetto al tipo di prodotto e al tipo di politica di sconto da applicare per ogni specifico ordine. Adottando opportune tecniche (ad es. classi *Factory*), tali dipendenze saranno almeno confinate in un *unico* punto.

LISTATO 4.13 IMPLEMENTAZIONE ISOLATA DELLA POLITICA DI SCONTO BASATA SULLA QUANTITÀ

```
1   Money DiscountPolicyByQty::GetCostPerUnit() {
2     costPerUnit *= _discountRate; // e.g. 0.7 discount rate
3   }
4
5   Money OrderLine::GetAmount() {
6     // the polymorphic call that decouples OrderLine from
7     // Product-derived concrete classes; it works with both
8     // concrete products and discounted product
9     Money theAmount= orderedProduct.GetCostPerUnit()*quantity;
10    return theAmount;
11  }
12
13  // possible handler for the "add new product" event
14  // here a concrete new Product is created
15  void AddProductInBasket(Basket basket, int productId) {
16    // the factory instantiates a new Product from its id
17    Product newProduct= ProductFactory.CreateProduct(productId);
18    basket.AddProduct(newProduct);
19  }
20
21  // possible handler for increase product quantity
22  // here a DiscountedPolicyByQty product is created
23  void IncreaseProductQty(Basket basket, Product currProduct) {
24    float priceReduction= 0.7;
25
26    // the factory instantiates new DiscountedPolicyByQty product
27    // sets _discountRate to 0.7 (30% discounted)
28    // and associates it to the current Product
29    DiscountedPolicyByQty discountedProduct=
30      DiscountedProductFactory.GetDiscountProduct(currProduct, priceReduction);
31
32    // replaces the current Product with a DiscountedPolicyByQty product
33    basket.UpdateProduct(currProduct, discountedProduct);
34  }
```

Nel precedente listato, il gestore di messaggio DiscountedPolicyByQty costituisce il punto del design soggetto ad un cambiamento delle politiche discusse, poiché è qui che viene impostato il valore di sconto da applicare ad un prodotto. Questo codice può essere collegato ad un evento generato direttamente dai controlli dell'interfaccia utente. Incapsulare le dipendenze creazionali in tali gestori è il prezzo che dobbiamo pagare per chiudere OrderLine (e, con essa, Order e Basket) rispetto al calcolo dell'importo totale di un ordine che contempli eventuali politiche di sconto.

L'esempio appena discusso fa intuire quanto lavoro di "infrastruttura" richieda chiudere un modulo. Ogni principio va analizzato attentamente sia per i vantaggi che fornisce, sia per i costi che impone. Un momento delicato nel design consiste proprio nello *speculare* quali parti di un'architettura assoggettare ad uno specifico principio, tipicamente per ridurre gli sforzi di manutenzione e test che spesso sono la componente dominante dei costi di un progetto software.

4.5. Conclusioni

In questo capitolo sono stati discussi due casi di studio: un sistema di spedizioni dotato di un portale Web per la prenotazione dei viaggi e un negozio virtuale online. I due casi di studio sono stati affrontati mediante approcci diversi, orientati a costruire delle rappresentazioni basate su prospettive diverse. Nel primo caso, è stata impiegata l'Analisi Strutturata per costruire una descrizione dei processi e dei flussi di dati all'interno del sistema. Nel secondo caso, invece, è stata svolta una sessione di Analisi Orientata agli Oggetti con l'obiettivo di descrivere la struttura del dominio applicativo.

Adottare prospettive multiple è una tecnica importante da acquisire poiché la complessità dei moderni sistemi software è talmente vasta che una sola prospettiva non è mai sufficiente a catturare tutti gli aspetti essenziali.

Un altro aspetto chiave da interiorizzare ma difficile da trasmettere in un libro consiste nel fatto che la conoscenza non emerge tutta in un colpo. Leggendo il primo caso di studio, sembra che tutte le informazioni siano lì, pronte per essere raccolte e tradotte in modelli. Ciò non accade mai nella realtà. Il secondo caso di studio è stato pensato anche lungo questa direzione. I requisiti sono spesso risultato di raffinamenti successivi, di conoscenza parziale, implicita o ancora ad un certo punto obsoleta. Cercare di tenere sotto controllo questa complessità emergente stabilizzando quanto più possibile i modelli è la sfida che ogni professionista del software deve oggi affrontare. Per tale ragione, il secondo caso di studio si dilunga in aspetti legati alla gestione delle dipendenze, alla chiusura di una funzionalità, all'attribuzione di singole responsabilità. Scomporre un sistema in tanti moduli semplici e debolmente interconnessi è molto più vantaggioso, in chiave di manutenzione, del risparmiare sul numero dei moduli, pena una elevata complessità interna e una interconnessione tra aspetti del problema separati, resi *arbitrariamente* interdipendenti nelle implementazioni.

4.6. Ulteriori approfondimenti

Per ovvie ragioni di spazio, in queste dispense sono stati fatti degli inevitabili compromessi. Il materiale selezionato è stato pensato in funzione dei corsi di ingegneria del software che vengono insegnati a livello universitario. In questo primo volume, dedicato alle notazioni strutturali, sono state scelte le notazioni dei DFD perché bene illustrano un aspetto spesso sottovalutato come la struttura dei processi e il flusso dei dati da e verso un sistema, e i diagrammi di classe che costituiscono forse la tecnica oggi più utilizzata nell'analisi e nella progettazione di sistemi software mediante la tecnica OO.

Per chi volesse maggiori informazioni su queste notazioni e anche su altre caratterizzazioni della struttura (ad esempio i diagrammi Entità-Relazione nel contesto dell'Analisi dei Dati, oppure i diagrammi dei componenti nell'ambito della progettazione per componenti), potrà consultare il libro di prossima pubblicazione, *Fondamenti di Modellazione del Software —Vol. 1*, da cui questa dispensa è tratta. Nel suddetto volume vengono discussi con maggiore dettaglio anche i due casi di studio. Sono inoltre presentati, a corredo delle notazioni, sia i corrispondenti paradigmi, sia una serie di principi di buona progettazione del software, come il più volte menzionato principio della Singola Responsabilità, il principio dell'Aperto-Chiuso, il principio di Sostituibilità di Liskov, ecc.

Un aspetto chiave del libro consiste, infine, nella discussione critica degli esempi, nell'evidenziare cattive pratiche e nella proposta di esercitazioni che solo in parte sono stati ripresi in queste dispense. In taglio grafico e tipografico, invece, è rimasto pressoché invariato, per cui chi apprezzerà l'impostazione di queste dispense troverà la stessa coesione generale anche nel libro.

APPENDICE A

BIBLIOGRAFIA COMPLETA

[1]   C. Alexander. *A Pattern Language: Towns, Buildings, Construction.* Oxford University Press.1977.

[2]   S. Ambler. *Agile Modeling: Effective Practices for eXtreme Programming and the Unified Process.* Wiley & Sons. 2002.

[3]   S. Ambler. *The Object Primer: Agile Model-Driven Development with UML 2.0 3/E.* Cambbridge University Press. 2004.

[4]   S. Ambler. *The Elements of UML(TM) 2.0 Style.* Cambbridge University Press. 2005.

[5]   F. Beck and W. Cunningham. *A Laboratory for Teaching Object-Oriented Thinking.* ACM SIGPLAN Notices - Special issue: Proceedings of the 1989 ACM OOPSLA Conference on Object-Oriented Programming, 24(10):1-6. 1989.

[6]   D. Bellin and S.S. Simone. *The CRC Card Book.* Addison Wesley. 1997.

[7]   R. V. Binder. *Testing Object-Oriented Systems: Models, Patterns, and Tools.* Addison Westey. 1999.

[8]   G. Booch, R.A. Maksimchuk, M.W. Engle, B. Young, J. Conallen, and K.A. Houston. *Object Oriented Analysis and Design with Applications 3/E.* Addison Wesley. 2007.

[9]   G. Booch, J. Rumbaugh, and I. Jacobson. *The Unified Modeling Language Reference Manual 2/E.* Addison-Wesley Professional. 2005.

[10]   G. Booch, J. Rumbaugh, and I. Jacobson. *The Unified Modeling Language User Guide 2/E.* Addison-Wesley Professional. 2005.

[11]   G. Booch, J. Rumbaugh, and I. Jacobson. *The Unified Software Development Process.* Addison-Wesley Professional. 1999.

[12]   P. Chen. *The Entity Relationship Model: Toward a Unified View of Data.* ACM Transactions on Database System, 1:9–36. 1976.

[13]   P. Coad, E. Yourdon. *Object-Oriented Analysis 2/E.* Prentice Hall. 1991.

[14]   L. Constantine, E. Yourdon. *Structured Design: Fundamentals of a Discipline of Computer Program and Systems Design 2/E.* Prentice Hall, 1978.

[15]   IBM Corporation. *A Design Aid and Documentation Technique.* White paper GC20-1851, IBM Corporation. 1974.

[16]   K. Dattatri. *C++: Eective Object-Oriented Software Construction (Software, Principles, Industrial Strategies and Practices) 2/E.* Prentice Hall. 1999.

[17]   T. De Marco. *Structure Analysis and System Specification.* Prentice Hall, 1979.

[18]   P. Evitts. *A UML Pattern Language.* Sams Publishing, 2000.

[19]   D.G. Firesmith. *Object-Oriented Requirements Analysis and Logical Design.* Wiley, 1993.

[20]   R.W. Floyd. *Assigning meanings to programs.* Proceedings of the American Mathematical Society Symposia on Applied Mathematics. Vol. 19, pp. 19–31. 1967.

[21]   M. Fowler. *UML Distilled: A Brief Guide to the Standard Object Modeling Language.* Addison-Wesley Professional. 2003.

[22]   M. Fowler. *Inversion of Control Containers and the Dependency Injection pattern.* Martinfowler.com, 2004.

[23]   V. Frasc. *The Production of Software in the FINSIEL Group.* In Proc. ESEC'91 - Lecture Notes in Computer Science, volume 550, pages 468–471. Springer Berlin / Heidelberg, 1991.

[24]   E. Gamma, R. Helm, R. Johnson, J. Vlissides. *Design Patterns: Elements of Reusable Object-Oriented Software.* Addison Wesley. 1994.

[25]   C.A.R. Hoare. *An axiomatic basis for computer programming.* Communications of the ACM 12 (10): 576–580. 1969.

[26]   A. Hunt, D. Thomas. *The Pragmatic Programmer: From Journeyman to Master.* Addison Wesley Professional. 1999.

[27]   M.A. Jackson. *Principles of Program Design.* Academic Press, 1975.

[28]   I. Jacobson. *Object Oriented Software Engineering: A Use Case Driven Approach.* Addison Wesley Professional, 1992.

[29]   I. Jacobson, G. Booch, and J. Rumbaugh. *The Unified Software Development Process*. Addison Wesley Professional, 1999.

[30]   J. Lakos. *Large-Scale C++ Software Design*. Addison Wesley Professional. 1996.

[31]   C. Larman. *Agile and Iterative Development: A Manager's Guide*. 2003.

[32]   K. Lieberherr, I. Holland. *Assuring Good Style for Object-Oriented Programs*. Technical Report. Northeastern University, 1993.

[33]   B.H. Liskov. (Keynote address) *Data Abstraction and Hierarchy*. ACM SIGPLAN Notices 23 (5): 17-34.

[34]   B.H. Liskov, J.M. Wing. (November 1994). *A Behavioral Notion of Subtyping.* ACM Trans. Program. Lang. Syst. 16 (6): 1811-1841. 1994

[35]   K.E. Kendall and J.E. Kendall. *Systems Analysis and Design 8/E*. Prentice Hall. 2010.

[36]   S. Khoshafian and G. Copeland. *Object identity*. SIGPLAN Notices. 21(11). 1986.

[37]   A. Kleppe, J. Warmer, and W. Bast. *MDA Explained: The Model Driven Architecture–Practice and Promise*. Addison-Wesley Professional. 2003.

[38]   P. Kruchten. *The Rational Unified Process: An Introduction 3/E*. Addison Wesley. 2003.

[39]   S. Maguire. Writing Solid Code. Microsoft Press. 1993.

[40]   R.C. Martin. *The Single Responsibility Principle*. C++ Report. 1998.

[41]   R.C. Martin. *Designing Object-Oriented C++ Applications Using the Booch Method*. Prentice Hall. 1995

[42]   R.C. Martin. *The Agile Principles, Patterns, and Practices in C#*. Prentice Hall. 2006.

[43]   T. J. McCabe. *A Complexity Measure*. IEEE Transactions on Software Engineering. 2(4). 1976.

[44]   S. McConnell. *Code Complete 2/E*. Microsoft Press. 2004.

[45]   S. J. Mellor, K. Scott, A. Uhl, and D. Weise. *MDA Distilled*. Addison-Wesley Professional. 2004.

[46]   B. Meyer. *Applying "Design by Contract"*. Computer (IEEE) 25, 10. October 1992.

[47]   B. Meyer. *Object-Oriented Software Construction 2/E*. Prentice Hall. 1997.

[48]   OMG. *OMG Object Constraint Language, Version 2.3.1* (OMG Document Number: formal/2012-01-01. Object Management Group. 2012.

[49]   OMG. *OMG Unified Modeling Language, Version 2.5 FTF* (OMG Document Number: formal/15-03-01). Object Management Group. 2015.

[50]   K. Orr. *Structured System Development*. Yourdon Press. 1977.

[51]   M. Page-Jones. *The Practical Guide to Structured System Design 2/E*. Yourdon Press. 1988.

[52]   C. Pescio. *C++ Manuale di Stile*. Edizioni Infomedia. 1995.

[53]   C. Pescio. Programmazione ad Oggetti e Programmazione Generica. Computer Programming N. 62. Edizioni Infomedia. 1997.

[54]   C. Pescio. *Deriving Patterns from Design Principles*. Journal of Object Oriented Programming. October 1998.

[55]   C. Pescio. *Systematic Object Oriented Design*. Computer Programming N. 76. Edizioni Infomedia. 1999.

[56]   C. Pescio. *Systematic Object Oriented Design — Part 1*. Computer Programming N. 81. Edizioni Infomedia. 1999.

[57]   C. Pescio. *Systematic Object Oriented Design — Part 2*. Computer Programming N. 85. Edizioni Infomedia. 1999.

[58]   C. Pescio. *Systematic Object Oriented Design — Part 3*. Computer Programming N. 87. Edizioni Infomedia. 1999.

[59]   C. Pescio. *Systematic Object Oriented Design — Part 4*. Computer Programming N. 89. Edizioni Infomedia. 1999.

[60] R.S. Pressman. *Principi di Ingegneria del Software (Ed. Italiana)*. McGraw-Hill. 2008.

[61] T. Reenskaug. *Working with Objects: The OOram Software Engineering Method*. Prentice Hall. 1996.

[62] W.H. Roetzheim. *Structured Design with HIPO II*. Prentice Hall. 1990.

[63] D.T. Ross. *Structured Analysis for Requirements Definition*. IEEE Transactions on Software Engineering. 3(1). 1977.

[64] D.T. Ross. *Structured Analysis (SA): A Language for Communicating Ideas*. IEEE Transactions on Software Engineering. 3(1). 1977.

[65] W.W. Royce. *Managing the Development of Large Software Systems: Concepts and Techniques*. In Proc. WESCON. 1970.

[66] J.R. Rumbaugh, M.R. Blaha, W. Lorensen, F. Eddy, and W. Premerlani. *Object-Oriented Modeling and Design*. Prentice Hall. 1990.

[67] J.W. Satzinger, R.B. Jackson, S.D. Burd. *Object-Oriented Analysis and Design with the Unified Process*. 2004.

[68] E. Seidewitz. *Notes on Object-Oriented Analysis and Specification*. 1989.

[69] S. Shlaer and S.J. Mellor. *Object Oriented Systems Analysis: Modeling the World in Data*. Prentice Hall. 1988.

[70] P. Shoval. *Functional and Object Oriented Analysis and Design: An Integrated Methodology*. IGI Global. 2006.

[71] M. Smith and S. Tockey. *An Integrated Approach to Software Requirements Definition Using Objects. Boeing Commercial Airplane Support Division*. 1988.

[72] I. Sommerville. *Software Engineering 6/E*. Addison-Wesley, 2000.

[73] G.D. Taylor. *Logistics Engineering Handbook*. CRC Press. 2007.

[74] J.B. Warmer and A.G. Kleppe. *The Object Constraint Language: Precise Modeling with UML*. Addison Wesley. 1998.

[75] P. Ward and S.J. Mellor. *Structured Development Techniques for Real-Time Systems. Prentice Hall*. 1985.

[76] N.M. Wilkinson. *Using CRC Cards: An Informal Approach to Object-Oriented Development. SIGS: Advances in Object Technology*. 1998.

[77] R. Wirfs-Brock and A. McKean. *Object Design: Roles, Responsibilities, and Collaborations*. Addison Wesley Professional. 2002.

[78] R. Wirfs-Brock, B. Wilkerson, and L. Wiener. *Designing Object-Oriented Software*. Prentice Hall. 1990.

[79] N. Wirth. *Algorithms + Data Structures = Programs*. Prentice Hall. 1976.

[80] E. Yourdon. *Modern Structured Analysis*. Prentice Hall. 1989.

[81] E. Yourdon and L. Constantine. *Structured Design: Fundamentals of a Discipline of Computer Program and Systems Design 2/E*. Prentice Hall. 1978.

[82] S. Zilles. *Types, algebras, and modeling.* In On Conceptual Modeling: Perspectives from Artificial Intelligence, Database, and Programming Languages. Springer-Verlag. 1984.